中国建筑业改革与发展研究报告(2023)

—— 不断增强支柱产业作用与推动建筑产业转型升级

住房和城乡建设部建筑市场监管司
住房和城乡建设部政策研究中心　编著

中国建筑工业出版社

图书在版编目(CIP)数据

中国建筑业改革与发展研究报告. 2023：不断增强支柱产业作用与推动建筑产业转型升级 / 住房和城乡建设部建筑市场监管司，住房和城乡建设部政策研究中心编著. — 北京：中国建筑工业出版社，2024.5

ISBN 978-7-112-29873-0

Ⅰ. ①中… Ⅱ. ①住… ②住… Ⅲ. ①建筑业-经济体制改革-研究报告-中国-2023②建筑业-经济发展-研究报告-中国-2023 Ⅳ. ①F426.9

中国国家版本馆CIP数据核字（2024）第101832号

责任编辑：张智芊
责任校对：赵 力

中国建筑业改革与发展研究报告（2023）
——不断增强支柱产业作用与推动建筑产业转型升级

住房和城乡建设部建筑市场监管司
住房和城乡建设部政策研究中心 编著

*

中国建筑工业出版社出版、发行（北京海淀三里河路9号）
各地新华书店、建筑书店经销
北京鸿文瀚海文化传媒有限公司制版
北京云浩印刷有限责任公司印刷

*

开本：787毫米×960毫米 1/16 印张：17¾ 字数：272千字
2024年5月第一版 2024年5月第一次印刷
定价：62.00元
ISBN 978-7-112-29873-0
（42936）

版权所有 翻印必究
如有内容及印装质量问题，请联系本社读者服务中心退换
电话：（010）58337283 QQ：2885381756
（地址：北京海淀三里河路9号中国建筑工业出版社604室 邮政编码：100037）

编　写　说　明

《中国建筑业改革与发展研究报告（2023）》（以下简称《报告》）是从 2003 年该报告问世以来第 20 个年度发展报告，主题是"不断增强支柱产业作用与推动建筑产业转型升级"。本期报告有以下三个特点：

1. 凸显新时代十年来建筑业在国民经济中的支柱产业作用。 党的十八大以来，我国建筑业持续健康平稳发展，在国民经济中的支柱产业地位更加稳固，建筑产业现代化程度大幅提升，工程质量稳步提高，有力支撑了基本民生保障，为全面建成小康社会、实现第一个百年奋斗目标作出了积极贡献。2022 年，建筑业总产值达到 31.20 万亿元，同比增长 6.45%；建筑业增加值达到 8.34 万亿元，较上年增长 5.5%，增速比国内生产总值同期增速高出 2.5 个百分点。自 2013 年以来，建筑业增加值占国内生产总值的比重始终保持在 6% 以上，2022 年达到 6.89%，吸纳就业超过 5000 万人。本期报告在反映我国建筑业常规发展状况的基础上，在《报告》第三章集中反映了上述内容。

2. 分析总结 2022 年我国建筑业发展形势和改革举措。《报告》第一章简要总结 2022 年以来我国的宏观经济形势以及工程建设领域政府监管与服务的工作成果；第二章全面反映 2022 年我国建筑业的发展状况，包括建筑施工、勘察设计、工程监理与造价咨询、建筑材料、对外承包工程等方面，同时分析了这一时期的质量安全形势；第四章阐述我国提升建筑工程品质的重要举措；第五章展望我国建筑业改革与发展。

3. 以广义的工程建设承包服务主体为对象。 本期报告仍以广义的工程建设承包服务主体为对象。虽然建筑施工与勘察设计、工程监理及造价等咨询服务属于不同的产业分类领域，但在工程建设领域活动中，彼此紧密关联、相互依托，为全面反映我国建筑业发展状况，本期报告仍然按照广义的建筑业范围展开阐述，即包括建筑施工、勘察设计、工程监理和相关咨询服务业。

本报告编写组由张强、翟宝辉、刘波、袁利平、牛伟蕊、周琳娜、王豫婉等同志组成。建筑市场监管司牵头，标准定额司、工程质量安全监管司、建筑节能与科技司协助编写和定稿工作。

由于水平所限，加上时间紧，工作量大，在编写过程中，难免存在诸多不足和疏漏之处，诚恳欢迎读者批评指正。

住房和城乡建设部建筑市场监管司
住房和城乡建设部政策研究中心
2023 年 12 月

目　录

第一章　中国建筑业发展环境 …… 1
一、宏观经济环境 …… 1
　　（一）国内经济社会大局保持稳定 …… 1
　　（二）国内固定资产投资增速平稳 …… 1
　　（三）国际贸易投资环境加快演变 …… 2
二、政府监管与服务 …… 3
　　（一）建筑市场 …… 4
　　（二）质量安全 …… 8
　　（三）标准定额 …… 13
　　（四）地方政府举措 …… 18

第二章　中国建筑业发展状况 …… 47
一、发展成就与特点 …… 47
　　（一）"双碳"目标积极推进 …… 47
　　（二）产业转型升级取得成效 …… 48
　　（三）工程质量安全保障全面提升 …… 49
　　（四）市场环境持续优化 …… 50
　　（五）地区发展各有特点 …… 50
二、建筑施工 …… 51
　　（一）规模分析 …… 51
　　（二）效益分析 …… 53
　　（三）结构分析 …… 53
三、勘察设计 …… 60
　　（一）规模分析 …… 60
　　（二）结构分析 …… 64

四、工程监理 ··· 68
    (一)规模分析 ··· 68
    (二)结构分析 ··· 69

五、工程造价咨询 ··· 77
    (一)规模分析 ··· 77
    (二)结构分析 ··· 78

六、建筑材料 ··· 83
    (一)钢材 ··· 83
    (二)水泥 ··· 85
    (三)其他建筑材料 ··· 86

七、对外承包工程 ··· 86
    (一)规模分析 ··· 86
    (二)企业表现 ··· 87

八、安全形势 ··· 92
    (一)总体情况 ··· 92
    (二)分类情况 ··· 93

第三章 新时代十年建筑业取得伟大成就 支柱产业地位不断增强 ··· 94

一、国民经济支柱产业地位持续增强 ····························· 94
    (一)生产规模迈上新台阶 ··································· 94
    (二)吸纳就业作用显著 ····································· 96
    (三)行业结构不断优化 ····································· 97
    (四)区域布局持续改善 ····································· 98

二、建筑"铁军"更加坚强有力 ································· 98
    (一)大国工匠不断涌现 ····································· 98
    (二)专业技术人才培养力度加大 ····························· 99
    (三)建筑产业工人队伍加快建设 ····························· 101

三、发展质量和效益显著提升 ··································· 110
    (一)经济效益平稳增长 ····································· 110
    (二)综合实力明显增强 ····································· 111
    (三)技术创新引领转型升级 ································· 111

（四）绿色发展持续发力 ………………………………………… 113
四、"超级工程"彰显中国建造实力 ……………………………………… 115
　　（一）交通工程四通八达 …………………………………………… 116
　　（二）桥梁建设创多项世界纪录 …………………………………… 117
　　（三）水利水电工程造福人民 ……………………………………… 118
　　（四）重大场馆匠心独具 …………………………………………… 119
五、基础建设成就惠及民生 ……………………………………………… 125
　　（一）基础设施更加完善 …………………………………………… 125
　　（二）居民住房更加宜居 …………………………………………… 126
　　（三）乡村建设深入推进 …………………………………………… 127
　　（四）社会公共服务设施更加健全 ………………………………… 128
六、建筑业"走出去"步伐加快 …………………………………………… 129
　　（一）对外承包工程保持增长 ……………………………………… 129
　　（二）积极拓展业务领域 …………………………………………… 130
　　（三）海外工程擦亮"中国建造"名片 …………………………… 131

第四章　以工业化、数字化、绿色化为方向推动建筑产业转型升级 …………………………………………………………………… 135

一、发展新型建造方式 …………………………………………………… 135
　　（一）积极推进智能建造 …………………………………………… 135
　　（二）大力发展装配式建筑 ………………………………………… 142
　　（三）完善工程建设组织模式 ……………………………………… 144
二、加快绿色低碳转型发展 ……………………………………………… 157
　　（一）推进全过程绿色建造 ………………………………………… 157
　　（二）持续开展绿色建筑创建行动 ………………………………… 159
　　（三）不断提升居住建筑节能标准 ………………………………… 161
　　（四）加强绿色建材推广应用 ……………………………………… 162
三、持续深化"放管服"改革 …………………………………………… 164
　　（一）营商环境不断优化 …………………………………………… 165
　　（二）深化招标投标制度改革 ……………………………………… 166
　　（三）完善企业资质管理制度 ……………………………………… 168
　　（四）工程造价改革持续推进 ……………………………………… 169

四、完善建筑市场监管体系 170
(一) 完善建筑业法规制度 170
(二) 推行数字化监管方式 171
(三) 加强建筑市场信用体系建设 172
(四) 规范建筑用工管理 173
(五) 持续开展工程建设领域专项整治 174

五、强化工程质量安全保障 176
(一) 完善工程质量保障体系 176
(二) 开展房屋市政工程安全生产治理行动 178
(三) 稳步提升工程抗震防灾能力 178

六、提升工程建设标准化水平 179
(一) 积极推进工程建设标准化改革 180
(二) 做好重点标准编制工作 180
(三) 推进标准国际化 183

七、加强建筑规划设计管理 185
(一) 加强建筑工程全过程设计管理 185
(二) 坚持传承建筑历史文化 186
(三) 设计下乡助力乡村振兴 187

第五章 建筑业改革发展形势与展望 190

一、巩固建设工程建造新模式 190
(一) 不断完善智能建造政策和产业体系 190
(二) 加快新型建筑工业化发展 191
(三) 推动技术、材料和设备改革创新 192
(四) 切实保障建筑施工安全 193

二、把握建筑品质提升新阶段 194
(一) 贯彻落实新时期建筑方针 194
(二) 完善建筑产品标准体系 195
(三) 加强建筑质量安全保障 196
(四) 打造新型智慧宜居建筑 197

三、开创建筑市场管理新局面 197
(一) 进一步规范建筑市场秩序 198

  (二)激发建筑市场主体创新活力 …………………………………… 198
  (三)以数字化手段提升监管效能 …………………………………… 199
  (四)积极培育建筑产业工人队伍 …………………………………… 200
 四、贯彻绿色低碳发展新理念 ………………………………………… 201
  (一)提升绿色建筑发展质量 ………………………………………… 201
  (二)全面提升建筑节能水平 ………………………………………… 202
  (三)推广新型绿色建造方式 ………………………………………… 203
  (四)提高绿色建材应用比例 ………………………………………… 204
 五、启航建筑业"走出去"新征程 …………………………………… 204
  (一)加快推进标准"走出去" ……………………………………… 205
  (二)不断提高企业综合实力 ………………………………………… 206
  (三)加强国际交流与合作 …………………………………………… 207
附录1 2020—2023年建筑业最新政策法规概览 ………………………… 209
附录2 2020—2023年批准发布的国家标准和行业标准 ………………… 257
附录3 部分国家建筑业相关统计数据 ……………………………………… 268

第一章　中国建筑业发展环境

一、宏观经济环境

(一) 国内经济社会大局保持稳定

2022年是党和国家历史上极为重要的一年。党的二十大胜利召开，擘画了全面建设社会主义现代化国家、以中国式现代化全面推进中华民族伟大复兴的宏伟蓝图。面对风高浪急的国际环境和艰巨繁重的国内改革发展稳定任务，以习近平同志为核心的党中央团结带领全国各族人民迎难而上，全面落实疫情要防住、经济要稳住、发展要安全的要求，坚持稳中求进工作总基调，完整、准确、全面贯彻新发展理念，加快构建新发展格局，着力推动高质量发展，加大宏观调控力度，实现了经济保持增长、发展质量稳步提升、创新驱动深入推进、改革开放蹄疾步稳，经济社会大局保持稳定，全面建设社会主义现代化国家新征程迈出坚实步伐。全年国内生产总值1210207亿元，比上年增长3.0%；全年城镇新增就业1206万人，比上年少增63万人；城镇居民人均可支配收入比上年实际增长1.9%，农村居民人均可支配收入比上年实际增长4.2%。全年脱贫县农村居民人均可支配收入比上年实际增长5.4%。

2022年，我国经济恢复的基础尚不牢固，需求收缩、供给冲击、预期转弱三重压力仍然较大，外部环境动荡不安，给我国经济带来的影响加深。同时，我国经济韧性强、潜力大、活力足，各项政策效果持续显现，新产业新业态新模式较快成长，绿色转型发展迈出新步伐。

(二) 国内固定资产投资增速平稳

2022年，全国固定资产投资（不含农户）572138亿元，比上年增长5.1%（表1-1、图1-1、图1-2）。分区域看，东部地区投资比上年增长3.6%，中部地区投资增长8.9%，西部地区投资增长4.7%，东北地区投资增长1.2%。

表 1-1　2013—2022 年全国固定资产投资规模及增速

类别/年份	2013	2014	2015	2016	2017	2018	2019	2020	2021	2022
固定资产投资（万亿元）	32.93	37.36	40.59	43.44	46.13	48.85	51.36	52.73	55.29	57.21
固定资产投资增速（%）	16.9	13.5	8.6	7.0	6.2	5.9	5.1	2.7	4.9	5.1
建筑业总产值增速（%）	16.9	10.2	2.3	7.1	10.5	5.5	10.0	6.2	11.0	6.5

数据来源：国家统计局。

注：根据统计调查方法改革和制度规定，对2020年固定资产投资相关数据进行修订，2021年相关指标增速按可比口径计算。

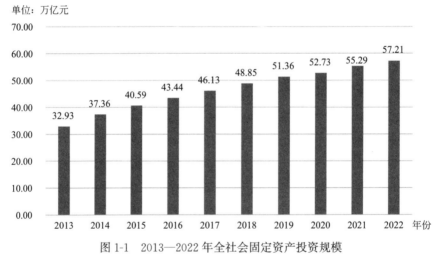

图 1-1　2013—2022 年全社会固定资产投资规模

数据来源：国家统计局。

（三）国际贸易投资环境加快演变

2022年1月1日，《区域全面经济伙伴关系协定》（以下简称"RCEP"）全面生效，服务贸易和投资是RCEP市场准入领域的重点内容，中方服务贸易开放水平达到已有自贸协定的最高水平，承诺的服务部门数量在我国入世承诺约100个部门的基础上，新增了包括管理咨询相关服务、专业设计服务、建筑物清洁服务等在内的11个领域；提高了包括法律服务、建筑工程服务、房地产服务等在内的12个领域。

图 1-2　2013—2022 年固定资产投资增速和建筑业总产值增速

数据来源：国家统计局。

RCEP 其他成员国也对我国在很多具有商业利益的服务和投资领域作出了较高水平的开放承诺，为我国企业更好地在相关地区开展服务投资经营带来重要机遇。RCEP 其他各方在建筑、工程等部门均承诺较大程度的开放，为我国企业"走出去"，扩展区域产业链布局提供了广阔的市场空间。RCEP 投资章节对 10＋1 协定的投资规则进行整合升级，在投资市场准入和投资保护等方面作出了全面、平衡的投资安排，形成了当前亚洲地区规模最大的投资协定安排，有助于营造更加稳定、开放、便利的投资环境。

二、政府监管与服务

2022 年，全国住房和城乡建设系统全面学习贯彻党的二十大精神，认真落实中央经济工作会议精神，坚决贯彻党中央、国务院决策部署，认真落实疫情要防住、经济要稳住、发展要安全的要求，攻坚克难、真抓实干，全力做好住房和城乡建设领域稳增长、惠民生、防风险各项工作，住房和城乡建设事业发展取得了新进展、新成效，为保持经济社会大局稳定作出积极贡献。稳妥推进城乡建设领域碳达峰碳中和，推动建筑产业转型升级。明确城乡建设领域 2030 年实现碳达峰目标和重点任务，推动新建居住建筑和公共建筑降低能耗、减少碳排放。实施绿色建筑创建行动，发展新型建造方式，加强建筑工人实名制管理。集中力量进行住房和城乡建设领域安全专项整治，保障人民群众生命财产安全。扎实推进全国自建房安全专项整治，开展"百日行动"和"回头看"，全面推进城镇燃气安全专项整治。深入推进房屋市政工程安全生产治理行动，完成全国房屋建筑和市政设施调查。加强建设工程消防设计审查验收管理。

（一）建筑市场

2022年，住房和城乡建设部深入学习贯彻习近平总书记关于住房和城乡建设工作的重要指示批示精神和党中央决策部署，认真落实2022年部重点任务分工，着力加强建筑市场监管，推进建筑业转型发展。

1. 强化责任担当意识，推动建筑业转型升级

大力发展智能建造。 印发《"十四五"建筑业发展规划》，明确智能建造发展目标，部署7项重点任务和4个专栏行动，指导11个省（市、区）及部分地市出台发展智能建造的实施意见，选定24个智能建造试点城市，组织开展5项智能建造基础理论研究和7项"卡脖子"关键技术攻关，召开深圳长圳智能建造试点项目视频观摩会，协调人民日报、新华社、中央电视台、中国建设报等媒体发布新闻报道20余篇，大力宣传推广可复制经验做法，进一步凝聚发展智能建造的行业共识和社会共识。

完善工程建设组织模式。 落实国务院关于在北京、上海等6个城市营商环境创新试点中试行建筑师负责制工作部署，指导试点城市在102个项目中，发挥建筑师统筹协调作用。在政府和国有资金投资项目、装配式建筑项目中积极推行工程总承包模式，加强设计施工协同。加快全过程工程咨询项目落地，推进全过程工程咨询数字化发展，其在减少招标投标次数，降低制度性交易成本，提高管理效能、提升项目整体性和系统性等方面的效用逐渐显现。

筹备设计人员能力提升培训工作。 围绕让人民群众住上更好房子的目标，以工程设计人员能力提升为切入点，住房和城乡建设部制定并实施培训工作方案，坚持专业知识与工程实践相结合，构建涵盖6大板

块、24个类别、89项专题的培训课程体系，全面提升设计人员理念创新、实践应用、技术更新、精细化设计、全过程管理五方面的能力，并制作完成了第一批25门培训课程。

推进试点工作取得积极进展。 坚持试点先行、典型引路，组织完成了招标"评定分离"、钢结构住宅建设和政府购买监理巡查服务试点，稳妥推进企业资质审批权限下放试点，加强对试点地区和项目的指导和支持，探索可复制推广的经验和模式，总结形成政策措施，以点带面推动工作开展。

2. 着力规范市场秩序，优化建筑市场环境

加强行业突出问题治理。 住房和城乡建设部开展房屋市政工程安全生产治理行动，分2批派出11个督导检查组，对22个省43个城市的163个项目进行实地检查，共检查近4万项内容，发现问题隐患3000余项，下发执法建议书23份，严厉查处转包、违法分包等建筑市场违法违规行为，形成良好的安全生产氛围。持续开展工程建设领域专项整治，指导各地集中整治恶意竞标、强揽工程等突出问题，全国共排查在建工程项目19.3万个，依法实施处罚的案件7581起，发现并移交相关部门处理的涉黑涉恶案件321起，着力维护行业发展安全和公平竞争秩序。

强化市场监督执法检查。 严格落实质量安全"一票否决"制，全年共对安全生产事故中负有责任的10家企业、56名人员以及存在"挂证"行为的104名注册人员和存在资质申报弄虚作假行为的21家企业提出了行政处罚建议，在行业内形成有效震慑。督促指导各地持续加强监督执法检查，2022年全国共排查项目323775个，涉及建设单位249443家、施工企业272941家，共查处存在违法发包、转包、违法分包、出借资质等违法违规行为的项目8518个，对3162家建设单位、6386家建筑企业、2799名人员作出处罚，持续保持打击建筑市场违法违规行为的高压态势。推进政府购买监理巡查服务试点，试点地区累计巡查项目600余个，发现质量安全隐患5万多项，发出巡查服务建议书800余份，巡查服务期间均未发生质量安全责任事故。

优化建筑市场政务服务。 认真贯彻落实国务院关于深化"放管服"

改革、优化营商环境的部署要求，印发《关于进一步简化一级注册建筑师、勘察设计注册工程师执业资格认定申报材料的通知》，简化注册申报材料，推进注册服务标准化、规范化、便利化。积极应对疫情影响，完善企业资质审批服务流程，采取专家线上和现场审查相结合的方式，提高企业资质审批效率，全年共核准1136家建设工程企业的资质申请和1075项合并、重组、分立事项。配合人力资源和社会保障部实施阶段性缓缴进城务工人员工资保证金政策，帮助建筑企业减轻经营负担。

3. 强化监管制度建设，提升行业治理能力

研究完善法规制度。 按照部立法工作计划，积极加强政策研究，推动研究修订建筑法，积极组织开展调研和论证工作，开展勘察设计管理条例、注册建筑师条例修订前期研究。组织研究修订注册建造师管理规定，研究起草注册公用设备、电气工程师执业管理办法，实施注册建筑师新版考试大纲，进一步明晰注册人员权利、义务、责任。开展工程勘察设计、工程监理统计调查，为加强相关企业、人员动态监管提供支撑。配合国家发展改革委印发《关于严格执行招标投标法规制度进一步规范招标投标主体行为的若干意见》，压实主体责任、落实监管职责，规范招标投标竞争秩序。

积极推行数字化监管。 推进建筑市场监管相关信息系统建设，运用数字技术辅助监管和决策，提升行业治理能力。加大全国建筑市场监管公共服务平台信息公开力度，截至2022年底，收录企业资质信息65.7万家、注册人员信息360万人、工程项目信息210万个、信用行为信息6384条，平台访问量达到14.7亿次，为主管部门加强行业监管、市场主体开展经营活动提供基础数据支撑。完善全国建筑工人管理服务信息平台功能，督促各地推进实名制管理全覆盖，截至2022年底，收录建筑工人信息5350万人，为规范劳务用工管理发挥了重要作用。持续推进施工许可电子证照应用，编制建设工程企业资质电子证书标准，为加强建筑业大数据归集和应用夯实基础。

开展工程建设领域腐败问题治理调研。 认真贯彻落实十九届中央纪委六次全会、国务院第五次廉政工作会议精神，组织对天津、浙江、安徽、广东等12省（市）进行书面调研，赴北京、湖南进行实地调研。

会同驻部纪检监察组，赴中国建筑集团有限公司、中铁建设集团有限公司、北京城建集团有限责任公司等企业了解相关政策制度执行情况。起草关于工程建设领域腐败治理调研报告，提出深化工程建设项目审批制度改革、推行政府工程集中建设模式、加快信用体系建设、完善法规制度等政策建议。

4. 坚持以人民为中心的发展思想，持续为群众办实事

深化"我为群众办实事"实践活动。 以推进政务服务电子化为抓手，实现一级注册建筑师、一级建造师注册业务"掌上办"，通过微信小程序办理注册业务，增加进度查询、信息推送、证书展示等功能，更好满足注册人员的需求。同时，积极做好一级勘察设计工程师、监理工程师注册证书电子化准备工作，进一步简化注册申报材料，持续做好建筑领域便民惠民"关键小事"，不断增强人民群众的获得感和幸福感。

加大整治拖欠进城务工人员工资工作力度。 会同人力资源和社会保障部督促解决部分房地产企业和重大项目欠薪问题，组织开展集中整治拖欠进城务工人员工资问题专项行动，防范化解重大欠薪隐患和事件。认真调查核实有关欠薪线索，督促指导地方解决拖欠进城务工人员工资问题，有力维护建筑工人合法权益，保证了春节、党的二十大期间等重要时间节点行业稳定。

着力解决群众急难愁盼问题。 认真贯彻落实党中央关于信访工作的决策部署，坚持把抓好信访工作作为化解行业发展突出问题、提高群众满意度的重要途径，全年共受理信访举报700余件，并扎实推进"强作风、化积案、百城百案攻坚"信访积案化解专项工作，严格按照办理程序，明确专人负责，确保件件有人管、事事有着落。加强对转地方办理情况的督促，着力治理资质资格申请弄虚作假、执业资格证书违规"挂证"、建筑业企业违法违规行为等群众反映强烈的问题。

加强建筑工人权益保障。 加强政策指导，修订完善建筑工人实名制管理制度，全力做好根治进城务工人员欠薪工作，加强建筑工人就业服务和权益保障。印发《关于进一步做好建筑工人就业服务和权益保障工作的通知》（建办市〔2022〕40号），要求各地积极回应社会关切和建筑工人诉求，做好职业培训、岗位指引、纾困解难、安全教育等工作。

会同人力资源和社会保障部修订《建筑工人实名制管理办法》，要求建筑企业与建筑工人依法签订劳动合同或用工书面协议，落实安全培训和实名登记措施。会同人力资源和社会保障部印发《建筑工人简易劳动合同（示范文本）》，明确建筑工人工资支付方式、权益保障等要求。会同人力资源和社会保障部跟踪指导部分房地产企业和重大项目欠薪问题，组织开展集中整治拖欠进城务工人员工资问题专项行动，防范化解重大欠薪隐患和事件，保证了春节、党的二十大期间行业稳定。

开展自建房管理政策研究。 认真贯彻落实习近平总书记关于长沙市居民自建房倒塌事故的重要指示批示精神，根据部自建房专班任务分工，牵头研究"三层及以上城乡自建房、经营性自建房设计和施工管理方面的政策"，对涉及自建房相关法律法规和政策进行梳理分析。对重庆、江苏、广东等7省（市）开展书面调研，赴北京、株洲实地调研，深入了解县（区）、乡镇、村三级自建房管理体系。起草城乡自建房管理政策研究报告，提出完善法规制度明确自建房安全责任、实施自建房分类监管、健全联动机制形成监管合力、突出重点加强经营性自建房管理等政策建议。

（二）质量安全

2022年，住房和城乡建设领域加强工程质量监督，创新工程质量发展机制，持续完善政府、市场、社会三位一体的工程质量保障体系，推进工程建设全过程绿色建造，不断提高建筑工程品质。坚持"人民至上，生命至上"理念，按照"疫情要防住、经济要稳住、发展要安全"要求，抓紧抓实安全生产工作，并进一步加强建设工程消防设计审查验收管理。

1. 坚持以人民为中心，贯彻新发展理念，推动建筑工程品质提升

强化政府工程质量监管，坚守质量安全底线。 落实《质量强国建设纲要（2021—2035）》，强化工程建设全链条质量监管，完善日常检查和抽查抽测相结合的质量监督检查制度。部署开展预拌混凝土质量及海砂使用监督抽查，严禁不合格预拌混凝土流入建筑工程项目。持续部署疫情隔离场所排查整治，消除隐患、保障安全。

完善工程质量检测制度，规范检测市场秩序。 修订出台《建设工程质量检测管理办法》（住房和城乡建设部令第57号），强化工程质量检测全过程监管，推动数字监管提质增效，加大违法违规行为惩处力度，整顿规范工程质量检测市场秩序，保障建设工程质量。研究起草工程质量检测资质标准及实施意见，做好部令实施和资质就位等配套工作。

开展建筑工程质量评价，完善评价指标体系。 持续推进建筑工程质量评价试点，继续委托第三方评价机构对安徽、宁夏、贵州3个试点地区开展建筑工程质量评价，根据评价结果完善建筑工程质量评价指标体系、实施方案和评价手册。

研究建立房屋全生命周期的保险制度。 总结工程质量保险试点和浙江宁波城镇既有房屋保险等经验做法，深入开展保险顶层设计研究，研究推进涵盖新建工程和既有房屋的质量保险制度总体框架，积极推进保险试点，探索运用市场化手段创新监管机制。

落实保证金缓缴政策，激发市场主体活力。 贯彻落实党中央、国务院关于稳定经济增长、稳定市场主体的决策部署，住房和城乡建设部会同交通运输部等4部门联合印发《关于阶段性缓缴工程质量保证金的通知》（建办质电〔2022〕46号），缓解建筑业企业压力，激发建筑市场活力。

推进全过程绿色建造，促进行业绿色低碳发展。 在湖南省、广东省深圳市、江苏省常州市3个地区开展绿色建造试点工作，探索可复制推广的绿色建造技术体系、管理体系、实施体系以及量化考核评价体系。在39个绿色建造试点项目中打造绿色建造应用场景，形成系统解决方案，为全国其他地区推行绿色建造实施经验。

编制"十四五"工程勘察设计行业发展规划，为勘察设计行业发展指明方向。 紧密结合推进行业绿色化、工业化、数字化转型的发展要求，以发挥工程勘察设计在工程建设中的引领作用为出发点，聚焦行业发展，突出系统治理，强化综合施策，明确"十四五"时期工程勘察设计行业的发展形势、总体要求、主要任务和保障措施。

2. 坚持"两个至上"，统筹发展与安全，坚决稳控安全生产形势

以安全生产治理行动为主线，切实消除各类施工安全隐患。 印发《关于开展房屋市政工程安全生产治理行动的通知》（建质电〔2022〕19

号），要求各地自 2022 年 4 月起，围绕五大重点任务开展治理行动，稳控安全生产形势。2022 年，各地共派出检查组 16.3 万个（次），检查企业 59.6 万家，检查工地项目 74.7 万个（次），排查整改隐患 156.2 万项，实现全覆盖检查并组织开展"回头看"。

以双重预防机制为核心，不断完善安全生产管理制度。 2021 年底印发《危险性较大的分部分项工程专项施工方案编制指南》，规定 9 种危险性较大的分部分项工程（以下简称"危大工程"）施工方案关键要素，规范专项施工方案编制、论证工作，提升安全管控针对性、有效性。2022 年 4 月印发《房屋市政工程生产安全重大事故隐患判定标准（2022 版）》，明确 11 类重大事故隐患判定情形，为各地开展重大事故隐患排查、整改、挂牌督办，提供重要政策依据。在 2021 年底发布《房屋建筑和市政基础设施工程危及生产安全施工工艺、设备和材料淘汰目录（第一批）》，对 22 项存在严重安全隐患、影响职业健康的施工工艺、设备和材料进行限制淘汰，推动安全监管关口前移，随后开展了第二批征集工作。指导各地推广应用《城市轨道交通工程建设安全生产标准化管理技术指南》《城市轨道交通工程地质风险控制技术指南》《城市轨道交通工程基坑、隧道施工坍塌防范导则》等文件，提升轨道交通工程风险防控能力和标准化管理水平。

以一线化基层化为目标，创新开展安全生产教育培训。 组织开展全国建筑施工安全监管人员和建筑企业安全生产管理人员培训，采用"线上＋线下""政企同训"的方式，共计培训 63 万人，在培训上首次发布《生命至上 警钟长鸣》警示教育片。组织全国住房和城乡建设系统安全生产月现场咨询日活动，采用"项目云观摩＋经验交流"的方式，20 万人在线观看；首次发布《房屋市政工程现场施工安全画册》，指导施工现场一线作业人员提升安全技能。组织开展城市轨道交通工程质量安全管理培训，4 万余人参训。

以信息化数字化为手段，着力提升安全生产监管效能。 按照国务院"放管服"改革要求，加快电子证照标准制定工作，组织编制出台建筑施工企业安全生产许可证、特种作业操作资格证书、安全生产管理人员考核合格证书 3 本电子证照标准，在 15 个省份部署相关证照试运行工作。组织开发并上线全国工程质量安全监管信息平台微信小程序，解决跨省互认、现场验真、借证挂证问题，提升行政处罚和信用信息归集共享时效，协助安全监督人员远程执法、移动执法，推进"互联网＋政务服务"便民惠民。

3. 有效发挥部安委办统筹协调作用

组织召开部安全生产管理委员会全体会议（4次），深入学习贯彻习近平总书记关于安全生产重要指示精神。 配合住房和城乡建设部人事司印发《住房和城乡建设部关于调整部安全生产管理委员会组成人员的通知》，根据我部机构、职责和人员变动情况，对部安全生产管理委员会组成人员进行调整，部主要负责同志担任主任，分管负责同志、总师担任副主任，加强安全生产统筹协调工作力度。协调做好国务院安委会考核我部2021年度安全生产相关工作。

发挥专班统筹协调作用，扎实推进安全生产专项整治三年行动。 编发工作简报，交流工作信息和典型做法，推动工作开展。印发《关于认真贯彻落实安全生产十五条措施 进一步做好住房和城乡建设领域安全生产工作的通知》，要求各地坚决扛起安全监管责任，切实将安全生产十五条措施落实落细。每季度汇总地方执法典型案例，并在部网站和中国建设报公众号公开发布。

印发《住房和城乡建设部2022年安全生产工作要点》，着力防控市政公用设施、建筑施工、房屋建筑、城市管理等重点领域安全风险。 制定《住房和城乡建设领域安全生产主要风险点》，会同成员单位全面梳理住建领域易造成群死群伤和重大社会影响的安全风险点。印发《2022年度住房和城乡建设部安全生产专项整治"两个清单"》，并动态更新问题隐患和制度措施"两个清单"。

做好安全生产预警提醒和突发事故应急处置工作，在重要节假日、极端天气和特殊敏感时段，及时督促提醒地方主管部门和有关企业做好安全风险防范工作和应急值班值守。 接到有关事故信息，及时提醒督促责任司局快速反应，及时了解事故情况，按照应急预案和部领导要求迅速采取应急措施，指导地方做好应急处置工作。按照部领导要求，牵头研究建立住房和城乡建设领域安全生产信息员制度。

按照国务院安委会的统一部署，自 2022 年 4 月起，派员常驻贵州，用 7 个月的时间对贵州 9 个市州、88 个区县安全生产开展全覆盖帮扶，发现并整改风险隐患 2860 项。指导贵州排查自建房 899.39 万栋，对存在严重安全隐患的经营性自建房全部采取整治或管控措施。经过督导帮扶，贵州省安全生产呈现向好态势。

4. 加强建设工程消防设计审查验收管理

完善建章立制。 2023 年 8 月，公布《关于修改〈建设工程消防设计审查验收管理暂行规定〉的决定》（住房和城乡建设部令第 58 号），进一步加强消防审验管理，优化特殊建设工程特殊消防设计专家评审管理，建立完善消防验收备案分类管理制度。

推进消防审验信息化建设。 2023 年 5 月，印发《关于推进建设工程消防设计审查验收纳入工程建设项目审批管理系统有关工作的通知》（建科〔2023〕25 号），要求各地将包括房屋建筑和市政基础设施工程在内的各类建设工程消防设计审查验收全部纳入工程建设项目审批管理系统，实现统一入口、全流程网上办理。

加强行业指导。 截至 2023 年 8 月，全国已有 23 个省（市、区）设立了专门处室负责建设工程消防设计审查验收相关工作。2023 年 1 月至 8 月，全国各级住房和城乡建设主管部门共计受理建设工程消防设计审查验收申请 18.9 万余件，办结率为 97%。2023 年 6 月、8 月，回复四川、云南、山西等地关于叙毕铁路（川滇段）长岭隧道工程、石太客专南梁太行山隧道防灾疏散救援系统升级改造工程等建设工程消防验收（备案）工作的请示。2023 年 9 月，在合肥、贵阳、银川、哈尔滨开展 4 期建设工程消防设计审查验收政策宣传贯彻及能力建设培训，各级住房和城乡建设部门共 800 余人参加。

做好实施监督。 2023 年 9 月至 10 月，按照部督查检查统一部署，前往安徽、黑龙江、四川、重庆、湖南、福建等 14 个省份及直辖市开展建设工程消防设计审查验收实地督查检查，督促各地住建主管部门规范开展建设工程消防设计审查验收工作，加快推进各地建设工程消防设计审查验收纳入工程建设项目审批管理系统。

及时推广经验。 印发 8 期《建设工作简报》，总结江苏、北京、重庆、福建、陕西、山东、广西、南京、济南等地关于完善消防审验管理制度、优化完善既有建筑改造、强化消防审验事中事后监管、推进消防审验信息化建设、设立工程消防技术奖项、促进行业技术发展等工作经验。

（三）标准定额

2022年，住房和城乡建设领域认真抓好科技创新工作，梳理发展现状，加强沟通协调，系统谋划行业科技创新工作，组织行业开展重大科技攻关，推进科技创新平台建设，加强国际科技合作与交流，加快推动数字家庭发展；积极推进工程建设标准化改革，推进落实《国家标准化发展纲要》，继续推进住房和城乡建设领域38项全文强制性工程建设规范编制，做好重点标准编制工作，加强工程建设标准管理，推进标准国际化；推动城乡建设绿色低碳发展，牵头做好《关于推动城乡建设绿色发展的意见》的落实，积极推进城乡建设领域碳达峰碳中和各项工作，加强建筑节能管理，推动绿色建筑高质量发展，推进绿色建材推广应用；大力发展装配式建筑，构建形成"1＋3"标准化设计和生产体系，加强行业调查研究，发布《装配式钢结构模块建筑技术指南》，强化示范引领，加强宣传推广；扎实做好工程造价管理相关工作，持续推进工程造价改革工作，落实行政审批制度改革。

1. 认真抓好科技创新工作

梳理发展现状，加强沟通协调，系统谋划行业科技创新工作。 一是认真贯彻落实倪虹部长关于做好科技创新工作的批示要求，组织部科技委、相关科研机构和专家学者等，对城乡建设领域科技成果进行了梳理和评估，形成《关于加强住房和城乡建设领域科技攻关与推广应用的研究报告》，研究提出加强住房和城乡建设领域科技创新能力建设、加大科研攻关力度的政策建议。二是与科学技术部签订战略合作协议，聚焦城市更新、乡村建设、碳达峰碳中和等重点工作，在科技研发、技术推广、人才培养、创新基地建设等方面加强合作。三是加强顶层设计，制定印发《"十四五"住房和城乡建设科技发展规划》，提出"十四五"期间重点科研方向和创新体系建设任务。积极参与编制国家中长期科技发展规划、"十四五"国家科技创新规划和相关领域科技专项规划编制，将城乡建设科技需求融入国家相关科技规划中，争取国家层面政策支持。

组织行业开展重大科技攻关。一是做好部科技计划项目组织实施。组织实施2022年度部科技计划，立项325项。二是积极参与"十四五"国家重点研发计划，将行业关键技术攻关重点任务纳入国家科技项目中实施。在"城镇可持续发展关键技术与装备""重大自然灾害防控与公共安全""国家质量基础设施体系"等重点专项部署实施科研项目。三是组织实施"高分城市精细化管理遥感应用示范系统"国家重点专项。四是组织做好"水体污染控制与治理"国家科技重大专项标志性成果凝练和宣传工作。五是加快推进城乡建设科技成果库建设，积极推进科技示范工程建设。

推进科技创新平台建设。制定《国家城乡建设科技创新平台暂行管理办法》，结合住房和城乡建设领域发展需求，依托科研院所、骨干企业、高等院校，组建行业重点实验室和工程技术创新中心，创建工作正在积极推进中。

加强国际科技合作与交流。一是组织实施住房和城乡建设部/世界银行/全球环境基金"可持续城市综合方式试点项目"。二是搭建国际科技交流平台。推动实施科学技术部国家重点研发计划国际合作重点专项。三是配合生态环境部完成应对气候变化相关文件的编制，积极推荐住房和城乡建设领域专家参与应对气候变化立法工作。

加快推动数字家庭发展。会同工业和信息化部印发《关于开展数字家庭建设试点工作的通知》。召开数字家庭建设试点工作会议，组织各试点地区结合实际情况，因地制宜、科学合理编制试点实施方案，为顺利推进试点工作打好基础。

2. 积极推进工程建设标准化改革

推进落实《国家标准化发展纲要》。印发《住房和城乡建设领域贯彻落实〈国家标准化发展纲要〉工作方案》，会同国家市场监督管理总局等联合印发《贯彻实施〈国家标准化发展纲要〉行动计划》，明确城镇建设、乡村建设、绿色低碳发展标准化任务，以标准化促进住房和城乡建设高质量绿色发展。

继续推进住房和城乡建设领域 38 项全文强制性工程建设规范编制。 推进落实《国务院关于印发深化标准化工作改革方案的通知》《住房和城乡建设领域改革和完善工程建设标准体系工作方案》，已完成全部 38 项规范的审查报批工作，其中 36 项已发布。

做好重点标准编制工作。 一是围绕部重点工作，开展信用信息系统建设、市容环卫、海绵城市建设、城市信息模型、抗震、装配式建筑等方面标准立项、修订及协调工作。全年完成住房和城乡建设领域国家标准、行业标准上网征求意见 45 项，审核报批 33 项。二是做好医疗防疫、冬奥场馆建设等重要标准保障。会同国家卫生健康委员会印发《方舱医院设计导则（试行）》和《集中隔离点设计导则（试行）》，进一步落实新冠肺炎疫情常态化防控工作要求，指导各地做好方舱医院、集中隔离点相关设施建设。组织开展《绿色雪上运动场馆评价标准》立项工作，做好冬奥遗产总结提炼，指导和规范绿色冰雪场馆建设。按照中央军民融合办工作要求，组织开展《人民防空地下室设计规范》修订。

加强工程建设标准管理。 一是印发 2022 年工程建设规范标准编制及相关工作计划，统筹安排全年标准修订工作。报送国标委 22 项产品国家标准建议项目。全年共发布工程建设国家标准 23 项。批准发布工程建设行业标准 16 项、建设标准 1 项。二是做好标准日常管理。组织开展 2022 年度工程建设国家、行业标准复审和 2023 年工程建设国家、行业标准立项申报。三是持续推进工业领域工程建设标准化改革，指导煤炭、有色等行业开展强制性国家工程规范编制工作。全年完成其他行业领域 71 项标准公开征求意见、115 项行业标准备案。四是指导推进地方、团体标准工作。全年完成 597 项地方标准备案审查，开展工程建设团体标准发展情况座谈调研。五是积极做好标准解释工作。重点抓好涉及住房品质、消防安全等群众关注度高的信访件的处理。

推进标准国际化。 一是参与国际标准制定。新申报国际标准立项 4 项，发布国际标准 3 项。二是积极申请设立国际标准化组织。新申请的国际标准化组织供热管网技术委员会获批成立。三是依托"走出去"工程项目，开展标准翻译工作，批准发布中译英标准 5 项。

3. 推动城乡建设绿色低碳发展

推动城乡建设绿色发展。一是贯彻落实《关于推动城乡建设绿色发展的意见》，落实各项工作，创新工作方法，推进城乡建设一体化发展，转变城乡建设发展方式。指导地方落实该意见，27个省份印发了实施方案。二是研究绿色低碳城市、县城、社区、乡村考核指标体系和方法。三是2023年7月，按照中组部2023年地方党政干部专题研究班培训计划，在青岛组织举办城乡建设绿色低碳发展专题研究班。四是起草并签订与山东省、海南省推动城乡建设绿色发展的省部合作协议，从建设高品质绿色建筑、提高城乡基础设施体系化水平、推动形成绿色生活方式等方面推动城乡建设绿色发展。五是会同中国人民银行、原银保监会批复青岛市开展绿色城市建设发展试点，2023年9月，召开青岛市绿色城市建设发展试点总结评估验收会，建设水平整体良好，通过中期评估，并形成了可复制可推广的经验。

积极推进城乡建设领域碳达峰。一是住房和城乡建设部会同国家发展改革委印发《城乡建设领域碳达峰实施方案》，提出城乡建设领域2030年实现碳达峰的目标，明确重点任务、保障措施和组织实施要求。二是指导各地制定落实《城乡建设领域碳达峰实施方案》的细化方案，初步形成国家、地方城乡建设领域碳达峰政策体系。指导海南省开展博鳌零碳示范区建设。截至2023年9月，21个省（市、区）出台了地方细化实施方案。三是开展城乡建设领域碳排放统计核算研究和标准编制，研究修订《民用建筑能源资源消耗统计制度》《城乡建设统计年鉴》，按计划推进《零碳建筑技术标准》和《城乡建设领域碳计量核算标准》编制工作。四是建设碳排放监测管理平台，实现城乡建设领域碳排放现状测评、峰值预测、重点建筑监管、考核评价等功能，助力实现碳达峰。五是开展建筑节能降碳调研，与国家发展改革委共同形成《关于建筑领域节能降碳有关情况的报告》和《关于加快推动建筑领域节能降碳的工作方案》并上报国务院。

提升建筑节能水平。一是落实《"十四五"建筑节能与绿色建筑发展规划》，开展中期评估并形成报告，总体按计划稳妥推进，部分指标超前或超预期完成规划目标，25个省（市、区）已印发地方"十四五"

建筑节能与绿色建筑发展规划。二是落实《建筑节能与可再生能源利用通用规范》GB 55015—2021，邀请标准编制单位解读并录制课程，在部官网公开发布。按计划推进《可再生能源建筑应用工程评价标准》GB/T 50801—2013 等建筑节能标准修订。三是推动既有建筑节能改造。将既有建筑节能改造作为改造重点纳入印发的《关于扎实推进 2023 年城镇老旧小区改造工作的通知》。与财政部等部门共同推进北方地区冬季清洁取暖项目工作，加快建筑热源端和建筑节能改造，累计将 88 个城市纳入支持范围。四是开展能效等级研究，修订建筑能效测评工作框架、标准和管理办法，研究将能效等级要求纳入修订的《中华人民共和国节约能源法》。五是开展建筑节能检查，组织专家对陕西、黑龙江、重庆、湖南、福建进行实地检查，配合国家发展改革委完成省级人民政府节能目标责任评价。

推动绿色建筑高质量发展。一是启动《绿色建筑评价标准》修订，进一步优化评价指标体系。二是持续推动各地开展绿色建筑创建行动，发布《关于 2022 年度三星级绿色建筑标识项目的公告》。

推进绿色建材推广应用。一是会同财政部深入推进政府采购绿色建材促进建筑品质提升试点工作，并在第一批 6 个试点城市的基础上，会同财政部、工业和信息化部联合印发《关于扩大政府采购支持绿色建材促进建筑品质提升实施范围的通知》，将政策实施范围扩大至全国 48 个市（市辖区），运用政府采购政策积极推广应用绿色建材。二是会同国家市场监督管理总局、工业和信息化部加快推进绿色建材评价认证和推广应用，目前已有 4000 个左右建材产品获得绿色建材认证标识。

4. 大力发展装配式建筑

构建形成"1+3"标准化设计和生产体系。发布实施《装配式住宅设计选型标准》JGJ/T 494—2022，结合已发布的装配式混凝土结构住宅、钢结构住宅、住宅装配化装修主要构件和部品部件尺寸指南，形成"1+3"标准化设计和生产体系，引领设计单位实施标准化正向设计，指导生产单位开展标准化批量生产，提升综合效率和效益优势。

加强行业调查研究。编制《2021 年全国装配式建筑发展情况报告》，对装配式建筑的总体、区域、结构类型、产业链等发展情况及存在的问题进行分析梳理。

发布《装配式钢结构模块建筑技术指南》。 引导模块建筑的标准化设计、生产和施工安装，推动模块建筑在防疫医院、隔离酒店等领域的应用。

强化示范引领。 评估总结前两批装配式建筑产业基地发展情况，组织开展第三批装配式建筑生产基地申报认定工作。总结梳理各地在体制机制、技术创新等方面的经验做法，发布《装配式建筑发展可复制推广经验清单（第一批）》。

加强宣传推广。 在央视、人民日报等主流媒体宣传报道装配式建筑的技术优势和发展成效，进一步提升社会认知度，营造良好的发展氛围。

5. 扎实做好工程造价管理相关工作

开展工程造价改革调研。 赴日照、青岛和上海开展工程造价改革调研。总结北京市、浙江省、湖北省、广东省、广西壮族自治区5个试点地区和江苏、山东等省试点改革经验。

完善工程计价依据体系。 改进工程计量和计价规则，再次完成《园林绿化工程工程量计算标准》等7本标准的审查工作。组织开展《房屋修缮工程工程计算标准》的编制工作。起草《建设项目总投资费用组成》（征求意见稿）。

推行施工过程价款结算。 会同财政部联合印发《关于完善建设工程价款结算有关办法的通知》，提高建设工程进度款支付比例，推行过程结算。

优化营商环境。 贯彻落实国务院《关于深化"证照分离"改革 进一步激发市场主体发展活力的通知》（国发〔2021〕7号）要求，合并修订《工程造价咨询企业管理办法》《注册造价工程师管理办法》，形成《工程造价咨询管理办法》送审稿。贯彻落实国务院"放管服"改革要求，修订《建筑工程发包与承包计价管理办法》，形成送审稿。印发《全国一体化政务服务平台 电子证照 造价工程师注册证书（土木建筑工程、安装工程）》，推进造价工程师注册证书电子证照实施应用。

（四）地方政府举措

1. 加快推动绿色低碳发展

北京市印发实施方案进一步强化节能降碳。 北京市发展和改革委员会、市住房和城乡建设委员会等 11 部门联合印发《北京市进一步强化节能实施方案（2023 年版）》。实施方案提出重点结合北京市冬夏能源运行特点，发挥党政机关和国有企事业单位表率作用，大力倡导全民行动，强化建筑、交通等重点领域节能，加强石化、水泥、数据中心等高耗能行业节能管理，压实属地、行业管理部门、用能单位三方责任，突出效率优先，加强统筹协调，促进北京市单位地区生产总值能耗持续下降，保持全国省级地区最优水平。

重庆市给予绿色低碳建筑示范项目资金补助并淘汰限制使用落后技术。重庆市住房和城乡建设委员会与市财政局共同出台《重庆市绿色低碳建筑示范项目和资金管理办法》，对绿色建筑、近零能耗建筑、可再生能源区域集中供冷供热及既有公共建筑绿色化改造示范项目四类"绿色低碳建筑示范项目"给予财政补助资金，促进建设领域绿色低碳发展，发挥示范项目的引领和带动作用。此外，《重庆市建设领域禁止、限制使用落后技术通告（2022 年版）》显示，2022 年重庆市建设领域淘汰、限制使用上百项建设技术，涉及施工技术及机具设备、钢筋及加工、厨房与卫生间产品、门窗与玻璃幕墙等方面。

广东省制定发布《广东省建筑节能与绿色建筑发展"十四五"规划》。按照聚焦绿色低碳发展、强化标准技术支撑、紧扣关键环节施策、推动措施落地见效的工作思路，围绕提升建筑节能降碳水平、推进绿色建筑高质量发展、推动装配式建筑提质扩面、促进建设工程材料绿色发展应用、统筹区域能源协同与绿色城市发展五个方面，提出"十四五"发展目标、重点任务，明确了保障措施和组织实施。此外，广东省通过了《广东省建筑垃圾管理条例》，对建筑垃圾管理部门职责以及源头减量、联单管理、处理方案备案、运输、综合利用、消纳、跨区域平衡处置等内容作出了规定。

黑龙江省优化建筑用能助力碳达峰。《黑龙江省城乡建设领域碳达峰实施方案》提出，到 2025 年底，建筑能耗和碳排放增长趋势得到有效控制，基本形成绿色、低碳、循环的建设发展方式，为城乡建设领域 2030 年前碳达峰奠定坚实基础。其中，将在优化建筑用能方面做足"大文章"、打出"组合拳"，以推进绿色建筑创建、发展超低能耗建筑、开展建筑节能改造、强化建筑能效管理等举措，提升建筑节能水平，助力城乡建设领域碳达峰（专栏1-1）。此外，黑龙江省住房和城乡建设厅出台《黑龙江省超低能耗居住建筑节能设计标准》DB23/T 3337—2022和《黑龙江省超低能耗公共建筑节能设计标准》DB23/T 3335—2022，为黑龙江省超低能耗建筑产业发展提供技术支撑。

专栏1-1：《黑龙江省城乡建设领域碳达峰实施方案》（摘要）

- 提升建筑节能水平

1. 推进绿色建筑创建。严格执行绿色建筑设计、施工验收标准，加强绿色建筑后评估和运维管理，实现绿色建筑全过程监管。到2022年底，各地城镇商业房地产开发项目基本级绿色建筑占新开发建筑比例应达到70%以上，且每年以10%以上比例增加；到2025年底，城镇新建建筑全面执行绿色建筑标准，实施星级标准绿色建筑占比达到30%以上，新建政府投资公益性公共建筑和大型公共建筑全部达到一星级标准以上。

2. 发展超低能耗建筑。新建建筑严格执行现行节能标准，落实我省超低能耗建筑产业发展专项规划和支持政策，加快完善超低能耗建筑相关技术标准体系，推动超低能耗建筑规模化发展，鼓励建设零碳建筑和近零能耗建筑。到2025年底，全省累计新建和改建超低能耗建筑1000万平方米以上；2030年前新建居住建筑本体达到83%节能要求，新建公共建筑本体达到78%节能要求。

3. 开展建筑节能改造。结合城镇老旧小区改造，持续推进既有建筑节能改造。加强节能改造鉴定评估，编制节能改造相关规划，"十四五"期间完成既有建筑节能改造2500万平方米，到2030年实现应改尽改。

4. 强化建筑能效管理。开展公共建筑能耗监测和统计分析，逐步实施能耗限额管理。加强空调、照明、电梯等重点用能设备运行调适，鼓励对空调、照明、电梯等重点用能设备实现智慧化管理，不断降低建筑机电系统能耗，提升设备能效，到2030年实现公共建筑机电系统的总体能效在现有水平上提升10%。

内蒙古自治区力推绿色建材产品。内蒙古自治区加大绿色建材应用力度,2022年全区各地住房和城乡建设部门成立建筑工业化绿色发展专班,要求加快推进绿色建材认证工作,搭建绿色建材认证标识信息管理平台,建立绿色建材采信应用数据库,积极组织开展绿色建材下乡活动,拉动绿色消费。同时,自治区加大工作力度,完善绿色建筑全过程监管机制,推动新建建筑全面执行绿色建筑标准。

河南省出台绿色建筑发展专项规划编制技术导则。河南省住房和城乡建设厅印发《河南省绿色建筑发展专项规划编制技术导则(试行)》,为全省开展绿色建筑专项规划提供规范指导。该导则坚持"因地制宜、适度超前、统筹兼顾、突出重点"原则,从总则、术语、基本规定、编制内容、成果要求和实施要求6个方面,明确了绿色建筑的发展目标、重点任务等内容。该导则要求到2025年,全省各省辖市星级绿色建筑占比30%以上;2035年,各省辖市星级绿色建筑占比达40%以上,新开工装配式建筑占比达50%及以上。

山西省出台条例推动绿色建筑发展。山西省出台《山西省绿色建筑发展条例》,提出一系列支持绿色建筑发展措施。根据该条例,新建城镇民用建筑应当按照绿色建筑标准进行建设,公共建筑应当按照一星级以上等级标准进行建设;超高层、超限高层建筑应当按照三星级等级标准进行建设;鼓励其他民用建筑按照一星级以上等级标准进行建设。设置专章规定对绿色建筑的扶持政策。

安徽省印发建筑节能降碳行动计划。安徽省印发《安徽省建筑节能降碳行动计划》,包含实施新建建筑能效提升、既有建筑运营降碳、建筑用能结构优化三大行动和保障措施4个部分共16条。安徽省目前执行的是节能率65%的建筑节能标准,该行动计划规定安徽省将启动编制75%建筑节能标准,并率先在合肥、芜湖、滁州、马鞍山等市城镇新建民用建筑中执行,2025年全面执行。支持开展省级超低能耗建筑试点城市和低碳片区试点建设,有利于释放安徽省建筑领域节能降碳潜力,助力实现城乡建设领域碳达峰目标。

河北省建立降碳产品价值实现机制。河北省住房和城乡建设厅联合省生态环境厅编制并发布《河北省被动式超低能耗办公建筑降碳产品方法学》，作为全国首个被动式超低能耗办公建筑降碳产品方法学，该方法学可确保被动式超低能耗办公建筑运营阶段的二氧化碳减排量可测量、可报告、可核查，使其满足自愿减排机制的科学性和真实性要求，对申请项目的适用条件、边界及报告期、项目减排量计算、数据来源与监测程序、数据质量保证与管理措施等作出了规定。

广西壮族自治区规划提出绿色节能建筑实现跨越式发展。《广西建筑业高质量发展"十四五"规划》提出，到"十四五"时期末，培育一批建筑施工、装配式建筑、绿色节能建筑等龙头企业。绿色建筑、节能建筑得到全面发展，城镇规划区内新建建筑全面执行绿色建筑标准。实现新建建筑施工现场建筑垃圾（不包括工程渣土、工程泥浆）排放量每万平方米不高于300吨。加大绿色新型墙材的开发生产和推广应用，实现新型墙材产量占墙材总量比例达92%。

海南省城镇新建民用建筑将进入"全绿"时代。《海南省绿色建筑发展条例》规定，城镇新建民用建筑应当不低于绿色建筑标准基本级的要求，今后的城镇新建民用建筑将进入"全绿"时代，达到100%，对国家机关办公建筑、政府和国有资本投资的公共建筑提出了要达到绿色建筑标准一星级以上的具体要求，同时明确，到2025年星级绿色建筑占比将达到30%以上，绿色建筑将迎来高质量规模化发展。此外，大力推动海南博鳌零碳示范区试点。

2. 深入推进新型建筑工业化

山东省印发规划推动新型建筑工业化全产业链发展。山东省住房和城乡建设厅等部门联合印发《山东省新型建筑工业化全产业链发展规划（2022—2030）》，明确以建筑工业化、数字化、智能化、绿色化升级为动力，创新工程建造发展模式，着力提升工程建造安全、效益和品质，加快形成"总体规模大、龙头企业强、专业企业精、链条协同紧"的新型建筑工业化全产业链，促进建筑业转型升级和高质量发展。

广东省加快新型建筑工业化发展。广东省住房和城乡建设厅等14个部门联合印发了《关于加快新型建筑工业化发展的实施意见》，预计到2030年底，全省新型建筑工业化由政府示范引领向市场主导发展，工程建设高效益、高质量、低消耗、低排放的建筑工业化基本实现，装配式建筑占新建建筑面积比例达到50%以上。为实现相关目标，在优化构件和部品部件生产、推行精益化施工、强化质量安全管理等方面促进高质量发展（专栏1-2）。广州市住房和城乡建设局印发了《广州市建筑师负责制试点实施工作方案（试行）》，"广州市公安局民警综合训练基地项目"等9个第一批建筑师负责制试点项目名单已于2023年1月13日公布。

专栏1-2：《关于加快新型建筑工业化发展的实施意见》(摘要)

- 加强系统化集成设计

1. 加强全产业链协同。探索开展新型建筑工业化项目建筑师负责制，由建筑师协调建筑方案和施工图设计，指导部品部件生产和现场施工。

2. 推行标准化设计。完善设计选型标准，推动建筑、结构、设备管线、装修等多专业一体化集成设计，提高建筑整体性。

- 优化构件和部品部件生产

3. 推动构件和部品部件标准化生产。编制主要预制构件尺寸指南和集成化、模块化建筑产品及部品部件标准图集，建立标准化部品部件库，推动构件和部件标准化。

4. 优化产业基地布局。合理布局建设新型建筑工业化产业园区，支持机制砂、预拌混凝土、建筑废弃物综合利用、预制构件生产等园区集约建设，提高部品部件生产基地集约化发展水平。

5. 大力发展应用绿色建材。开展绿色建材产品认证和政府采购支持绿色建材推广应用试点，推动新型建筑工业化项目率先采用绿色建材，逐步提高城镇新建建筑中绿色建材的应用比例。

- 推行精益化施工

6. 大力推行装配式建造方式。在商品住宅和保障性住房中积极应用装配式混凝土结构，推广预制混凝土构件、预制阳台、整体卫浴、整体厨房等预制构件和部品部件，加大高性能混凝土、高强钢筋和消能减震、预应力技术的集成应用；在医院、学校等公共建筑因地制宜采用钢结构，积极推进钢结构住宅和装配式农房建设，支持箱式房屋等模块化建筑的推广应用。推动新型建筑工业化技术在市政桥梁、轨道交通、水务工程等领域的应用。

7. 优化施工组织方式和工艺工法。推广工程总承包和全过程咨询等集约化组织管理模式，促进设计、生产、施工深度融合。

8. 推广全装修和装配化装修。在装配式建筑和星级绿色建筑工程中推广全装修，倡导菜单式全装修，满足消费者个性化需求。

- 强化质量安全管理

9. 加强施工质量安全管理。制订新型建筑工业化项目施工安装过程质量管理工作指引，强化对施工管理人员和一线作业人员的质量安全技术交底，加强预制构件和部品部件进场、施工安装、节点连接灌浆、密封防水等关键部位和工序的质量安全管控，提升施工质量和整体安全性能。

10. 探索建立完善工程保险制度。依法实施建筑施工行业领域安全生产责任保险，通过保险的风险事故预防和费率调节机制助力企业加强风险管控，防范化解安全生产风险，保障建筑工程质量。

- 加快信息技术融合发展

11. 推广建筑信息模型（BIM）技术。加快推动以 BIM 为核心的数字化技术在新型建筑工业化全寿命期的一体化集成应用，推动 BIM 正向设计，实现图模一致和信息有效传递，以模型为载体实现全专业信息化集成和设计协同。

12. 发展智能建造技术。支持部品部件生产企业采用计算机辅助加工技术及生产管理系统，将数字化设计成果通过信息化技术与生产加工系统对接，实现设计生产一体化，推动机器人和智能控制施工机械等设施设备在"危、繁、脏、重"施工环节的应用，提升自动化施工水平。

13. 加快应用大数据和物联网技术。推动大数据技术在工程项目管理、招标投标、信用体系等环节的应用，在施工安全监控、节能减排和智能建造中推广应用传感器网络、低功耗广域网、5G、边缘计算、射频识别（RFID）及二维码识别等技术，提升信息化监管能力。

- 加强产业人才培育

14. 培育技能型产业工人。支持企业与行业协会、高等院校、职业院校等共建实训基地，加强职业技能培训，促进进城务工人员向技能型产业工人转型。

15. 加强专业化人才队伍建设。定期更新继续教育学习指南内容，促进行业从业人员完善知识结构、增强创新能力、提高专业水平和综合素质。

- 强化科技支撑

16. 加强创新载体建设。组建新型建筑工业化发展专家委员会，建立一批新型建筑工业化技术创新中心、重点实验室等创新基地。鼓励骨干企业、高等院校、科研院所联合建立新型建筑工业化技术创新联盟，鼓励行业协会设立新型建筑工业化分支机构。

17. 加强关键技术研发。大力支持开展新型建筑工业化关键核心技术研发和应用研究，加强与新型建筑工业化适应的生产设备、施工设备、机具和配套产品研发，完善部品部件吊装、运输、堆放、连接等施工工艺工法，推进建筑机器人等智能建造技术和新型建筑工业化项目检测技术的研发，开展混凝土构件减重、高性能混凝土、高强钢筋等技术应用和 BIM 技术在新型建筑工业化全寿命期的一体化集成应用研究，推进钢结构建筑防火、防腐等技术研究以及在围护体系、材料性能、连接工艺等方面的技术攻关，形成一批适合岭南建造特点的通用技术体系。

18. 推动科技成果转化。建立新型建筑工业化项目科技成果库，支持新型建筑工业化关键技术申报部省科学技术计划项目，推荐申报华夏科学技术奖、国家和省专利奖、国家和省科技进步奖等各类科技奖项。开展新型建筑工业化关键核心技术应用示范，鼓励龙头企业牵头申报全国建设行业科技成果评估与推广项目。

- 完善配套标准

19. 完善标准体系。研究建立新型建筑工业化项目评价技术指标体系，编制新型建筑工业化项目评价指南。

> 20. 建立使用者监督机制。编制绿色房屋购房人验房指南，鼓励将住宅绿色性能和全装修质量相关指标纳入商品房买卖合同、住宅质量保证书和住宅使用说明书，明确质量保修责任和纠纷处理方式，保障购房人权益。

河南省政府投资主导项目全部采用装配式建筑。河南省住房和城乡建设厅等多部门联合发布《关于进一步加快推进装配式建筑发展的通知》，明确全省未取得项目立项审批（核准、备案）文件的机关办公建筑、学校、医院、场馆建筑等政府投资或主导的项目，要全部采用装配式建造技术，且装配率不低于50%。按计划，2022年河南省18个地市年度土地出让计划项目中，采用装配式建筑的比例不低于25%，2023年不低于30%，2024年不低于35%，2025年比例不低于40%。

河北省启动装配式农村住房建设试点。《河北省开展装配式农村住房建设试点工作方案》提出坚持农户自主、企业自愿、政府支持原则，由农民作为建房主体，由有面向农村地区装配式产品的企业自愿参加，每年建成一批性能优良、样式美观、色彩协调、功能完善、工期优势明显的装配式农村住房。2022年作为河北省装配式农村住房建设试点工作的启动年，重点在有面向农村地区装配式产品的生产企业所在县开展试点，由农户自主建设500户以上、具有良好示范效果的装配式农村住房。

3. 大力推广数字化应用

上海全力推进建设工程招标投标从电子化向数字化、智能化管理转型。上海市建设工程招标投标大数据智慧监管平台3.0版本已经进入升级改造阶段，通过打造市场主体数字画像和智慧监管桌面，构建数字全景，实现建设工程招标投标向数字化、智能化、场景化监管转型，强化联动监管处置。推广全类型、全专业、全流程工程建设项目招标投标"无纸化、零跑动"的覆盖面，实现电子化管理无死角，进一步明确数字化转型标准。远程评标为加快建设项目前期云审批速度创造了良好条件，也为项目开工建设争取到了宝贵时间。

江西省推进房屋市政工程智慧工地建设。江西省印发《关于推进全省房屋市政工程智慧工地建设的通知》，全面贯彻落实建筑业高质量发展要求，改变传统的管理模式，充分运用物联网、大数据、人工智能、BIM（建筑信息模型）等新技术，实现"人机料法环"等要素全面感知、互通互联、信息共享、决策分析、风险预控，打造多层级多维度的智慧工地，助力工地协同化智慧管理、精益化智慧生产、一体化智慧监控、精细化智慧服务。同时，推动建设单位将智慧工地建设费用列入工程造价，在施工承包合同中明确智慧工地建设内容，并按合同约定及时足额予以支付，保障智慧工地建设顺利实施。

贵州省出台"智慧工地"建设标准。贵州省住房和城乡建设厅印发了《贵州省"智慧工地"建设分级及设备安装指导标准（试行1.0）》，要求一星级"智慧工地"应具备视频监管、危大工程监管、关键岗位管理、劳务实名制管理、环境监管、塔吊安全监管6项元素。二星级"智慧工地"应具备视频监管、危大工程监管、关键岗位管理、劳务实名制管理、环境监管、自动喷淋、升降机监管、塔吊安全监管8项元素。三星级"智慧工地"在应用视频监管、危大工程监管、关键岗位管理、劳务实名制管理、环境监管、自动喷淋、升降机监管、塔吊监管、深基坑施工管理、高边坡支护施工管理、地下暗挖施工管理11项元素的基础上，至少再增加3项智慧工地应用项（专栏1-3）。

专栏1-3：《贵州省"智慧工地"建设分级及设备安装指导标准（试行1.0）》（摘要）

- 智慧工地建设分级标准

1. 一星级"智慧工地"：应具备视频监管、危大工程监管、关键岗位管理、劳务实名制管理、环境监管、塔吊安全监管6项元素。

2. 二星级"智慧工地"：应具备视频监管、危大工程监管、关键岗位管理、劳务实名制管理、环境监管、自动喷淋、升降机监管、塔吊安全监管8项元素。

3. 三星级"智慧工地"：在应用视频监管、危大工程监管、关键岗位管理、劳务实名制管理、环境监管、自动喷淋、升降机监管、塔吊监管、深基坑施工管理、高边坡支护施工管理、地下暗挖施工管理 11 项元素的基础上，至少再增加 3 项智慧工地应用项，如：智能临边防护、卸料平台监管、智能标准养护室、运输车辆管理、AI 智能识别技术、智能广播、水电监测系统、人员定位系统、智能物料管理、智能爬架监控、智能实测实量、安全质量巡检、大体积混凝土温控监测、BIM 应用、5G 健康亭、螺帽预警、钢丝绳监测、顶升智能报警系统等新技术。

4. 以上三个星级分级内容元素，项目不涉及的允许缺项。

- 项目建设要求

（一）一星级"智慧工地"建设规模：工程造价 400 万元且施工期限 6 个月以上的房屋建筑、市政基础设施工程。

（二）二星级"智慧工地"建设规模：建筑面积 2 万平方米及以上的房屋建筑工程，造价 3 千万元及以上的房屋建筑、市政基础设施工程。

（三）三星级"智慧工地"建设规模：建筑面积 15 万平方米及以上的房屋建筑工程，造价 2 亿元及以上的房屋建筑、市政基础设施工程。

施工单位应编制智慧工地建设专项方案，专项方案建设内容应符合智慧工地建设分级标准要求。

新疆维吾尔自治区印发指导意见推进建筑企业数字化应用。新疆维吾尔自治区住房和城乡建设厅印发《关于推进建筑企业数字化应用的指导意见》，明确全区将以数字化、智能化、绿色化升级为动力，推进建筑企业数字化应用，形成涵盖企业管理、项目全生命周期生产融合一体的建筑业数字化应用体系。根据指导意见，到 2024 年末，建筑企业数字化应用标准体系、评价体系初步建立，相关配套措施和政策基本建立。到 2026 年末，建筑企业数字化应用标准体系、评价体系趋于完善，形成较为完整的相关配套措施和政策。

多省区开展房屋建筑和市政设施调查"在线巡检"。为配合第一次全国自然灾害综合风险普查房屋建筑和市政设施调查，河南省采取召开全省技术指导视频会、现场集中培训、现场指导等多种方式，对普查人员进行培训，并通过微信群、电话等及时解答各地市反馈的问题。安徽省通过现场和线上两种方式，培训市、县（区）普查人员 700 余人次，做到所有市、县（区）全覆盖。山东省组织 3 次各级调查责任部门视频培训。内蒙古自治区对全区 12 个盟市除 3 个试点外的 100 个旗县区均进行了全专业、全覆盖在线巡检。北京、广东、云南、河北、黑龙江、陕西等全国大多数省区都在不同阶段不同程度上效法实施了省内在线巡检。

青岛市制定智能建造高质量发展实施意见。青岛市作为 24 个智能建造试点城市之一，《青岛市人民政府关于推进智能建造高质量发展的实施意见》明确了试点目标和远景目标，到 2025 年将打造智能化工厂 20 个以上、建筑产业互联网平台 5 个以上、示范项目 100 个以上、城镇新建民用建筑装配式建筑比例达到 50% 以上，到 2035 年，将青岛打造成为全国领先的智能建造强市。并列出了高标准推进国家智能建造试点等七项主要任务（专栏 1-4）。

专栏 1-4：《青岛市人民政府关于推进智能建造高质量发展的实施意见》（摘要）

- 主要目标

（一）试点目标

到 2025 年，全市智能建造规划体系、制度体系、标准体系、产业体系初步建立；全市智能建造监管服务平台基本建成；BIM 技术在建设工程规划、勘察、设计、审图、施工和运维等环节广泛应用；以龙头企业为引领的智能建造产业链和覆盖保障市域、辐射服务半岛的智能建造产业集群基本形成；打造智能化工厂 20 个以上、建筑产业互联网平台 5 个以上、示范项目 100 个以上、城镇新建民用建筑装配式建筑比例达到 50% 以上，全市建筑工业化、数字化、智能化水平显著提高。

（二）远景目标

到 2035 年，全市智能建造规划体系、制度体系、标准体系、产业体系全面建立；涵盖科研、设计、生产加工、施工装配、运营、人才培养的智能建造产业体系发展成熟，智能建造新技术、新产品全面推广；智能建造与建筑工业化协同发展水平显著提高，完成行业数字化转型，行业科技创新能力、生产效率及质量安全水平全面提升，将青岛打造成为全国领先的智能建造强市。

- 主要任务

（一）高标准推进国家智能建造试点

（二）加强工程项目数字化协同

（三）推进工程项目建设工业化

（四）创新工程项目组织监管模式

（五）增强智能建造科技支撑力

（六）增强智能建造产业支撑力

（七）增强智能建造人才支撑力

4. 深化"放管服"改革

重庆市建筑业企业资质重组合并分立执行新规。为持续推进建筑业"放管服"改革，重庆市住房和城乡建设委员会发布《关于规范建筑企业资质重组、合并、分立有关工作的通知》，对建筑业企业（含施工、监理企业）资质重组、合并、分立有关工作提出新要求。在企业资质申请、审批后监管方面都作了明确规定。该通知提出，发现企业在申报中存在违法违规和弄虚作假行为的，按照双方企业共同担责的承诺，对有关企业进行处罚。

山东省优化施工图审查项目审批流程并给予中小微企业信贷支持。山东省建立施工图信息管理系统，将消防、人防、技防和水电气暖信等技术审查并入联合施工图审查，审查时限由15个工作日压缩至10个工作日以内。山东省根据企业信用等级，对缴纳保证金、基础设施配套费等环节实行告知承诺，限期补办相关手续，有效压缩项目审批时限。另外，山东省住房和城乡建设厅、山东省农村信用社联合社联合印发《关于金融支持建筑业中小微企业高质量发展的通知》，为建筑业中小微企业发放"金融大礼包"。明确信贷资金计划。对全省建筑业中小微企业实施5年不低于1000亿元信贷资金支持计划。

河北省优化施工图审查机构数量布局。河北省住房和城乡建设厅印发《关于优化审查机构数量布局促进施工图审查业务健康发展的通知》，在全省范围内新增12家专业化的房屋建筑和市政基础设施施工图审查机构，加快推进项目建设。按照"根据本行政区域的建设规模，每500万～1000万平方米设1家审查机构"的要求，鼓励省内企业开展施工图审查业务，明确各地可在调配利用全省审查资源基础上，进一步优化审查机构数量布局，同时，支持外省优质机构迁入河北省，河北省住房和城乡建设厅将充分运用信用管理手段，稳步完善"有进有出"优胜劣汰机制。

黑龙江省进一步优化竣工验收工作。黑龙江省下发《关于进一步优化竣工验收工作的通知》，要求各地对实行联合验收的工程建设项目要全面落实"一口受理"。通知明确政府投资项目、社会投资工业项目全面推行档案验收告知承诺制。对实行联合验收的工程建设项目，现场出具竣工联合意见书即视为完成竣工验收备案。不动产登记等相关部门在线获取验收结果，企业无须再单独办理竣工验收备案。

江西省加大工程勘察设计行业监管力度。江西省住房和城乡建设厅发布《关于规范在赣勘察设计单位从业行为的通知》，通知明确勘察设计单位应当在其资质等级许可的范围内承揽建设工程勘察设计业务，不得将建设工程主体部分的勘察设计进行分包。建筑工程勘察设计工作开始前，勘察设计单位法定代表人应当签署授权书，明确勘察设计项目负责人，设计项目负责人应当由具备勘察质量安全管理能力的专业技术人员担任。参与工程项目勘察设计相关人员依据职责对其签字盖章的工程勘察设计文件终身承担相应责任。此外，江西省建筑业人民调解委员会在南昌揭牌成立，这是推动江西省建筑业高质量发展的又一重要举措。

甘肃省全面实行施工图审查政府购买服务。甘肃省住房和城乡建设厅持续探索优化施工图审查制度，全面推进施工图审查政府购买服务，实现施工图审查全过程网办、零付费审图、全流程监管。企业只需线上提交资料，不用付费，在家就能拿到审查合格的施工图，实现图审"零付费"，服务"零距离"。其中，兰州市住房和城乡建设局结合房屋建筑市政工程施工图审查项目数量，分片区、分专业将全市范围内的施工图审查业务统一向审图机构进行推送，图审机构不再向建设单位收取审查费用，费用以政府购买服务方式解决。

宁夏回族自治区深化工程建设项目招标投标机制改革。宁夏回族自治区住房和城乡建设厅、发展改革委、公共资源交易管理局联合印发《宁夏回族自治区房屋建筑和市政工程招标投标"评定分离"导则（试行）》，以进一步深化工程建设项目招标投标机制改革，规范招标投标活动。对采用"评定分离"的项目，招标人可根据项目规模及实际情况选择适合于项目的定标因素及其内容，综合考量中标候选人的投标报价、企业实力、企业信誉、拟派团队管理能力与水平等情况。各级监督管理部门对采用"评定分离"的项目通过随机抽查和定向检查的方式，加强"评定分离"过程中事中事后监管，维护建筑市场秩序，保障定标过程规范开展。

5. 进一步规范建筑市场秩序

山东省全面布局未来三年建筑市场专项整治工作。山东省住房和城乡建设厅印发《山东省建筑市场专项整治三年行动方案》，明确到2025年，实现监管效能大幅提升、发展环境明显优化、电子监管全面覆盖、市场秩序更加规范、建筑市场治理体系和治理能力现代化水平显著提高的目标，从5大方面、19条具体措施对山东省2022年至2025年建筑市场专项整治工作进行全面布局。该方案还将"建立信息互认共享机制"作为一项重点任务。

黑龙江省印发新版条例规范建筑市场管理。黑龙江省印发新版《黑龙江省建筑市场管理条例》，该条例将于2023年1月1日起施行，对电子招标投标予以规范。为避免建筑市场活动中发包人滥用职权指定承包人购买建筑材料或者指定供应商的现象，该条例规定，按照合同约定，建筑材料、建筑构配件和设备由工程承包人采购的，发包人不得指定承包人购入用于工程的建筑材料、建筑构配件和设备或者指定生产厂、供应商。

河南省开展注册建造师"挂证"行为专项整治。河南省住房和城乡建设厅发出通知，在全省范围内开展工程建设领域注册建造师"挂证"违法违规行为专项整治，此次专项整治对全省工程建设领域注册建造师执业情况进行全面自查、排查，严格查处持证人注册单位与实际工作单位不符、买卖租借注册证书等"挂证"违法违规行为。下一步，河南省将推进建立常态化监管机制，完善升级建造师注册系统，优化注册人员人脸识别和企业电子认证功能，实现与社保系统信息共享，建立省市县工程建设领域"挂证"等违法违规行为预防、监管、查处上下联动机制，进一步强化注册管理。

河北省进一步优化建筑市场营商环境。河北省住房和城乡建设厅印发通知，明确建设工程资质的有关事项。通知明确，由河北省各级行政审批机关（含雄安新区、自贸区有关片区、有关国家级开发区）核发的住房和城乡建设行业企业资质证书，凡有效期在2022年12月31日至2023年12月30日期间届满的，统一延续至2023年12月31日，无须办理证书延续审批手续。省级、市级行政许可审批机关核发的符合延期条件的证书，自2022年12月1日起，企业可登录河北政务服务网重新下载延期后的电子证书。具有法人资格的企业可直接新申请施工总承包、专业承包二级资质。持有施工总承包、专业承包三级资质的企业，可按照现行二级资质标准要求申请升级，也可直接申请二级资质。

湖北省支持打通行业壁垒。湖北省住房和城乡建设厅、交通运输厅等部门联合发文，支持打通行业壁垒，拓宽企业市场，降低制度性交易成本。在支持龙头企业发展方面，文件明确，满足条件的湖北省特级资质企业，可跨专业承揽建设工程施工总承包项目。实行企业业绩互认。打通施工技术、管理模式相似的建筑业企业资质限制。此外，文件还在开展企业资质互认推进技术人员互认、支持企业子公司落户、培育基础设施领域施工能力等方面提出了明确要求。

广西壮族自治区规范工程建设领域进城务工人员工资专用账户管理。《广西壮族自治区工程建设领域进城务工人员工资专用账户管理暂行办法实施细则》印发，进一步规范了工程建设领域进城务工人员工资专用账户管理。规定施工总承包单位应当在工程施工合同签订之日起30日内，自主选择在自治区行政区域内依法设立或设有分支机构的银行开立专用账户，并与建设单位、开户银行签订三方协议。从根本上分清进城务工人员工资和其他工程款支付链条，从源头上确保进城务工人员工资"有钱发""发到位"。

6. 加快培育新时代建筑人才

重庆市对施工现场作业人员提出新要求。重庆市住房和城乡建设委员会发布《关于培育新时代建筑企业自有工人队伍进一步强化施工现场从业人员管理的通知》，切实保障工程质量安全，规范建筑市场行为，提升从业人员素质，打造一支秉承劳模精神、劳动精神、工匠精神的新时代建筑业企业自有工人队伍。该通知要求压实参建各方主体责任，强化现场从业人员到岗履职。同时，强化现场专业人员变更管理。此外，还要求强化招标投标阶段、开工阶段、施工实施阶段的人员配备监管。

新疆维吾尔自治区开展建筑业"冬季大培训"。为有效应对2023年可能出现的"用工荒"，新疆重点开展"冬季大培训"工作，截至2023年5月1日，培训新疆建筑工匠7万人次。同时，为深入实施就业优先战略，新疆在全面完成自治区建筑领域技术工种3年20万人职业技能培训就业行动基础上，将持续开展新疆建筑工匠培训就业工作，2023年计划培训12.5万人次，新增就业10万人。

山东城市建设职业学院探索美育育人新模式。为实现培养"美丽建设者"育人目标，山东城市建设职业学院积极探索美育育人新模式，创新构建育人理念明确、职业特色鲜明的美育育人体系，为建筑类高职院校美育育人作出有益探索。培养学生成为"优秀文化的传承者、美丽中国的建设者、美好生活的创造者"高素质技术技能型人才。基于"以美化人、以美育人、以美培元"美育宗旨，对接未来岗位需求、职业发展，创新提出"以美育德、以艺涵品、知行合一、德技并修"育人理念。搭建"学校＋企业＋网络"三合一培养平台，发挥校企合作优势，利用资源库等网络资源，搭建培养平台，凸显"建筑类"特色，为学生提供多维习美空间。

7. 提升工程质量管理水平

天津市加强房屋市政工程预拌混凝土质量管理。天津市住房和城乡建设委员会发布通知，明确加强预拌混凝土质量管理，落实各方主体责任。加强预拌混凝土生产环节的质量管理和预拌混凝土现场质量管理。此外，通知明确建立预拌混凝土生产企业资质动态管理机制，加强对预拌混凝土专业承包资质的日常监督管理。不再符合相应资质标准要求条件的企业，相关部门应当责令限期改正，逾期仍未达到标准的，由资质许可机关依法撤回其资质证书。

重庆市要求新建市政轨道交通工程开展施工质量评价。重庆市住房和城乡建设委员会组织编制了《重庆市市政工程施工质量评价指南（试行）》和《重庆市城市轨道交通工程施工质量评价指南（试行）》及相关用表，要求新建市政基础设施工程轨道交通工程均应开展工程施工质量评价。

河北省开展建筑工程质量评价试点工作。河北省住房和城乡建设厅印发建筑工程质量评价试点工作方案，明确自方案印发之日起至2024年12月31日，在保定、邢台两市开展建筑工程质量评价试点工作。在突出施工结果质量评价的同时，注重施工过程的质量评价。各试点城市将按区域推进，确定3～5个县（市、区）为试点县（市、区），每个县（市、区）选取5个在建工程、5个既有工程开展评价工作；其他县（市、区）可参照省级方案积极推进建筑工程质量评价试点工作。在评价内容上，根据《建筑工程质量评价工作实施手册（试行）》开展评价，主要包括区域质量综合评价、实体质量评价、用户满意度评价等关键指标。

山东省将渗漏防控纳入施工图审查。山东省住房和城乡建设厅印发《关于进一步加强住宅工程渗漏防控工作的若干措施》，力争到2025年底，住宅渗漏问题基本解决。2022年9月1日开始施行的《山东省住房和城乡建设厅关于调整新建住宅工程质量保修期的指导意见》将新建住宅工程的屋面防水工程最低质保期由5年延长至10年。进一步通过强化事前预控、事中防治和事后处置，着力解决设计深度不足、材料质量不高、施工工艺不精、验收把关不严等问题，并从落实首要责任、保证设计深度、优化施工组织、确保材料质量、严格细部做法、落实三级验收、强化科技支撑、加强维护管理八方面给出了防控措施（专栏1-5）。

专栏1-5：《关于进一步加强住宅工程渗漏防控工作的若干措施》（摘要）

- 落实首要责任

明确防控目标任务。建设单位承担工程质量首要责任，是住宅渗漏防控第一责任人，对购房人负有防水工程质量 10 年保修责任，要在设计、施工、监理、采购等合同中，明确约定渗漏防控各项要求。开工前，应下达《住宅工程质量常见问题防控任务书》，组织参建各方全面落实《住宅工程质量常见问题防控技术标准》DB37/T 5157—2020。

保证合理工期造价。建设单位不得任意压缩合理工期，低于合同约定工期的应采取有效技术、管理和经济措施并通过专家论证。在编制最高投标限价、投标报价和工程结算等计价活动中，要严格按照设计要求考虑渗漏防控费用，不得随意扣减压缩。

- 保证设计深度

严格设计标准。住宅防水设计工作年限室内应不低于 25 年、屋面不低于 20 年，地下室不低于建筑结构设计使用年限。建筑施工图总说明中应单设渗漏防控专章，明确屋面、外墙（窗）、地下室和涉水房间（以下统称"涉水部位"）等渗漏易发多发部位的细部构造、节点做法，设计深度应满足施工要求。

严格施工图审查。将渗漏防控要求纳入施工图审查范围，对未按规定编制防控设计专章、设计深度不够、节点做法不细、标准引用不明的，图审机构应要求建设单位补充完善并重新审查。达不到要求的，不予通过审查。

严格设计变更。变更涉水部位的防水等级、材料类型、施工标准和工艺做法的，要作为重大设计变更管理，由设计单位项目负责人审核签字后，报原图审机构审查合格方可施工。任何单位和个人不得以"优化设计""创新工艺"等名义，随意变更防水设计或调整施工方案。

- 优化施工组织

实行提级审批。开工前，施工、监理项目部要针对渗漏防控分别编制专项施工方案和监理实施细则，报请企业工程质量（技术）部门审批并经部门负责同志签字后方可实施。

落实三项交底。设计单位应在设计交底和图纸会审时，对渗漏防控措施和要求进行专项交底；施工单位在易产生渗漏、开裂的分部分项工程施工前，应进行可视化技术交底，在防水工程施工前，应向施工班组（专业队伍）、人员进行工艺交底。

实施样板引路。施工现场应按涉水部位，分别制作实物样板，明确防水工艺操作要点和质量标准，由建设、监理、施工单位共同验收确认，住宅小区应按不同户型设置实物样板间。防水工程实际施工、竣工状态应做到与实物样板一致。

- 确保材料质量

严格开箱检验。建设、施工、监理单位应共同开箱验收，不得使用"三无"产品。首批材料进场时，三方现场主要负责人应参加验收。应随机抽取见证取样复检样品，并留存影像资料，确保进场材料和送检样品、送检样品和试验样品、试验样品和实际使用材料"三一致"。

严格信息公示。建设单位应将防水工程使用的主要材料信息（产品名称、品牌、规格、型号、等级、产地等）纳入质量信息公示内容，未公示的不得组织竣工验收。

- 严格细部做法

细部处理。落实《住房和城乡建设部办公厅关于加强保障性住房质量常见问题防治的通知》（建办保〔2022〕6号）中有关要求，加强涉水部位的细部处理。穿过地下室地面、顶板、外墙的管道应设带止水钢板的防水套管。外墙上的孔洞应封堵密实并做三遍防水处理。

基层处理。防水工程的基层采用混凝土时，混凝土强度不得低于C20。应严格控制楼地面混凝土结构施工荷载，加强养护，混凝土应密实、平整，无蜂窝麻面、无贯通性裂缝。外墙防水应加设硬质保护层，室外回填时总承包、监理单位应加强现场指挥、旁站巡查，防止破坏防水层。

- 落实三级验收

工序验收。严格执行"三检一交"制度，对涉水部位实行"举牌验收"并留存影像资料，未经验收或验收不合格的不得进入下一道工序。加强成品保护，后续施工时不得破坏前道防水层。

分部分项验收。对易渗漏部位应进行基层、防水层、面层三次蓄水试验，蓄水时间不少于24h，种植屋面不少于48h，蓄水最浅处不少于30mm；涉水房间每次蓄水时间不应少于24h，蓄水高度宜为20mm。地下室在回填前应进行防水效果检查。每个单体工程应抽取10%以上数量的外窗进行压力淋水试验，水压0.10～0.12MPa，持续、均匀直射喷淋5分钟以上。建设、施工、监理单位应对蓄水、淋水或围水试验的关键环节进行全面验收。

竣工验收。鼓励带水验收、带水交房。竣工时，监理单位工程质量评估报告中应包含渗漏防控成效，施工单位工程质量竣工验收报告应包含渗漏防控工作总结报告。

- 强化科技支撑

加大科技研发。鼓励企业结合工程实际开展技术创新，加大对渗漏防控施工技术、工艺、材料的研发、改进、提升。鼓励将成熟适用的施工工艺上升为省级工法。

加强推广应用。积极推广皮肤式防水、整体卫浴、非固化沥青橡胶防水涂料以及各种成品预埋止水节，止水套管等新产品、新工艺。加强对尚无适用标准的新型防水材料、工艺的专家论证，不得使用明令禁止、限制、淘汰的施工工艺和产品。

- 加强维护管理

及时提示说明。住宅交付时，建设单位在向业主提供的《住宅使用说明书》中，应以图文并茂的形式对渗漏易发部位的正常使用要求、注意事项进行说明。

强化使用管理。在屋面、外墙加装太阳能、广告牌、光伏发电、信号发射等以及室内外进行二次装修时应向物业服务单位报备，不得破坏原有防水层、保护层。已损坏的应及时采取补救措施。

四川省发文规范市场行为加强工程勘察质量管理。 四川省住房和城乡建设厅印发了《关于进一步加强房屋建筑和市政基础设施工程勘察质量管理的通知》，规范建设单位、勘察单位的市场行为，进一步加强全省工程勘察质量管理。该通知在执行《建设工程勘察质量管理办法》基础上，结合四川省实际，从"规范建设单位行为，落实质量首要责任""规范勘察单位行为，落实质量主体责任""加强勘察质量监管，落实监督管理责任"三个方面进行了要求。

山西省规范建设工程质量检测管理。山西省住房和城乡建设厅下发《关于进一步规范建设工程质量检测管理的通知》，明确凡在山西省行政区域内新建、改建、扩建的房屋建筑和市政基础设施工程，应由工程项目建设单位委托具有相应资质的检测机构进行建设工程质量检测，以保障建设工程质量。

安徽省住宅工程质量专家委员会成立。专家委员会由100名专家组成，设10个专业委员会，包括建筑施工专业委员会、工程监理专业委员会、工程检测专业委员会、建筑结构专业委员会、建筑材料专业委员会、科技与节能专业委员会等。随后，安徽省住宅工程"质量江淮行"正式启动，活动要求充分发挥100名省级住宅工程质量专委会专家和10家技术支持单位专业技术"探头"作用，建立工程质量问题快速处理机制，形成问题处理2小时快速服务区。针对工程质量问题突出的地区，第一时间赶到现场处置，现场答疑解惑，妥善高效化解矛盾纠纷，进一步落实质量安全责任。

四川省开展住宅工程质量潜在缺陷保险试点。四川省住房和城乡建设厅等部门联合印发《四川省住宅工程质量潜在缺陷保险试点实施办法》，于2022年12月1日起施行，有效期5年。该办法指出，住宅工程质量潜在缺陷保险试点在成都市、绵阳市、乐山市、资阳市开展。缺陷保险可采用单一承保模式或共保模式。按照自愿原则，投保缺陷保险的建设单位在办理施工许可手续前，与保险公司签订书面保险合同，并按合同约定支付保险费。业主在缺陷保险期内或保险期届满后交房且在收房之日起6个月内发现保险范围内的质量缺陷，可以向保险公司提出索赔申请。保险公司应当在收到业主索赔申请后的10日内作出核定；情形复杂的应当在30日内作出核定，并将核定结果通知业主。

8. 全面开展自建房安全专项整治

重庆市彻查自建房安全隐患。自印发《重庆市自建房安全专项整治实施方案》以来，重庆市各区县按照"谁拥有谁负责、谁使用谁负责、谁主管谁负责、谁审批谁负责"的原则，依法依规彻查自建房安全隐患，全力推进自建房安全专项整治。从2022年7月起，重庆市各区县对所有自建房集中开展安全专项整治"百日行动"。对用作学校、餐饮饭店、民宿等具有公共建筑属性的经营性自建房，开展拉网式排查，摸清问题房屋底数，逐一造册逐户建档，重点排查三层及以上、人员密集、违规改扩建等容易造成重大安全事故的经营性自建房风险隐患。

山东省涌现经营性自建房排查整治创新经验。 2022年5月，山东省全面启动经营性自建房安全隐患排查整治"百日行动"，全省各地积极行动，探索、涌现出一批创新经验。比如，济南市开发自建房专题数据库，用"红黄绿"三色标识房屋安全状况；潍坊市采取"政府财政补一点、专业机构让一点、责任主体担一点"的办法，筹集排查鉴定资金；临沂市推进快速高效，经营性自建房排查数量、整治数量居全省第一；聊城市冠县探索实施"群众点单、镇街下单、公司接单、群众评单"模式，从源头上提升自建房建设管理水平。山东全省利用两个月左右的时间，开展经营性自建房排查整治"回头看"，确保10月底前，全省经营性自建房隐患问题清仓见底、安全风险动态清零。

海南省发动大学生志愿者参与自建房安全隐患排查。 海南省自2022年5月开展城乡自建房安全专项整治工作以来，各市县发动建筑设计及土木工程类专业大学生志愿者522人参与自建房安全隐患排查工作。截至2022年7月20日，全省各市县均已完成各辖区经营性自建房排查录入工作，已排查经营性自建房15.64万栋、非经营性自建房143.89万栋，经营性自建房初判存在安全隐患5117栋，采取整治措施的有128栋。随后开展全省自建房安全专项整治"回头看"工作，要求各市县对本辖区内所有经营性居民自建房开展资料复查、现场入户抽查，现场入户抽查比例不得低于经营性自建房总数的30%，2022年9月底前完成对疑似危房的经营性自建房危险性鉴定工作、整治管控工作。

广西壮族自治区规范房屋安全鉴定管理。 广西壮族自治区住房和城乡建设厅下发《关于规范我区房屋安全鉴定管理有关工作的通知》，填补了广西在房屋安全鉴定管理规章制度方面的空白,有利于规范房屋安全鉴定市场秩序,确保房屋安全鉴定工作扎实推进。通知要求,房屋安全鉴定机构要通过广西建设工程检测监管信息系统录入鉴定相关信息、出具房屋安全鉴定报告。鉴定报告封面会自动生成二维码防伪标识,公众可通过微信关注"广西建设工程质量安全管理"公众号,扫描二维码对报告的真伪进行查验。广西已发布第一批符合条件的房屋安全鉴定机构名单,共包括79家检测单位和145家设计单位。

湖南省自建房安全专项整治实行"三步走"。 2022年5月至2023年6月为发力攻坚阶段,2023年6月至2024年7月为巩固提升阶段,2024年7月至2025年7月为常治长效阶段。自2022年5月以来,各地按照"先急后缓、先大后小"原则,加快推进分类整治,长沙市采取筹集、收购、配租、入市"四个一批"方式解决危房搬离人员房源问题;岳阳市对自建房实行"红黄蓝"挂牌管理;常德市9个县市区拿出5000万元以上财政预算保障专项整治。

9. 排查整治房屋市政工程安全隐患

黑龙江省多措并举开展城乡房屋安全专项整治行动。 黑龙江省通过"社会实践+志愿者服务"形式,为大学生积极搭建了解家乡、热爱家乡、服务家乡的实践平台。黑龙江省住房和城乡建设部门还组织了省级房屋结构安全专家团队,为群众住房安全"把脉会诊",对其中"生病"的房屋开"良方"、定"疗程",逐户逐栋提出"治疗方案"。在推进房屋安全排查过程中,黑龙江省率先在全国自主研发了非自建房安全排查功能模块,建立了更加精准的房屋管理信息大数据,用数字赋能织密房屋安全防护网。此外,黑龙江省住房和城乡建设厅在城镇房屋安全管理服务平台上开发了安全性鉴定报告赋码功能模块,切实做到"一报告一码"。

湖南省全面排查整治安全隐患。 湖南省根据住房和城乡建设部统一部署制定印发《湖南省房屋市政工程安全生产治理行动实施方案》,指导督促各地成立领导机构、细化实施方案、完善工作举措、明确专人负责、建立沟通机制、抓好工作落实。长沙"4·29"事故发生后,坚持将治理行动与安全生产事故教训汲取、安全生产专项整治三年行动巩固提升、安全生产大检查"百日攻坚"行动统筹推进。

广西壮族自治区完成高层建筑火灾隐患排查。广西壮族自治区组织人员对全区高层建筑进行火灾隐患排查整治，重点对象为可能发生群死群伤或重大影响火灾事故的高层公共建筑、高层住宅建筑和超高层建筑，截至2022年11月初，排查工作全部完成，整治工作基本结束，排查整治范围覆盖14个地市，已完成5265个高层建筑项目的排查工作，总栋数为17687栋，排查易燃可燃外墙保温材料面积共1110.52平方米，发现火灾隐患4634处，已督促完成整改4043处。南宁市印发《高层建筑重大火灾风险专项整治实施方案》，要求从方案印发之日起至2023年6月30日，聚焦高层建筑重大风险隐患。

10. 全力保障建筑工程安全

北京市做好监督执法检查。2022年国庆假期期间，市监督总站每日派出检查组，开展施工现场疫情防控措施、安全生产条件和施工现场扬尘治理现场抽查，并安排扬尘视频监控人员开展施工现场远程视频监控非现场专项巡查，督促各参建单位不折不扣落实施工现场常态化疫情防控各项措施、安全质量和扬尘治理主体责任，营造安全稳定的社会环境，确保首都市民度过一个安定祥和的节日。假期结束后，市监督总站继续加大检查力度，严格督促参建各方切实履行常态化疫情防控、安全质量和扬尘治理主体责任，保障党的二十大胜利召开。

山东省执行战时标准遏制安全事故。2022年9月27日下午，山东省住房和城乡建设厅召开全省建筑施工安全生产运行分析会。会议强调，各有关部门要迅速进入决战状态，执行战时标准，强化战时措施，抓深抓实抓细，切实做到"五个最严格"：最严格的制度执行、最严格的责任落实、最严格的专项整治、最严格的现场管控、最严格的监管执法。

河北省强化建筑施工安全生产末端落实。河北省住房和城乡建设厅出台《关于抓好当前建筑施工安全生产末端落实的四条措施》，强化参建各方安全生产责任落实，做好危大工程和多发易发事故隐患防范工作，严格培训教育，强化安全生产意识和技能，始终保持严管重罚高压态势。此外，河北省住房和城乡建设厅发布《建筑起重机械使用年限管理规程》，自 2023 年 4 月 1 日起实施，重点对整机报废条件、使用年限规定、重要结构件报废、报废整机及部（构）件的处置等作出了详细规定。

11. 加强抗震设防和灾后应急

江西省明确超限高层建筑工程抗震设防审批权限。 江西省住房和城乡建设厅印发通知，明确全省超限高层建筑工程抗震设防审批事项由省住房和城乡建设厅审批。根据通知，超限高层建筑工程抗震设防审批事项要由建设单位通过江西政务服务网江西工程建设项目审批管理系统申请，由各设区市住房和城乡建设主管部门进行初审，对符合要求的，通过审批管理系统上报，对不符合要求的，通过审批管理系统一次性告知意见。

河南省洪涝灾害后农房应急评估有了标准。 河南省住房和城乡建设厅发布工程建设地方标准《河南省洪涝灾害后农村住房安全应急评估技术标准》DBJ41/T 270—2022，自 2022 年 12 月 1 日起实施。该标准适用于遭受洪涝灾害破坏的农村住房的安全应急评估，明确根据农村住房整体性安全应急评估结论，遭受洪涝灾害的农村住房可以分为"可居住住房""存在隐患住房"和"严重隐患住房"三类。

多省组织开展震后救灾应急。 四川省雅安市芦山县发生 6.1 级地震后，四川省住房和城乡建设系统立即组织人员第一时间奔赴震中开展抗震救灾工作。四川省甘孜州泸定县 6.8 级地震发生后，四川省住房和城乡建设系统组织 300 余名专家在泸定县、石棉县持续开展房屋建筑与市政基础设施应急评估工作。四川省住房和城乡建设厅抗震救灾指挥部依据《四川省住房和城乡建设系统地震应急预案》启动一级地震响应，有力有序开展抗震救灾应急工作。云南省丽江市宁蒗县发生 5.5 级地震后，云南省住房和城乡建设系统投入专家及技术人员 163 人，全力以赴开展房屋建筑应急评估、市政基础设施排查、震害调查等应急抢险救援工作。青海省海北州门源县发生 6.9 级地震后，地方开展震后建筑安全应急评估、抢险抢修、供水保障等抗震救灾工作。

多地加快推进农房抗震改造。 2022 年云南省将农房抗震改造工作列入省政府工作报告，农房抗震改造工程使得农村房屋质量安全水平和抗震能力显著提高，经受住了云南地震的考验。宁夏回族自治区住房和城乡建设厅分类精准施策，加快推进农房抗震改造，对无抗震构造措施、房龄 25 年以上的房屋，每年进行一次"体检"，确保不抗震房及时发现、精准识别、快速处置，未来五年将常态化开展农房动态监测。甘肃省平凉市崆峒区住房和城乡建设局以落实农村"住房安全有保障"为基础，以提高农房抗震设防能力等为重点，着力打造农房抗震改造示范样板，实现了农房科学安全建设。

12. 推动消防设计审查验收向高质量发展

江苏省主动参与地方立法，做好消防审验顶层设计。积极参与《江苏省消防条例》修订工作，破解原条例中与现行的法律法规、机构职责、工作机制不相适应的内容，在条例中增加以下内容：一是县级以上地方人民政府住房和城乡建设主管部门应当履行参与建设工程火灾事故调查处理、监督指导消防审验技术服务活动的职责；二是省住房和城乡建设主管部门可以会同省交通运输、水利、能源、铁路等部门和单位，根据需要建立专业建设工程消防审验工作机制，制定各专业建设工程消防审验管理办法；三是既有建筑改造利用存在空间、结构等客观条件限制的，应当符合省住房和城乡建设主管部门会同有关部门制定的消防技术要点，并采取人防、技防、物防等加强性措施，提升火灾预防和处置能力；四是对专业建设工程依法实施施工图设计文件审查的部门和单位，应当将消防技术审查纳入施工图设计文件审查；五是对依法不需要取得施工许可的其他建设工程，在消防验收备案时可以适当优化程序和要求。

北京市持续优化完善既有建筑改造消防技术要点，助力城市更新行动实施。积极推动将近年来在既有建筑改造消防设计审查方面积累的行之有效的举措纳入《北京市城市更新条例》。2023 年 3 月 1 日，该条例已正式实施，其中第四十五条专门对城市更新既有建筑改造提出消防安全保障要求：城市更新既有建筑改造应当确保消防安全，符合法律法规和有关消防技术标准要求。确实无法执行现行消防技术标准的，按照尊重历史、因地制宜的原则，应当不低于原建造时的标准；或者采用消防性能化方法进行设计，符合开展特殊消防设计情形的，应当按照有关规定开展特殊消防设计专家评审。条例明确有关部门可以根据城市更新要求，依法制定相适应的既有建筑改造消防技术规范或者方案审查流程。

福建省强化消防审验事中事后监管确保建设工程本质安全。建立消防设计质量复查机制，在不增加相对人义务、不增设审批事项基础上，组织辖区各设区市开展建设工程消防设计审查技术复查，建立消防设计质量常态化复查机制，加强设计源头质量管控，督促设计单位和施工图审查机构严格落实主体责任。依据《福建省住房和城乡建设厅关于做好建设工程消防设计审查验收监管工作的通知》，制定全省消防设计审查质量复查任务指标及目标值分配表，要求各设区市每季度开展1~2次复查。推行消防施工质量过程统一监管。明确将涉及消防的分部分项工程施工质量纳入建设工程质量日常监管范畴，确保消防工程施工质量的过程统一监管。结合《福建省建筑施工企业信用综合评价体系企业质量安全文明施工行为评价标准》修订，在施工单位和项目经理记分项目中专门增加消防记分模块，明确违规事实和记分值、单次检查记分限值、检查方式方法等。

重庆市利用数字化手段提升建设工程消防设计审查工作效能。重庆市坚持"可看、可用、可感知"的建设原则，围绕建设工程项目消防设计文件的项目行政审批、前期技术服务、消防行业管理三个板块，搭建"消防设计审查管理系统""提前技术服务系统"和"重庆建设防火技术平台"，构建建设工程消防设计审查信息化支撑体系，规范建设项目消防设计审批，实现工改数据同步、在线质量抽查、在线分类标注、数据研判支撑等功能。

南京、济南等地加快消防审验信息化建设有效提升消防审验工作质量。南京市深入开展消防审验信息化、标准化、智慧化研究，通过对研究成果的集成和信息技术转换，研究开发"宁小燕"南京市建设工程智慧消防审验平台。通过梳理和构建消防审验基础数据库，为实现标准、智慧、便捷的审验信息化管理新模式提供数据支撑，建成以南京市政务服务网为基础，消防审验业务指南为标准，智慧消防审验业务平台为抓手，配套二十余项专项消防审验政策和技术标准的"1+1+1+N"消防审验信息化体系。济南市积极开发济南市消防验收专用技术平台，推动全市各区县住建部门安装完成平台的线上信息系统，并在 2023 年 3 月开展使用方法集中培训，实现"不见面"受理，建设单位可随时随地通过线上云端申请办理消防验收备案业务，办理方式线上化、申报资料电子化、结果通知无纸化。各方主体能够在云端内查看项目的受理进展、评定情况与最终结果，也能够进行问题详情咨询、整改情况上传等操作。

奖项引领、示范带动，山东、陕西、广西打造优质样板促进建设工程消防安全质量提升。 山东省在充分调研摸底、研究论证的基础上，在山东省工程建设"泰山杯奖"中增设"消防技术"方向一、二、三等奖共 20 个，激发工程项目责任主体提升消防设计、施工质量的责任感、主动性，通过形式审查、现场复查、专家评审、信用核查、择优选择，最大化发挥"泰山杯奖"对本省建设工程消防事业高质量发展的引导激励作用。陕西省将"建设工程消防质量奖"新增为省级以下评比达标表彰项目，针对经消防验收合格、投入使用一年以上三年以内的消防工程项目，科学建立评选机制，从工程基本建设程序、工程管理、科技创新、消防工程质量四大方面综合评价。广西壮族自治区依托建设工程消防协会设立"消防工程优质奖"和"消防查验优质奖"，倡导"精益求精、铸就品质"的工作理念，注重建设工程消防的全链条管理。

第二章　中国建筑业发展状况

2022年是党和国家发展史上极为重要的一年。党的二十大胜利召开，以习近平同志为核心的党中央团结带领全党全国各族人民，统筹疫情防控和经济社会发展，有效应对超预期因素冲击，经济社会大局保持稳定。全国建筑业坚决贯彻党中央、国务院决策部署，大力推进转型升级，建筑业高质量发展取得新成效，为经济社会发展提供了重要支撑。

一、发展成就与特点

（一）"双碳"目标积极推进

为深入贯彻落实党中央、国务院关于碳达峰、碳中和决策部署，控制城乡建设领域碳排放量增长，切实做好城乡建设领域碳达峰工作，2022年住房和城乡建设部联合其他部门印发了相关实施方案，并推动零碳示范区试点工作，建筑节能管理加强，绿色建筑高质量发展持续推进，绿色建材不断推广应用。《城乡建设领域碳达峰实施方案》指明了城乡建设领域碳达峰的方法路径，《科技支撑碳达峰碳中和实施方案（2022—2030年）》提出围绕城乡建设绿色低碳转型目标，以脱碳减排和节能增效为重点，低碳零碳技术研发与示范应用大力推进，建筑高效节能技术加快突破，建立新型建筑用能体系。开展建筑部件、外墙保温、装修的耐久性和外墙安全技术研究与集成应用示范，加强建筑拆除及回用关键技术研发，突破绿色低碳建材、光储直柔、建筑电气化、热电协同、智能建造等关键技术，促进建筑节能减碳标准提升和全过程减碳。

此外，《"十四五"建筑节能与绿色建筑发展规划》提出"十四五"目标指标要求，进一步提高建筑绿色低碳发展质量，降低建筑能源资源消耗，转变城乡建设发展方式，为实现城乡建设领域碳达峰奠定坚实基础。北方地区冬季清洁取暖试点城市加快建筑热源端和建筑节能改造，

2022年将25个城市纳入试点范围。政府采购支持绿色建材促进建筑品质提升实施范围扩大至全国48个市（市辖区）。各地开展绿色建筑创建行动，海南博鳌零碳示范区试点工作有序推动。

（二）产业转型升级取得成效

首先，智能建造得到大力发展。《"十四五"建筑业发展规划》明确以建设世界建造强国为2035年远景目标，"十四五"时期，建筑工业化、数字化、智能化水平大幅提升，部署加快智能建造与新型建筑工业化协同发展等7项重点任务和BIM技术集成应用、建筑产业互联网平台建设、建筑机器人研发应用、建筑垃圾减量化4个专栏行动；11个省（市、区）及部分地市出台发展智能建造的实施意见；北京等24个智能建造试点城市，5项智能建造基础理论研究和7项"卡脖子"关键技术攻关有效开展；深圳长圳智能建造试点项目视频观摩会顺利召开，可复制经验做法得到大力宣传推广，发展智能建造的行业共识和社会共识得到进一步凝聚。

其次，工程建设组织模式不断完善。营商环境创新试点的北京、上海等6个城市在102个项目中发挥建筑师统筹协调作用。政府和国有资金投资项目、装配式建筑项目积极推行工程总承包模式，设计施工协同进一步加强。全过程工程咨询项目加快落地，全过程工程咨询数字化不断推进发展，在减少招标投标次数、降低制度性交易成本、提高管理效能、提升项目整体性和系统性等方面的效用逐渐显现。

再次，设计人员能力提升培训工作积极筹备。围绕让人民群众住上更好房子的目标，以工程设计人员能力提升为切入点，坚持专业知识与工程实践相结合，涵盖6大板块、24个类别、89项专题的培训课程体系已构建，全面提升设计人员理念创新、实践应用、技术更新、精细化设计、全过程管理5方面的能力，第一批25门培训课程制作完成。

最后，其他相关试点工作取得积极进展。招标"评定分离"、钢结构住宅建设和政府购买监理巡查服务试点完成，企业资质审批权限下放试点稳妥推进。

（三）工程质量安全保障全面提升

首先，建筑工程品质提升。工程建设全链条质量监管得到强化，质量监督检查制度不断完善；预拌混凝土质量及海砂使用监督抽查顺利开展；《建设工程质量检测管理办法》修订出台；持续推进建筑工程质量评价试点，建筑工程质量评价指标体系、实施方案和评价手册进一步完善；工程质量保险试点和浙江宁波城镇既有房屋保险等经验做法得以总结；工程质量保证金的阶段性缓缴政策激发了建筑市场活力；绿色建造试点顺利开展；"十四五"工程勘察设计行业发展规划编制完成。

其次，安全生产形势稳定。2022年，各地排查整改隐患156.2万项，各类施工安全隐患切实消除；安全生产管理制度不断完善；印发了《房屋市政工程生产安全重大事故隐患判定标准（2022版）》《危险性较大的分部分项工程专项施工方案编制指南》《房屋建筑和市政基础设施工程危及生产安全施工工艺、设备和材料淘汰目录（第一批）》《城市轨道交通工程建设安全生产标准化管理技术指南》《城市轨道交通工程地质风险控制技术指南》《城市轨道交通工程基坑、隧道施工坍塌防范导则》等得到推广应用；安全生产教育培训不断创新，共计63万人参加全国建筑施工安全监管人员和建筑企业安全生产管理人员培训，20万人在线观看全国住房和城乡建设系统安全生产月现场咨询日活动，《房屋市政工程现场施工安全画册》首次发布，4万余人参加城市轨道交通工程质量安全管理培训；安全生产监管效能不断提升，建筑施工企业安全生产许可证、特种作业操作资格证书、安全生产管理人员考核合格证书3本电子证照标准出台并在15个省份试运行，全国工程质量安全监管信息平台微信小程序上线；部安委办统筹协调作用有效发挥。

最后，建设工程消防设计审查验收管理不断加强。2023年1月至8月，全国各级住房和城乡建设主管部门共计受理建设工程消防设计审查验收申请18.9万余件，办结率为97%。组织4期建设工程消防设计审查验收政策宣传贯彻及能力建设培训共800余人参加；《关于推进建设工程消防设计审查验收纳入工程建设项目审批管理系统有关工作的通知》（建科〔2023〕25号）印发实施，推进各地建设工程消防设计审查验收纳入工程建设项目审批管理系统工作；《住房和城乡建设部关于修改〈建设工程消防设计审查验收管理暂行规定〉的决定》（住房和城乡建设部令第58号）印发实施，进一步加强建设工程消防设计审查验收管理。

（四）市场环境持续优化

首先，行业突出问题治理加强。 房屋市政工程安全生产治理行动中，共检查近4万项内容，发现问题隐患3000余项，转包、违法分包等建筑市场违法违规行为被严厉查处，良好的安全生产氛围得以形成。工程建设领域专项整治持续开展，各地集中整治恶意竞标、强揽工程等突出问题，全国共排查在建工程项目19.3万个，行业发展安全和公平竞争秩序得以维护。

其次，市场监督执法检查进一步强化。 质量安全"一票否决"制严格落实，对安全生产事故中负有责任的企业、人员以及存在"挂证"行为的注册人员和存在资质申报弄虚作假行为的企业提出了行政处罚建议，在行业内形成有效震慑。各地持续加强监督执法检查，持续保持打击建筑市场违法违规行为的高压态势。政府购买监理巡查服务试点有效推进，巡查服务期间均未发生质量安全责任事故。

最后，建筑市场政务服务得到优化。 一级注册建筑师、勘察设计注册工程师执业资格认定申报材料进一步简化。专家线上和现场审查相结合的方式应对疫情，企业资质审批效率得到提高，全年共核准1136家建设工程企业的资质申请和1075项合并、重组、分立事项。阶段性缓缴进城务工人员工资保证金政策的落实，建筑企业经营负担得以减轻。

（五）地区发展各有特点

江苏省建筑业总产值以绝对优势领跑全国，云南、湖北、安徽三省增速较快。 2022年，江苏省建筑业总产值首次超过4万亿元，达到40660.05亿元，以绝对优势继续领跑全国。浙江、广东、湖北三省的建筑业总产值也都超过了2万亿元，分列第二、三、四位，其中湖北省迈上2万亿元新台阶。4省建筑业总产值共占全国建筑业总产值的34.82%。除这4省外，总产值超过1万亿元的还有四川、山东、福建、河南、湖南、北京、安徽、江西、重庆、陕西 10 个省市，比上年增加 3 个省市，上述 14 个地区完成的建筑业总产值占全国建筑业总产值的 79.58%。从各地区建筑业总产值增长情况看，25 个地区建筑业总产值保持增长，云南、湖北、安徽分别以 11.34%、11.16%、10.57% 的增速位居前三位。

江苏省建筑业竣工产值也继续保持较大优势。 2022 年，江苏省建筑业实现竣工产值 26773.72 亿元，仍稳居首位。浙江省建筑业实现竣工产值 13031.78 亿元，比上年增长 7.79%，排在第二位。竣工产值超过 5000 亿元的还有湖北、四川、广东、山东、北京、福建、湖南、河南 8 个地区。竣工产值增速超过 10% 的有安徽、青海、北京、黑龙江、重庆 5 个地区。

广东省签订合同总额占据首位。 2022 年，广东建筑业企业签订合同总额达到 68133.79 亿元，比上年增长 13.06%；江苏建筑业企业以 61858.85 亿元位居第二位，比上年微增 0.68%。两省签订的合同总额占全国签订合同总额的 18.16%。签订合同总额超过 3 万亿元的还有湖北、北京、四川、浙江、山东、上海、湖南、福建、河南 9 个地区。28 个地区签订合同额比上年增长，增速超过 10% 的有湖北、海南、天津、北京、贵州、江西、宁夏、广东、甘肃、四川、云南、陕西、上海、山东 14 个地区。

二、建筑施工

（一）规模分析

产业总体规模再创新高。 2022 年，全国具有资质等级的总承包和专业承包建筑业企业完成建筑业总产值 311979.84 亿元（表 2-1、图 2-1），比上年增长 6.45%。签订合同额 715674.69 亿元，同比增长 8.95%。完成房屋建筑施工面积 156.45 亿平方米，同比减少 0.7%；房屋竣工面积 40.55 亿平方米，同比下降 0.69%；按建筑业总产值计算的劳动生产率为 493526 元/人，同比增长 4.30%；共有建筑业企业 143621 个，同比增长 11.55%。

2013—2022 年建筑业企业主要经济指标比较　　　　表 2-1

年份	2013	2014	2015	2016	2017	2018	2019	2020	2021	2022
企业数量（万个）	7.89	8.11	8.09	8.30	8.81	9.65	10.38	11.67	12.87	14.36
建筑业总产值（万亿元）	16.04	17.67	18.08	19.36	21.39	22.58	24.84	26.39	29.31	31.20
建筑业增加值（万亿元）	4.09	4.54	4.78	5.15	5.79	6.55	7.06	7.24	8.01	8.34
利润总额（万亿元）	0.56	0.64	0.65	0.70	0.75	0.80	0.83	0.84	0.86	0.84
劳动生产率（按总产值计算）(万元/人)	32.48	31.76	32.40	33.70	34.80	37.32	39.97	42.29	47.32	49.35
产值利润率（%）	3.48	3.63	3.57	3.61	3.50	3.53	3.33	3.20	2.92	2.68

数据来源：国家统计局。

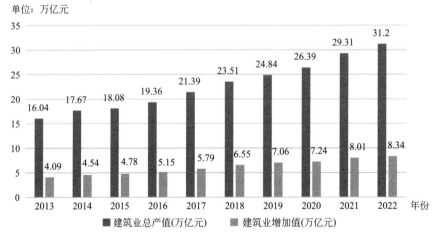

图 2-1　2013—2022 年建筑业总产值、建筑业增加值变化图

数据来源：国家统计局。

建筑业是拉动就业的重要力量。 2022 年，全社会建筑业增加值 83383.1 亿元，比上年增长 5.5%（按不变价格计算），占全年国内生产总值 6.89%，国民经济支柱产业地位稳固。建筑业是拉动就业的重要力量，从 2015 年开始全国具有资质等级的总承包和专业承包建筑业企业从业人员每年都保持在 5000 万人以上，2022 年为 5184.02 万人（图 2-2），比 2012 年增加 1000 多万人，占全国就业人员总数的 7.07%。

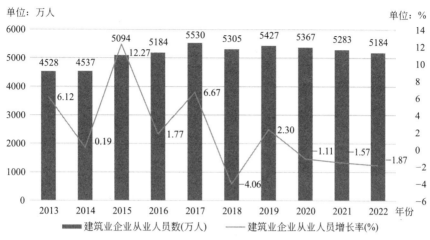

图 2-2　2013—2022 年建筑业企业从业人员变化图

数据来源：国家统计局。

（二）效益分析

建筑业企业利润总额出现下滑，2022 年全国具有资质等级的总承包和专业承包建筑业企业利润 8369 亿元，比上年减少 101.81 亿元，下降 1.20%；其中，国有控股企业 3922 亿元，增长 8.4%。建筑业产值利润率（利润总额与总产值之比）自 2014 年达到最高值 3.63% 后，总体呈下降趋势。2021 年，建筑业产值利润率为 2.68%，比上年降低了 0.21 个百分点，连续六年下降，连续两年低于 3%，为近十年最低。按建筑业总产值计算的劳动生产率为 493526 元/人，比上年增长 4.30%，劳动生产率水平再创新高。

（三）结构分析

1. 产品结构

房地产开发投资出现拐点。2022 年，房地产开发投资 132895 亿元，比上年下降 10.0%。其中住宅投资 100646 亿元，下降 9.5%；办公楼投资 5291 亿元，下降 11.4%；商业营业用房投资 10647 亿元，下降 14.4%。年末商品房待售面积 56366 万平方米，比上年末增加 5343

万平方米,其中商品住宅待售面积 26947 万平方米,增加 4186 万平方米。

2022 年,全国建筑业企业房屋建筑施工面积 156.45 亿平方米,比上年减少 0.70%。房屋建筑竣工面积 40.55 亿平方米,比上年减少 0.69%。从全国建筑业企业房屋竣工面积构成情况看,住宅房屋竣工面积占最大比重,为 64.29%;厂房及建筑物竣工面积占 15.36%;商业及服务用房屋竣工面积占 6.48%;其他种类房屋竣工面积占比均在 6% 以下(表 2-2、图 2-3)。

2022 年全国建筑业企业房屋竣工面积构成　　表 2-2

房屋类型	竣工面积(亿平方米)	所占比例(%)
住宅房屋	26.07	64.29
厂房及建筑物	6.23	15.36
商业及服务用房屋	2.63	6.48
科研、教育和医疗用房屋	2.04	5.03
办公用房屋	1.47	3.62
文化、体育和娱乐用房屋	0.44	1.08
仓库	0.29	0.71
其他未列明的房屋建筑物	1.39	3.43

数据来源:中国建筑业协会《2022 年建筑业发展统计分析》。

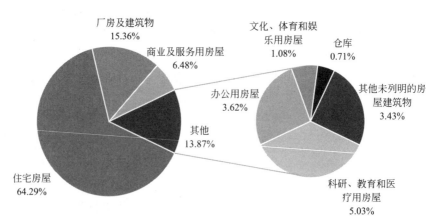

图 2-3　2022 年全国建筑业企业房屋竣工面积构成图

数据来源:中国建筑业协会《2022 年建筑业发展统计分析》。

2. 所有制结构

国有企业骨干作用继续发挥。2022年，在具有资质等级的总承包和专业承包建筑业企业中，国有及国有控股建筑业企业8914个，比上年增加1088个，占建筑企业总数的6.21%，比上年增加0.13个百分点；国有控股企业从业人员为1210.5万人，占全部企业的23.35%。

2022年，国有及国有控股建筑业企业完成建筑业总产值125382.2亿元，占全部企业的40.19%，比上年提高了1.65个百分点；签订合同额405715.1亿元，占全部企业的56.69%；竣工产值42182.6亿元，占全部企业的30.91%（表2-3）；其中国有控股建筑业企业实现利润3922亿元，比上年增长8.4%。全国具有资质等级的总承包和专业承包建筑业企业按建筑业总产值计算的劳动生产率为493526元/人，国有及国有控股建筑业企业为727905元/人。

2022年国有及国有控股建筑业企业主要生产指标占全部企业的比重 表2-3

类别	全国建筑业企业	国有及国有控股建筑业企业	国有及国有控股建筑业企业占全部企业的比重
企业数量(个)	143621	8914	6.21%
从业人数(万人)	5184.0	1210.5	23.35%
建筑业总产值(亿元)	311979.8	125382.2	40.19%
签订合同额(亿元)	715674.7	405715.1	56.69%
竣工产值(亿元)	136463.3	42182.6	30.91%

数据来源：国家统计局，中国经济景气月报，2023年第8期。

国有及国有控股建筑业企业数量占全部有资质企业的6.21%，完成了40.19%的总产值、56.69%的合同额、30.91%的竣工产值，充分显示了国有及国有控股企业在建筑业中的骨干作用。

2022年，国有及国有控股建筑业企业完成建筑业总产值居前的省市依次是：北京、湖北、广东、四川、上海、陕西，签订合同额居前的省市依次是：北京、湖北、广东、上海、四川、湖南（表2-4），同比数量都在增长，但排名没有变。

2022年国有及国有控股企业建筑业总产值、合同额地区份额　　　表2-4

建筑业总产值		签订合同额	
地区	数额（亿元）	地区	数额（亿元）
北京市	11544.1	北京市	44270.0
湖北省	11985.9	湖北省	44346.5
广东省	11749.7	广东省	42804.0
四川省	7985.4	上海市	30922.4
上海市	6720.7	四川省	29687.6
陕西省	6598.3	湖南省	19985.4

数据来源：国家统计局，中国经济景气月报，2023年第2期。

3. 地区结构

全国各地建筑业平稳发展。江苏、浙江总产值继续领先。2022年，江苏省建筑业总产值首次超过4万亿元，达到40660.05亿元，继续以绝对优势领跑全国。浙江、广东、湖北三省的建筑业总产值也都超过了2万亿元，分列第二、三、四位。4省建筑业总产值共占全国建筑业总产值的34.82%。

除江苏、浙江、广东和湖北4省外，总产值超过1万亿元的还有四川、山东、福建、河南、湖南、北京、安徽、江西、重庆、陕西10个地区，上述14个地区完成的建筑业总产值占全国建筑业总产值的79.58%（表2-5）。

2022年建筑业总产值超过1万亿元的14个地区　　　表2-5

地区	建筑业总产值（亿元）
江苏	40660.05
浙江	23861.07
广东	22956.50
湖北	21154.96
四川	18675.22
山东	17559.63
福建	17129.46
河南	15086.95
湖南	14480.99

续表

地区	建筑业总产值(亿元)
北京	13866.10
安徽	11702.63
江西	10694.84
重庆	10369.40
陕西	10067.87

数据来源：国家统计局、各地区2022年国民经济和社会发展统计公报、湖南省统计局官网、华经情报网。

从跨省完成建筑业产值来看，22个地区跨省完成建筑业产值保持增长。2022年，各地区跨省完成的建筑业产值10.59万亿元，比上年增长4.85%，增速同比减少5.74个百分点。跨省完成建筑业产值占全国建筑业总产值的33.96%，比上年减少0.40个百分点。

跨省完成建筑业产值排名前两位的仍是江苏和北京，分别为1.79万亿元、1.01万亿元，两地区跨省产值之和占全部跨省产值的比重为26.41%。湖北、福建、浙江、上海、广东5个地区跨省完成的建筑业产值均超过3500亿元。从增速上看，22个地区在外省完成产值保持增长，云南、宁夏的增速均超过20%。9个地区在外省完成产值出现下降，西藏出现了接近57%的负增长。

从外向度（即本地区在外省完成的建筑业产值占本地区建筑业总产值的比例）来看，排在前三位的地区仍然是北京、天津、上海，分别为72.66%、65.72%和62.30%。外向度超过30%的还有福建、江苏、湖北、青海、陕西、山西、辽宁、河北、内蒙古、湖南、江西11个地区。有17个地区的外向度出现负增长，其中西藏、黑龙江、甘肃、浙江的降幅均超过10%。

4. 上市公司

2022年，绝大部分建筑业上市公司的营业收入有所增长。营业收入前三名依次仍然是中国建筑股份有限公司、中国中铁股份有限公司、中国铁建股份有限公司，营业收入分别为20550亿元、11543亿元、10963亿元。大部分建筑业上市公司的每股收益有所提升，每股收益排前三名的分别是四川路桥建设集团股份有限公司、中国铁建股份有限公司、山东高速路桥集团股份有限公司，每股收益分别为 1.81 元、1.76 元、1.51 元（表 2-6）。

建筑业上市公司 2022 年年报部分数据　　　　表 2-6

股票代码	公司名称	每股收益（元）		净利润（万元）		净资产收益率（%）		营业利润率（%）
		2021	2022	2021	2022	2021	2022	
000065	北方国际合作股份有限公司	0.78	0.65	67705.37	80335.11	10.54	8.98	7.10
000090	深圳市天健（集团）股份有限公司	0.96	0.97	195164.97	197066.54	16.85	17.95	10.60
000498	山东高速路桥集团股份有限公司	1.37	1.51	275103.88	317304.69	22.15	20.40	5.97
000758	中国有色金属建设股份有限公司	0.02	0.07	22094.79	38109.33	0.91	3.13	7.14
000797	中国武夷实业股份有限公司	0.03	0.02	15426.33	14793.78	1.01	0.59	5.37
002051	中工国际工程股份有限公司	0.23	0.27	26074.55	31968.47	2.67	3.08	4.63
002060	广东水电二局股份有限公司	0.27	0.33	36619.39	41226.24	8.25	9.49	2.87
002062	宏润建设集团股份有限公司	0.36	0.33	40854.10	48338.18	10.81	9.15	7.41
002135	浙江东南网架股份有限公司	0.48	0.25	49550.65	29397.11	10.72	4.77	3.04
002140	东华工程科技股份有限公司	0.46	0.51	26581.35	30145.99	10.07	10.44	5.66
002542	中化岩土集团股份有限公司	−0.14	−0.34	−31484.02	−70346.99	−8.16	−21.38	−35.97
002586	浙江省围海建设集团股份有限公司	−0.02	−0.63	−5882.88	−78455.30	−0.82	−18.74	−26.48

续表

股票代码	公司名称	每股收益（元）		净利润（万元）		净资产收益率（%）		营业利润率（%）
		2021	2022	2021	2022	2021	2022	
002628	成都市路桥工程股份有限公司	0.10	0.01	7860.87	1059.65	2.69	0.31	3.24
002941	新疆交通建设集团股份有限公司	0.38	0.51	26054.59	34726.78	9.93	12.60	5.59
600039	四川路桥建设集团股份有限公司	1.17	1.81	569419.85	1136583.46	22.36	26.78	10.07
600170	上海建工集团股份有限公司	0.36	0.10	404809.47	168003.56	11.09	2.86	0.64
600248	陕西建工集团股份有限公司	0.98	0.97	362214.11	457038.08	23.10	20.70	2.88
600284	上海浦东建设股份有限公司	0.55	0.58	53799.85	57366.42	8.09	8.13	4.09
600477	杭萧钢构股份有限公司	0.19	0.12	48853.47	28915.97	9.94	5.35	2.31
600491	龙元建设集团股份有限公司	0.44	0.25	68838.39	37622.09	5.72	3.13	3.66
600496	长江精工钢结构（集团）股份有限公司	0.34	0.33	69940.20	71277.63	9.56	9.03	4.69
600502	安徽建工集团股份有限公司	0.64	0.80	141322.26	183248.67	10.41	11.76	2.84
600512	腾达建设集团股份有限公司	0.51	0.01	82447.21	9083.37	14.42	0.27	2.26
600820	上海隧道工程股份有限公司	0.76	0.89	242679.19	299336.00	9.91	10.77	5.87
600853	龙建路桥股份有限公司	0.27	0.34	31958.46	40016.84	10.58	13.98	2.83

续表

股票代码	公司名称	每股收益（元）		净利润（万元）		净资产收益率（%）		营业利润率（%）
		2021	2022	2021	2022	2021	2022	
600970	中国中材国际工程股份有限公司	0.82	0.98	203284.94	233287.49	14.13	15.81	6.84
601117	中国化学工程股份有限公司	0.84	0.89	500383.15	577795.28	11.21	10.71	4.22
601186	中国铁建股份有限公司	1.60	1.76	2931520.20	3175277.80	11.10	11.05	3.41
601390	中国中铁股份有限公司	1.04	1.20	3046951.50	3497213.10	11.63	12.13	3.74
601618	中国冶金科工股份有限公司	0.35	0.45	1160719.40	1292747.20	9.05	10.47	2.60
601668	中国建筑股份有限公司	1.25	1.23	7773249.20	6921176.30	15.93	13.94	4.22
601669	中国电力建设股份有限公司	0.50	0.68	1345777.89	1568443.78	7.89	9.95	3.33
601789	宁波建工股份有限公司	0.39	0.30	44252.54	36649.64	12.06	8.27	1.93
601800	中国交通建设股份有限公司	1.02	1.09	2349630.53	2474530.46	7.59	7.54	4.30
601868	中国能源建设股份有限公司	0.19	0.18	959754.40	1040655.60	8.55	8.46	3.75

三、勘察设计

(一) 规模分析

2022年，全国共有27611个工程勘察设计企业参加了统计。其中，工程勘察企业2885个，占10.4%；工程设计企业24726个，占89.6%。由数据可知，近五年，工程勘察设计企业数量连续增长（图2-4），2022年比2018年增加4428个。

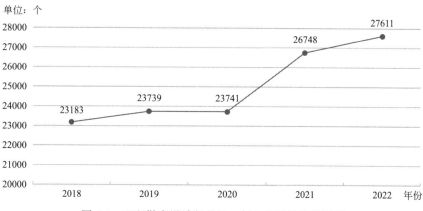

图 2-4　工程勘察设计行业近 5 年企业数量发展图示

数据来源：2022 年全国工程勘察设计统计公报、2021 年全国工程勘察设计企业统计资料汇编。

2022 年，工程勘察设计企业年末从业人员 488 万人，比上年增长 0.98%。近五年来，除 2020 年工程勘察设计企业从业人员下降外，其他年份勘察设计企业从业人员一直在增加（图 2-5），2022 年比 2018 年增加 407183 人。

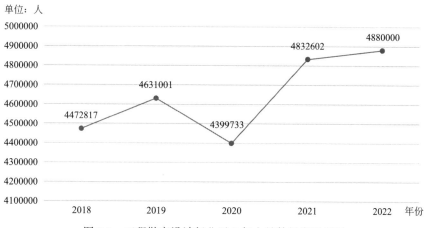

图 2-5　工程勘察设计行业近 5 年人员数量发展图示

数据来源：2022 年全国工程勘察设计统计公报、2021 年全国工程勘察设计企业统计资料汇编。

2022 年，勘察设计企业工程勘察新签合同额合计 1490 亿元，同比增长 5.67%，勘察设计企业工程勘察新签合同额连续五年保持在 1000 亿元以上。工程设计新签合同额合计 7278 亿元，同比减少 0.94%，其中，房屋建筑工程设计新签合同额 2143 亿元，市政工程设计新签合同额 1079 亿元，工程设计新签合同额连续五年保持在 6500 亿元以上，近三年保持 7000 亿元以上。工程总承包新签合同额合计 65781 亿元，与上年相比增长 13.64%。其中，房屋建筑工程总承包新签合同额 25576 亿元，市政工程总承包新签合同额 8267 亿元。其他工程咨询业务新签合同额合计 1355 亿元，与上年相比增长 5.12%。由数据可知，工程总承包新签合同额增长较快（图 2-6）。

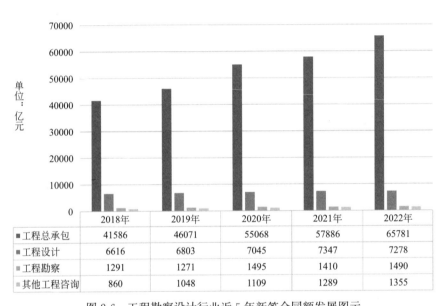

图 2-6　工程勘察设计行业近 5 年新签合同额发展图示

数据来源：2022 年全国工程勘察设计统计公报、2021 年全国工程勘察设计企业统计资料汇编。

2022 年，勘察设计企业营业收入总计 89148 亿元，比上年增长 6.11%，且近五年连续保持增长，比 2018 年增长 71.72%，在 2021 年突破 8 万亿元的基础上，继续上涨。其中，工程勘察收入 1078 亿元，与上年相比减少 2.27%；工程设计收入 5629 亿元，与上年相比减少 2.02%；工程总承包收入 45078 亿元，与上年相比增长 12.58%；其他工程咨询业务收入 1015 亿元（图 2-7），与上年相比增长 5.18%。由数据可知，勘察设计企业营业收入增长，来自工程总承包和其他工程咨询业务的增长，特别是工程总承包企业营业收入增长较快。

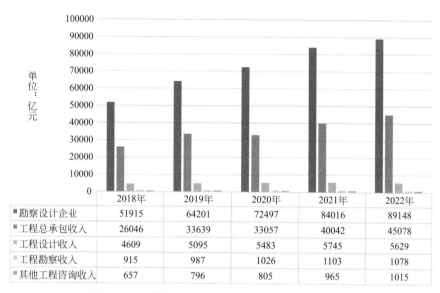

	2018年	2019年	2020年	2021年	2022年
■勘察设计企业	51915	64201	72497	84016	89148
■工程总承包收入	26046	33639	33057	40042	45078
■工程设计收入	4609	5095	5483	5745	5629
■工程勘察收入	915	987	1026	1103	1078
■其他工程咨询收入	657	796	805	965	1015

图 2-7　工程勘察设计行业近 5 年营业收入发展图示

数据来源：2022 年全国工程勘察设计统计公报、2021 年全国工程勘察设计企业统计资料汇编。

2022 年，勘察设计企业净利润 2794.3 亿元（图 2-8），比上年增长 12.78%，连续五年超过 2 千亿元，并在 2020 年突破 2.5 千亿元的基础上，2022 年再次保持增长，接近 2.8 千亿元，比 2018 年增长 36.61%。

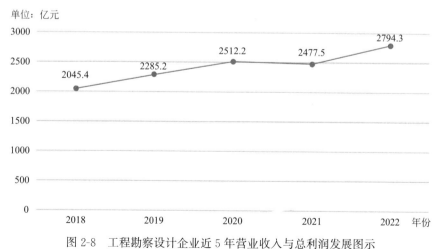

图 2-8　工程勘察设计企业近 5 年营业收入与总利润发展图示

数据来源：2022 年全国工程勘察设计统计公报、2021 年全国工程勘察设计企业统计资料汇编。

2022年，工程勘察设计企业科技活动费用支出总额为2594.2亿元，与上年相比增长2.05%；企业累计拥有专利47.3万项，与上年相比增长23.82%；企业累计拥有专有技术8.6万项，与上年相比增长13.16%。由数据可知，连续三年工程勘察设计企业科技活动费用支出总额、拥有专利、专有技术同比保持增长（图2-9）。

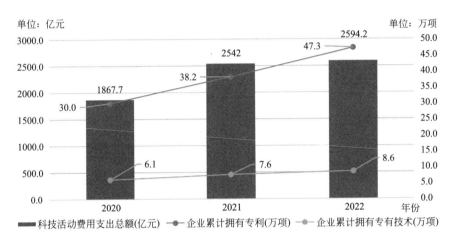

图2-9　工程勘察设计企业近3年科技发展图示

数据来源：2022年全国工程勘察设计统计公报、2021年全国工程勘察设计企业统计资料汇编。

（二）结构分析

1. 业务结构

2022年，全国具有勘察设计资质的企业营业收入中，工程勘察收入占营业收入的1.21%，工程设计收入占营业收入的6.31%；工程总承包收入占营业收入的50.56%；其他工程咨询收入占营业收入的1.14%。由数据可知，在工程勘察设计企业营业收入中，工程总承包收入占比最大，超过半数（图2-10）。

2022年，具有勘察设计资质的企业工程勘察新签合同额中，工程总承包新签合同额占企业工程勘察新签合同额86.67%；工程勘察新签合同额占企业工程勘察新签合同额1.96%；工程设计新签合同额占企业工程勘察新签合同额9.59%；其他工程咨询新签合同额占企业工程勘察新签合同额1.78%（图2-11）。在工程总承包新签合同额中，房屋

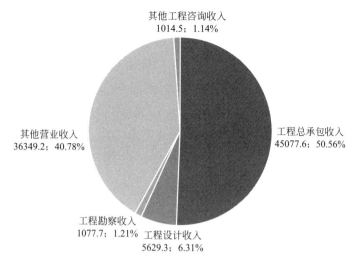

图 2-10　2022 年全国具有资质的工程勘察设计企业收入结构图（单位：亿元）

数据来源：2022 年全国工程勘察设计统计公报。

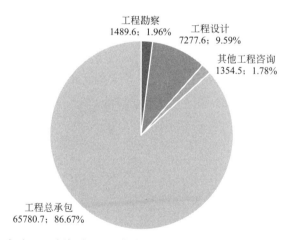

图 2-11　2022 年全国具有资质的工程勘察设计企业新签合同额结构图（单位：亿元）

数据来源：2022 年全国工程勘察设计统计公报。

建筑工程总承包新签合同额占企业工程勘察新签合同额 38.88%，市政工程总承包新签合同额占企业工程勘察新签合同额 12.57%。由数据可知，在工程勘察设计企业新签合同额中，工程总承包新签合同额占比超过八成，在工程总承包新签合同额中，过半数为房屋建筑和市政工程总承包（图 2-12）。

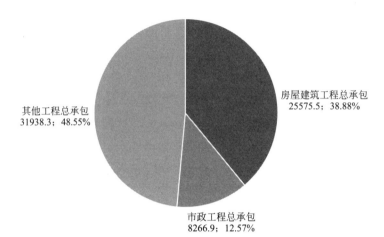

图 2-12　工程勘察设计行业 2022 年工程总承包新签合同额构成图示（单位：亿元）

数据来源：2022 年全国工程勘察设计统计公报。

2. 企业结构

2022 年，全国工程勘察设计企业中，工程勘察企业 2885 个，占 10.45%；工程设计企业 24726 个，占 89.55%（图 2-13）。

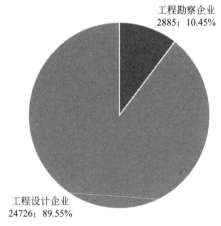

图 2-13　工程勘察设计行业 2022 年企业类型构成图示（单位：个）

数据来源：2022 年全国工程勘察设计统计公报。

3. 人员结构

2022 年，工程勘察设计企业年末从业人员 488 万人。其中，从事勘察的人员 16.2 万人，与上年相比减少 1.22%；从事设计的人员 108.6 万人，与上年相比减少 0.55%。由数据可知，工程勘察设计企业中，1/4 的人员从事勘察或设计专业（图 2-14）。

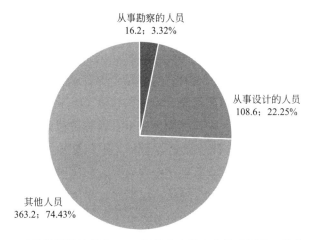

图 2-14　工程勘察设计行业 2022 年从业人员专业构成图示（单位：万人）

数据来源：2022 年全国工程勘察设计统计公报。

2022 年末，专业技术人员 235.5 万人，比上年增长 3.06%。其中，具有高级职称人员 53.4 万人，与上年相比增长 7.01%；具有中级职称人员 84.5 万人，与上年相比增长 4.71%。由数据可知，专业技术人员中，超半数的人员具有中高级职称（图 2-15）。

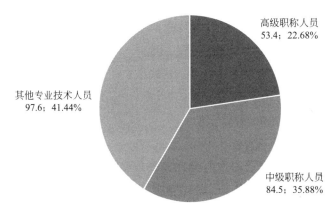

图 2-15　工程勘察设计行业 2022 年专业技术人员职称构成图示（单位：万人）

数据来源：2022 年全国工程勘察设计统计公报。

四、工程监理

(一) 规模分析

2022年,工程监理企业全年营业收入12809.6亿元(图2-16),与上年相比增长35.22%。其中,工程监理收入1677.5亿元,占13.1%,与上年相比减少2.49%;工程勘察设计、工程招标代理、工程造价咨询、工程项目管理与咨询服务、全过程工程咨询、工程施工及其他业务收入11132.1亿元,占86.9%,与上年相比增长43.59%。其中,40个企业工程监理收入超过3亿元,97个企业工程监理收入超过2亿元,288个企业工程监理收入超过1亿元,工程监理收入超过1亿元的企业个数与上年相比减少2.37%。

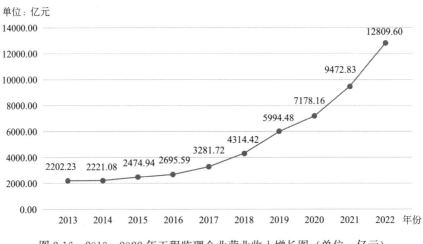

图2-16 2013—2022年工程监理企业营业收入增长图(单位:亿元)

数据来源:历年建设工程监理统计公报。

2022年,工程监理企业承揽合同额18108.3亿元(图2-17),与上年相比增长45.0%。其中,工程监理合同额2056.7亿元,与上年相比减少2.3%;工程勘察设计、工程招标代理、工程造价咨询、工程项目管理与咨询服务、全过程工程咨询、工程施工及其他业务合同额16051.6亿元,与上年相比增长54.5%。

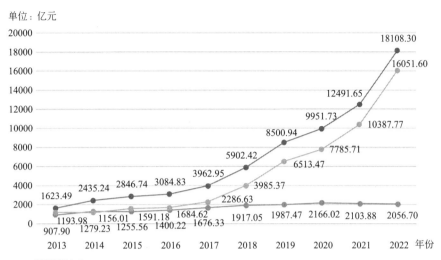

图 2-17 2013—2022 年工程监理企业承揽合同额图示（单位：亿元）

数据来源：历年建设工程监理统计公报。

由数据可知，与上年相比，2022 年工程监理企业全年营业收入、企业承揽合同额均增长明显。

（二）结构分析

1. 业务结构

2022 年，工程监理企业中，工程监理收入占总营业收入的 13.1%（图 2-18）。工程监理承揽合同额占总业务量的 11.36%（图 2-19）。由数据可知，工程监理企业全年营业收入、企业承揽合同额中，工程监理业务占比在减少，由 2013 年的四五成，减少到 2018 年的三成，再减少到 2022 年的一成（图 2-20）。工程监理企业中，工程勘察设计、工程招标代理、工程造价咨询、工程项目管理与咨询服务、全过程工程咨询、工程施工及其他业务占比在相应增加，2022 年其营业收入占工程监理企业营业收入 86.9%，合同额占 88.64%。

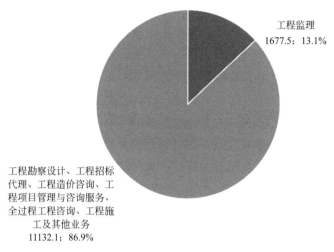

图 2-18　2022 年工程监理企业营业收入业务结构图（单位：亿元）

数据来源：2022 年全国建设工程监理统计公报。

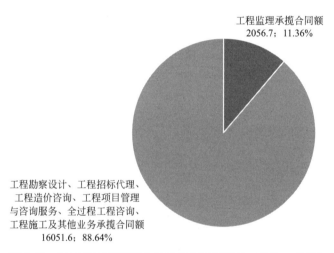

图 2-19　2022 年工程监理企业承揽合同额结构（单位：亿元）

数据来源：2022 年全国建设工程监理统计公报。

2. 企业结构

2022 年，全国共有 16270 家建设工程监理企业参加了统计，与上年相比增长 31.10%。其中，综合资质企业 293 个，占企业总数的 1.80%，数量增长 3.50%；甲级资质企业 5149 个，占企业总数的 31.65%，数量增长 5.6%；乙级资质企业 9662 个，占企业总数的 59.39%，数量增长

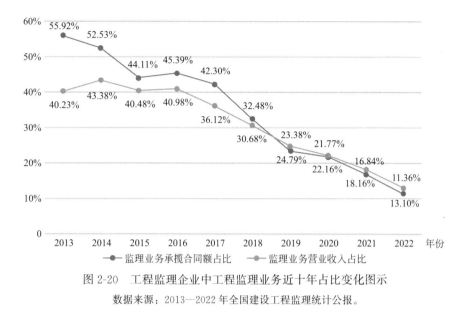

图 2-20　工程监理企业中工程监理业务近十年占比变化图示

数据来源：2013—2022 年全国建设工程监理统计公报。

63.4%；丙级资质企业 1165 个，占企业总数的 7.15%，数量减少 12.7%；事务所资质企业 1 个，无增减，占企业总数的 0.01%。

由数据可知，参加统计的建设工程监理企业数量超 1.6 万个，除丙级资质企业外，综合资质企业、甲级资质企业、乙级资质企业数量均有所增加，其中乙级资质企业数量增长最快，且数量最多，约占总数六成（图 2-21）。

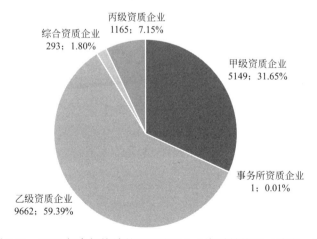

图 2-21　2022 年参加统计的工程监理企业资质结构图（单位：个）

数据来源：2022 年全国建设工程监理统计公报。

从企业地区来源分析，2022年参加统计的建设工程监理企业中，福建省参加统计的建设工程监理企业数量最多（表2-7），占到建设工程监理企业总数量的9.01%，浙江省、安徽省、江苏省、广东省建设工程监理企业数量占比在7%以上，山东省、陕西省建设工程监理企业数量占比在5%以上，7个省建设工程监理企业数量占比超过总数的一半，为52.36%。

全国建设工程监理企业按地区分布情况　　　　表2-7

地区名称	企业个数（单位：个）	占比
北京	411	2.53%
天津	152	0.93%
河北	532	3.27%
山西	317	1.95%
内蒙古	106	0.65%
辽宁	317	1.95%
吉林	274	1.68%
黑龙江	184	1.13%
上海	273	1.68%
江苏	1307	8.03%
浙江	1440	8.85%
安徽	1356	8.33%
福建	1466	9.01%
江西	515	3.17%
山东	897	5.51%
河南	558	3.43%
湖北	577	3.55%
湖南	452	2.78%
广东	1184	7.28%
广西	392	2.41%
海南	110	0.68%
重庆	375	2.30%
四川	730	4.49%
贵州	262	1.61%

续表

地区名称	企业个数(单位:个)	占比
云南	378	2.32%
西藏	97	0.60%
陕西	869	5.34%
甘肃	249	1.53%
青海	203	1.25%
宁夏	117	0.72%
新疆及兵团	170	1.04%

数据来源：2022年全国建设工程监理统计公报。

从工商登记类型分析，2022年参加统计的建设工程监理企业中，近半数是私营企业，占到建设工程监理企业的47.43%，其次是有限责任类型企业，两者数量合计超过85%（图2-22）。

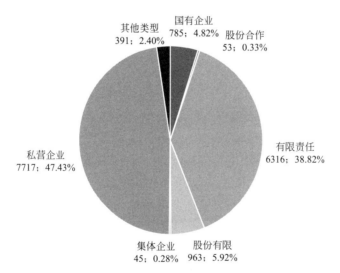

图2-22 2022年参加统计的工程监理企业工商登记类型结构图（单位：个）

数据来源：2022年全国建设工程监理统计公报。

按专业工程类别分析，2022年参加统计的建设工程监理企业中（表2-8），房屋建筑工程企业数量占到近四分之三，达到74.38%，加上市政公用工程企业，两者企业数量占到参加统计的建设工程监理企业总数的九成以上，达到90.72%。

全国建设工程监理企业按专业工程类别分布情况　　表 2-8

资质类别	企业个数（单位：个）	占比
综合资质	293	1.80%
房屋建筑工程	12102	74.38%
冶炼工程	22	0.14%
矿山工程	69	0.42%
化工石油工程	164	1.01%
水利水电工程	129	0.79%
电力工程	573	3.52%
农林工程	17	0.10%
铁路工程	60	0.37%
公路工程	62	0.38%
港口与航道工程	15	0.09%
航天航空工程	12	0.07%
通信工程	68	0.42%
市政公用工程	2659	16.34%
机电安装工程	24	0.15%
事务所资质	1	0.02%

数据来源：2022年全国建设工程监理统计公报。

3. 人员结构

2022年，工程监理企业年末从业人员193.1万人，与上年相比增长15.66%。其中，正式聘用人员116.5万人，占60.33%；临时聘用人员76.6万人，占39.67%（图2-23）；工程监理人员为86.4万人，

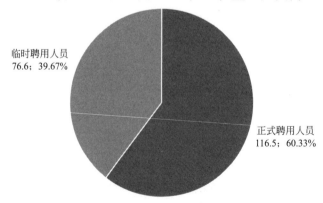

图 2-23　2022年工程监理企业从业人员聘用结构图（单位：万人）

数据来源：2022年全国建设工程监理统计公报。

占 44.74%，其他人员占比为 55.26%（图 2-24）。

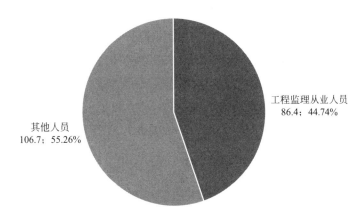

图 2-24　2022 年工程监理企业从业人员业务结构图（单位：万人）

数据来源：2022 年全国建设工程监理统计公报。

2022 年末，工程监理企业专业技术人员 117.8 万人，占年末从业人员总数的 61%，工程监理企业专业技术人员与上年相比增长 5.65%。其中，高级职称人员 20.9 万人，中级职称人员 48.8 万人，初级职称人员 26 万人，其他人员 22 万人。由数据可知，工程监理企业从业人员总数中，六成以上为专业技术人员，人数超过 117 万，其中超四成的专业技术人员为中级职称人员（图 2-25）。

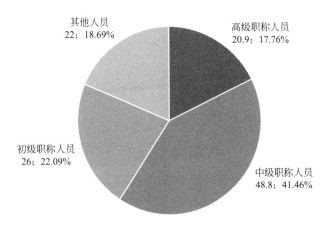

图 2-25　2022 年工程监理企业专业技术人员职称结构图（单位：万人）

数据来源：2022 年全国建设工程监理统计公报。

2022年末，工程监理企业注册执业人员为60万人，与上年相比增长17.65%，增加9万人。其中，注册监理工程师为28.8万人，与上年相比增长12.72%，注册监理工程师占工程监理企业注册执业人员48%；其他注册执业人员为31.2万人，与上年相比增长22.55%，其他注册执业人员占工程监理企业注册执业人员52%（图2-26）。由数据可知，工程监理企业执业人员中，注册执业人员总量增长迅速，占工程监理企业年末从业人员的三成以上（图2-27）；注册执业人员中，注册监理工程师约占一半。

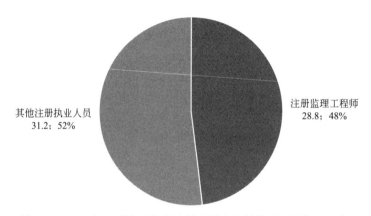

图2-26　2022年工程监理企业注册人员专业结构图（单位：万人）

数据来源：2022年全国建设工程监理统计公报。

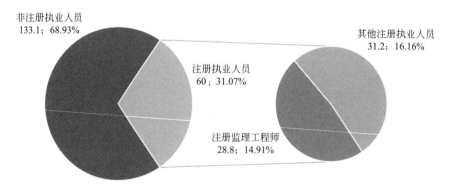

图2-27　2022年工程监理企业人员注册结构图（单位：万人）

数据来源：2022年全国建设工程监理统计公报。

五、工程造价咨询

(一) 规模分析

2021年7月,工程造价咨询企业资质取消。为适应新的行业发展形势,工程造价咨询统计调查制度调整了统计口径,统计范围由原具有工程造价咨询资质的企业变为开展工程造价咨询业务的企业,并增加了新吸纳就业人员等统计指标。按照新修订的《国家统计局关于批准执行工程造价咨询统计调查制度的函》(国统制〔2022〕182号)等相关规定,住房和城乡建设部对2022年开展工程造价咨询业务的企业基本数据进行了统计。2022年末,全国共有14069家开展工程造价咨询业务的企业参加了统计,开展工程造价咨询业务的企业实现营业利润2257.39亿元,应交所得税合计465.96亿元。

2022年末,工程造价咨询企业营业收入为15298.17亿元,除含有往年统计的工程造价咨询、招标代理、项目管理、工程咨询和工程监理五项业务收入外,增加了勘察设计、全过程工程咨询、会计审计、银行金融和其他类型业务收入的五项统计。其中,工程造价咨询业务收入1144.98亿元,增长0.17%;招标代理业务收入326.10亿元,增长23.77%;项目管理业务收入623.23亿元,增长6.35%;工程咨询业务收入236.51亿元,减少14.21%;工程监理业务收入858.12亿元,增长8.83%;勘察设计、全过程工程咨询、会计审计、银行金融和其他类型业务收入分别为2373.89亿元、200.45亿元、8.43亿元、3816.18亿元、5710.28亿元(表2-9)。

2022年工程造价咨询企业营业收入分业务增减变化 表2-9

序号	往年已有统计业务	2022年(亿元)	2021年(亿元)	2022年比2021年增减(%)	序号	新增统计业务	2022年(亿元)
1	工程造价咨询	1144.98	1143.02	0.17	6	勘察设计	2373.89
2	招标代理	326.10	263.47	23.77	7	全过程工程咨询	200.45
3	项目管理	623.23	586.03	6.35	8	会计审计	8.43
4	工程咨询	236.51	275.70	-14.21	9	银行金融	3816.18
5	工程监理	858.12	788.46	8.83	10	其他类型	5710.28

数据来源:2021年工程造价咨询统计公报、2022年工程造价咨询统计公报。

(二) 结构分析

1. 业务结构

2022年,开展工程造价咨询业务的企业营业收入合计15298.17亿元。其中,工程造价咨询业务收入占全部营业收入的7.48%;招标代理业务收入占全部营业收入的2.13%;项目管理业务收入占全部营业收入的4.07%;工程咨询业务收入占全部营业收入的1.55%;工程监理业务收入占全部营业收入的5.61%;勘察设计业务收入占全部营业收入的15.52%;全过程工程咨询业务收入占全部营业收入的1.31%;会计审计业务收入占全部营业收入的0.06%;银行金融业务收入占全部营业收入的24.95%;其他类型业务收入占全部营业收入的37.32%(图2-28)。

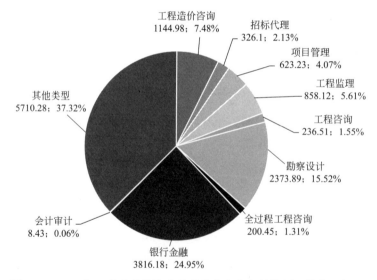

图2-28 2022年工程造价咨询企业营业收入业务结构图(单位:亿元)

数据来源:2022年工程造价咨询统计公报。

工程造价咨询业务收入中,按专业分类,房屋建筑工程专业收入670.5亿元,占比58.56%;市政工程专业收入196.34亿元,占比17.15%;公路工程专业收入55.67亿元,占比4.86%;城市轨道交通工程专业收入21.08亿元,占比1.84%;火电工程专业收入27.01亿元，占比 2.36%；水电工程专业收入 18.02 亿元，占比 1.57%；新能源工程专业收入 11.46 亿元，占比 1.00%；水利工程专业收入 30.4 亿元，占比 2.66%；其他工程专业收入 114.5 亿元，占比 10.00%（图 2-29）。

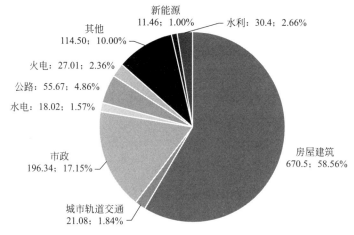

图 2-29　2022 年工程造价咨询业务收入专业分布结构图（单位：亿元）

数据来源：2022 年工程造价咨询统计公报。

工程造价咨询业务收入按业务范围分类：前期决策阶段咨询业务收入 98.40 亿元，占比 8.59%；实施阶段咨询业务收入 229.39 亿元，占比 20.03%；竣工结（决）算阶段咨询业务收入 377.45 亿元，占比 32.97%；全过程工程造价咨询业务收入 375.90 亿元，占比 32.83%；工程造价经济纠纷的鉴定和仲裁的咨询业务收入 35.78 亿元，占比 3.12%；其他业务范围业务收入 28.06 亿元，占比 2.46%（图 2-30）。

2. **企业结构**

从企业地区分布分析，2022 年参加统计的建设工程造价企业中（表 2-10），江苏省、山东省参加统计的建设工程造价企业数量占到建设工程造价企业总数的比例均超过 8.00%，分别为 8.64%、8.42%，江西省、安徽省、浙江省参加统计的建设工程造价企业数量占到建设工程造价企业总数比例的 5.00% 以上。江苏、山东、江西、安徽、浙江、四川、广东、河北、河南、辽宁、山西、湖北、湖南、北京 14 个省（市）参加统计的建设工程造价企业数量占到建设工程造价企业总数的

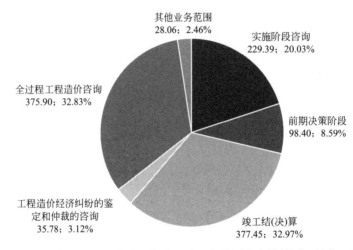

图 2-30 2022 年工程造价咨询业务收入按业务范围分布结构图（单位：亿元）

数据来源：2022 年工程造价咨询统计公报。

比例均超过 3.00%，合计参加统计的建设工程造价企业数量占到建设工程造价企业总数的比例近七成。

2022 年工程造价企业统计情况分布　　　　表 2-10

地区名称	企业个数(单位:个)	占比
北京	427	3.04%
天津	153	1.09%
河北	548	3.90%
山西	479	3.40%
内蒙古	359	2.55%
辽宁	497	3.53%
吉林	213	1.51%
黑龙江	262	1.86%
上海	290	2.06%
江苏	1216	8.64%
浙江	843	5.99%
安徽	909	6.46%

续表

地区名称	企业个数(单位:个)	占比
福建	333	2.37%
江西	955	6.79%
山东	1185	8.42%
河南	520	3.70%
湖北	461	3.28%
湖南	435	3.09%
广东	674	4.79%
广西	264	1.88%
海南	299	2.13%
重庆	350	2.49%
四川	674	4.79%
贵州	239	1.70%
云南	185	1.31%
西藏	3	0.02%
陕西	315	2.24%
甘肃	191	1.36%
青海	89	0.63%
宁夏	160	1.14%
新疆及兵团	327	2.32%
行业归口	214	1.52%

数据来源：2022年工程造价咨询统计公报。

3. 人员结构

2022年末，开展工程造价咨询业务的企业共有从业人员1144875人。其中，工程造价咨询人员310224人，占比27.10%（图2-31）。

共有注册造价工程师147597人，占全部从业人员的12.89%。其中，一级注册造价工程师116960人，占比79.24%；二级注册造价工程师30637人，占比20.76%（图2-32）。

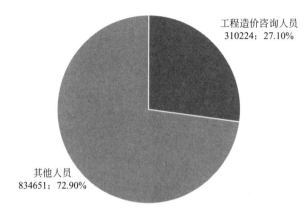

图 2-31　2022 年开展工程造价咨询业务企业中工程造价咨询
人员占比结构图（单位：人）

数据来源：2022 年工程造价咨询统计公报。

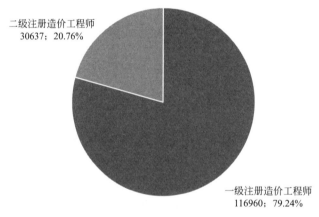

图 2-32　2022 年开展工程造价咨询业务企业中注册造价工程师结构图（单位：人）

数据来源：2022 年工程造价咨询统计公报。

共有专业技术人员 701514 人，占全部从业人员的 61.27%。其中，高级职称人员 189433 人，占比 27.00%；中级职称人员 323746 人，占比 46.15%；初级职称人员 188335 人，占比 26.85%（图 2-33）。

新吸纳就业人员 68981 人，占全部从业人员的 6.03%。其中，应届高校毕业生 32267 人，占比 46.78%；退役军人 732 人，占比 1.06%；进城务工人员 3004 人，占比 4.35%；脱贫人口 424 人，占比 0.62%；其他 32554 人，占比 47.19%（图 2-34）。

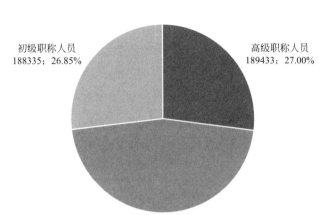

图 2-33　2022 年开展工程造价咨询业务企业中专业技术人员职称结构图（单位：人）

数据来源：2022 年工程造价咨询统计公报。

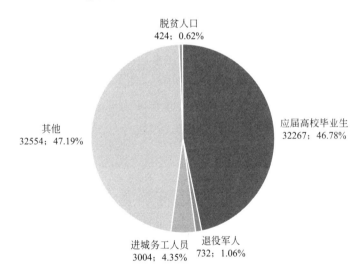

图 2-34　2022 年开展工程造价咨询业务企业中新吸纳就业人员结构图（单位：人）

数据来源：2022 年工程造价咨询统计公报。

六、建筑材料

（一）钢材

2022 年，钢材产量 134034 万吨，比上年增长 0.3%，助力工业

"压舱石"作用，钢材出口量为6732万吨，比上年增长0.9%，出口金额达6427亿元，比上年增长22.3%，钢材进口量及进口金额则分别比上年下降25.9%和6.1%。2021年，建材行业克服疫情多点散发、原材料价格快速上涨、限电限产等影响因素，保持平稳较好发展态势。钢铁行业继续深化供给侧结构性改革，进一步巩固钢铁去产能成果，推动行业绿色低碳转型，积极应对国内外需求形势变化，积极保供稳价，维护产业链供应链安全稳定，行业总体运行态势良好，为行业高质量发展奠定了良好基础。主要建材产品生产平稳（表2-11，图2-35）。

2013—2022年全国建筑行业主要材料产量、进出口量和表观消费量（单位：万吨）

表 2-11

类别/年份	2013	2014	2015	2016	2017	2018	2019	2020	2021	2022
钢材产量	108201	112513	103468	104813	104642	113287	120457	132489	133667	134034
钢材进口量	1408	1443	1278	1322	1330	1317	1230	2023	1427	1057
钢材出口量	6233	9378	11240	10853	7541	6933	6429	5367	6690	6732
钢材表观消费量	103376	104579	93507	95282	98431	107671	115258	129145	128409	128359
水泥产量	241924	249207	235919	241031	233084	223610	234431	237691	236281	211795
水泥进口量	41.12	23.81	10.50	3.00	90.83	96.14	200.62	360.77	358.53	240.23
水泥出口量	1094.42	1017.38	919.38	814.63	1286.40	754.65	508.56	304	203.32	186.47
水泥表观消费量	240871	248214	235010	240219	231888	222951	234123	237748	236436	211849

数据来源：国家统计局、中国海关总署、Wind数据库、中国水泥网、《中国水泥年鉴》、工业和信息化部原材料工业司2021年建材行业经济运行情况、2021年钢铁行业运行情况、2022年国民经济和社会发展统计公报、数字水泥网《2021年中国水泥行业经济运行及2022年展望》。2020年部分产品产量数据进行了核实调整，2021年产量增速按可比口径计算。

注：因实际消耗量难以统计，采用表观消费量作为钢材和水泥的消耗指标。计算方法：表观消费量=当年产量+当年进口量−当年出口量。

2013—2014年间，全国钢材表观消费量呈上升趋势，2013年超过10亿吨。2015年回落至93507万吨，2016—2020年继续呈上升趋势，2018年再次超过10亿吨，2020年高达129145万吨，同比增长12.05%，2021年受国外需求恢复较快、国际钢材价格大幅上涨等因素

图 2-35　2013—2022 年全国钢材、水泥表观消费量变化图
数据来源：国家统计局。

影响，我国钢材出口量在连续 5 年下降的情况下大幅反弹，同比增长 24.6%，钢材进口量下降明显，钢材表观消费量为 128404 万吨，同比稍有回落，2022 年钢材出口量增长快于产量增长，进口量下降，钢材表观消费量同比略有下降，为 128358.5 万吨，仍维持在 12.8 亿吨以上。

（二）水泥

2013—2014 年间，全国水泥表观消费量（不含熟料）呈较快增长趋势，2013 年突破 24 亿吨，随后基本维持在每年 23 亿吨左右高位水平。2017 年、2018 年连续两年全国水泥产量和表观消费量增速为负，行业供给侧结构性改革初见成效。2019—2021 年间，全国水泥表观消费量基本保持平稳，2021 年为 236436 万吨，同比下降 0.55%。据《中国混凝土与水泥制品工业年鉴 2022》的信息，国内产业结构调整成果在"十三五"期间已充分显现，第三产业的主导地位得到稳固，而疫情导致产业结构发生短暂变化，2021—2022 年间，第二产业重回主导地位。受疫情多点散发、房地产投资大幅度下降影响，下游需求转弱，同时多地加大错峰力度，2022 年，水泥产量大幅度下降，创下近 11 年的最低值，全年累计水泥产量 211795 万吨，同比减产 10.8%。

(三) 其他建筑材料

2022 年，建材行业经济运行总体保持稳定，但受到市场需求持续偏弱等因素影响，呈现稳中趋降的态势，主要产品产量下降，产品出厂价格下滑，营业收入、利润总额等主要经济效益指标也呈现同步下降的态势。中国建筑材料联合会《2022 年建材行业经济运行分析》资料显示，据国家统计局数据，2022 年 1-11 月，规模以上非金属矿物制品业实现增加值同比下降 1.4%，降幅继续收窄。重点监测的 31 种建材产品中，8 种产品产量同比增长，23 种产品产量同比下降，其中，16 种产品产量同比下降超过 10%，下滑幅度较大。平板玻璃产量 9.3 亿重量箱，同比下降 3.6%。2022 年，全年平板玻璃产量 10.1 亿重量箱，同比下降 3.7%。2022 年 1-11 月，建材商品出口 457 亿美元，同比增长 11.4%，平板玻璃、技术玻璃、玻璃纤维及制品、防水建筑材料、轻质建筑材料等商品出口数量、金额均实现同比增长，其中建筑技术玻璃出口额增长超过 20%，玻璃纤维及制品、建筑用石制品出口额增长超过 10%。2022 年 1-11 月，建材商品进口 309 亿美元，同比增长 19.8%，防水建筑材料、石墨、滑石等部分商品进口数量、金额同比增长。节能减碳改造投资持续增长，到 2025 年，政策要求水泥（熟料）、平板玻璃、建筑卫生陶瓷行业能效标杆水平以上产能比例分别达到 30%、20%、30%，将涉及三分之一以上企业、2000 余条生产线，企业投资规模持续保持增长态势。2022 年，木材加工和木、竹、藤、棕、草制品业规模以上工业企业研究与试验发展经费为 96 亿元，研究与试验发展经费投入强度为 0.91%。

七、对外承包工程

(一) 规模分析

据商务部合作司公布的数据显示，2022 年，我国对外承包工程业务完成营业额 10424.9 亿元人民币，较上年增长 4.3%（折合 1549.9 亿美元，与上年基本持平），新签合同额 17021.7 亿元人民币，增长 2.1%（折合 2530.7 亿美元，下降 2.1%），如图 2-36 所示。

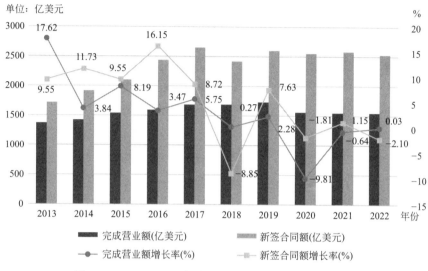

图 2-36 2013—2022 年我国对外承包工程业务情况图示

2022 年，我国企业在"一带一路"国家新签对外承包工程项目合同 5514 份，新签合同额 1296.2 亿美元，下降 3.3%，占同期我国对外承包工程新签合同额的 51.2%；完成营业额 849.4 亿美元，下降 5.3%，占同期总额的 54.8%。2022 年，我国企业共向境外派出各类劳务人员 25.9 万人，较上年同期减少 6.4 万人；其中承包工程项下派出 8 万人，劳务合作项下派出 17.9 万人。年末在外各类劳务人员 54.3 万人，较上年同期减少 4.9 万人。

（二）企业表现

2021 年，国际基建行业整体呈复苏态势。美国《工程新闻纪录》杂志（ENR）公布的 2022 年度全球最大 250 家国际承包商 2021 年的国际新签合同总额为 5472 亿美元，较 2020 年增长 5.1%；国际营业收入为 3979 亿美元，较 2020 年下降 5.4%，降幅明显收窄（上年度降幅 11.1%）；在 2021 年度与 2022 年度两年连续上榜的 236 家企业中，62.3% 的上榜企业国际营业额有所提升。

我国对外承包工程行业发展韧性强大。在2021年新冠疫情全球持续蔓延与国际政治格局深度调整等因素叠加影响下，我国对外承包工程行业整体表现企稳回升，展现了行业发展的强大韧性。我国内地共有79家企业入选2022年度全球最大250家国际承包商榜单，数量较上年增加1家，占250家上榜企业的31.6%，入选企业数量继续蝉联各国榜首，超过土耳其（42家）、美国（41家）、意大利（13家）、韩国（12家）。79家入选企业在2021年共实现海外市场营业收入1129.5亿美元，同比增长5.1%，占全部上榜企业海外市场营业收入总额的28.4%，较上年提升2.8个百分点。西班牙企业以517.8亿美元位居次席，占比13%；法国企业以504.3亿美元列第三位，占比12.7%；美国企业以241.9亿美元排第四位，占比6.1%；韩国企业则以227.3亿美元列第五位，占比5.7%。

从进入榜单企业的排名分布来看，79家内地企业中，进入前10强的企业数量由上年的3家增加为4家，分别是排名第3位的中国交通建设集团有限公司（国际营业收入219亿美元）、排名第6位的中国电力建设集团有限公司（国际营业收入137亿美元）、排名第7位的中国建筑集团有限公司（国际营业收入123.2亿美元）和排名第10位的中国铁建股份有限公司（国际营业收入90.1亿美元）。共有12家中国企业进入榜单50强，较上年度增加3家，进入2022年度国际承包商百强榜中的内地企业有26家，数量比较稳定。与2021年度排名相比，位次上升的有47家，排名保持不变的有1家，新入榜企业5家。排名升幅最大的是山西建设投资集团有限公司，排名从第173位上升至第134位，其次为绿地大基建集团有限公司，排名从第207位上升至183位，中国东方电气集团有限公司排名从第123位上升至101位。浙江省建设投资集团股份有限公司连续第22年进入榜单，位列第69位，较上年上升15位，创历史最高排名。在此次入围的79家中国企业中，浙江省建设投资集团有限公司排名继续保持全国省级建筑总公司首位（表2-12）。

2022 年度 ENR 全球最大 250 家国际承包商中的中国企业　　表 2-12

序号	公司名称	排名 2022	排名 2021	国际营业收入（亿美元）
1	中国交通建设集团有限公司	3	4	219.0
2	中国电力建设集团有限公司	6	7	137.0
3	中国建筑股份有限公司	7	9	123.2
4	中国铁建股份有限公司	10	11	90.1
5	中国中铁股份有限公司	11	13	74.2
6	中国能源建设股份有限公司	17	21	53.7
7	中国化学工程集团有限公司	20	19	48.6
8	中国机械工业集团有限公司	28	35	34.3
9	中国石油集团工程股份有限公司	30	33	33.1
10	上海电气集团股份有限公司	40	51	23.7
11	中国中材国际工程股份有限公司	44	60	20.6
12	中国冶金科工集团有限公司	47	53	19.9
13	中国江西国际经济技术合作有限公司	67	72	10.3
14	江西中煤建设集团有限公司	68	75	10.0
15	浙江省建设投资集团股份有限公司	69	84	10.0
16	北方国际合作股份有限公司	72	81	9.2
17	中国电力技术装备有限公司	74	73	8.4
18	山东高速集团有限公司	75	90	8.4
19	中国中原对外工程有限公司	78	55	7.7
20	中信建设有限责任公司	80	63	7.5
21	哈尔滨电气国际工程有限责任公司	85	78	7.2
22	青建集团股份公司	87	94	7.1
23	中石化炼化工程（集团）股份有限公司	90	86	6.8
24	上海建工集团股份有限公司	92	93	6.7
25	中国地质工程集团有限公司	97	100	6.3
26	北京城建集团有限责任公司	98	109	6.3
27	中国东方电气集团有限公司	101	123	6.0

续表

序号	公司名称	排名 2022	排名 2021	国际营业收入（亿美元）
28	新疆生产建设兵团建设工程（集团）有限责任公司	104	113	5.9
29	中国通用技术（集团）控股有限责任公司	105	67	5.2
30	中石化中原石油工程有限公司	106	105	5.1
31	江苏省建筑工程集团有限公司	107	107	5.1
32	特变电工股份有限公司	109	111	5.0
33	烟建集团有限公司	112	119	4.9
34	江苏南通三建集团股份有限公司	113	108	4.7
35	北京建工集团有限责任公司	116	117	4.7
36	中国河南国际合作集团有限公司	119	121	4.6
37	中鼎国际工程有限责任公司	121	135	4.5
38	云南省建设投资控股集团有限公司	122	106	4.5
39	中地海外集团有限公司	123	143	4.5
40	中国水利电力对外有限公司	128	89	4.1
41	江西省水利水电建设集团有限公司	131	132	3.9
42	山西建设投资集团有限公司	134	173	3.7
43	中国江苏国际经济技术合作集团有限公司	137	124	3.7
44	上海城建（集团）公司	139	147	3.6
45	中国武夷实业股份有限公司	142	129	3.4
46	中国航空技术国际工程有限公司	143	159	3.4
47	中钢设备有限公司	152	148	2.8
48	中国成套设备进出口集团有限公司	154	172	2.8
49	山东电力工程咨询院有限公司	164	—	2.4
50	龙信建设集团有限公司	166	176	2.3
51	山东淄建集团有限公司	170	177	2.2
52	安徽建工集团股份有限公司	172	174	2.1
53	中国有色金属建设股份有限公司	173	155	2.1

续表

序号	公司名称	排名 2022	排名 2021	国际营业收入（亿美元）
54	沈阳远大铝业工程有限公司	176	171	2.1
55	陕西建工控股集团有限公司	179	—	2.0
56	江西省建工集团有限责任公司	180	194	2.0
57	山东高速德建集团有限公司	181	175	1.9
58	湖南建工集团有限公司	182	180	1.8
59	绿地大基建集团有限公司	183	207	1.7
60	湖南路桥建设集团有限责任公司	184	192	1.7
61	西安西电国际工程有限责任公司	189	167	1.6
62	天元建设集团有限公司	191	199	1.4
63	正太集团有限公司	193	210	1.4
64	浙江交工集团股份有限公司	195	190	1.4
65	重庆对外建设(集团)有限公司	197	200	1.4
66	南通建工集团股份有限公司	198	189	1.4
67	中国甘肃国际经济技术合作有限公司	199	202	1.3
68	南通四建集团有限公司	201	211	1.2
69	浙江省东阳第三建筑工程有限公司	206	184	1.1
70	江苏中南建筑产业集团有限责任公司	211	193	1.0
71	四川公路桥梁建设集团有限公司	212	213	1.0
72	中天建设集团有限公司	217	—	1.0
73	中国建材国际工程集团有限公司	222	197	0.9
74	江苏南通二建集团有限公司	227	232	0.8
75	龙建路桥股份有限公司	229	—	0.8
76	安徽省华安外经建设(集团)有限公司	233	127	0.7
77	江联重工集团股份有限公司	237	242	0.6
78	中亿丰建设集团股份有限公司	238	—	0.6
79	河北建工集团有限责任公司	249	186	0.4

注：—表示未进入 2021 年度 250 强排行榜。

数据来源：2022 年度 ENR 全球最大 250 家国际承包商榜单发布，中国对外承包工程商会。

在地区市场业务前 10 强榜单中，中国企业除未能进入美国、加拿大市场外，其他市场均占有席位。在非洲市场，中国企业业务依旧领先，中国交建、中国电建、中国建筑、中国铁建、中国中铁、中材国际6 家企业入围；在亚洲市场，中国交建、中国建筑、中国电建、中国中铁、中国能建 5 家企业入围；在中东市场，中国企业表现也可圈可点，中国电建、上海电气、中国能建、中国建筑、中国铁建 5 家企业上榜；在拉丁美洲和加勒比市场，中国交建、中国铁建、中国电建 3 家企业上榜；在澳大利亚/大洋洲市场，中国交建、中国铁建 2 家企业上榜。值得一提的是，在欧洲市场，中国铁建上榜，实现了中国企业在欧洲市场前 10 强榜单的突破。中国企业在非洲、亚洲和中东市场继续保持领先地位，份额分别达到 59.3%、55.3%和 40%。

专业业务领域方面，美国《工程新闻纪录》2022 年度上榜企业在交通运输建设领域的营业额合计 1321.7 亿美元，占营业总额的33.2%，其次是房屋建筑、石油化工、电力工程领域，上述四个领域营业额合计占比 80.1%。在各业务领域排名前 10 强榜单中，均出现了中国企业的身影，表明中国企业在各业务领域均具有一定竞争力。其中，在交通运输建设领域，中国交建、中国铁建、中国中铁、中国电建 4 家企业上榜；在电力工程领域，中国电建、中国能建、上海电气、国机集团 4 家企业上榜；在水利工程领域，中国电建、江西中煤、中国能建 3 家企业上榜；在房屋建筑领域，中国建筑、中国交建 2 家企业上榜；在石油化工领域，中国化学工程、中国石油工程股份 2 家企业上榜；在制造加工领域，中国交建、中材国际 2 家企业上榜；在供排水与污水处理领域，中国交建上榜；在工业建设领域，中冶科工上榜；在通信工程领域，浙江建投上榜。

八、安全形势

（一）总体情况

2022 年，全国共发生房屋市政工程施工生产安全事故 562 起，同比下降 23.64%；死亡人数 638 人，同比下降 22.48%。其中较大事故

12起,同比下降25%;死亡人数52人,同比下降23.53%。

(二) 分类情况

2022年,全国房屋市政工程生产安全事故按照类型划分:高处坠落事故发生311起,占总数的55.34%;物体打击事故发生74起,占总数的13.17%;土方、基坑坍塌事故发生40起,占总数的7.12%;施工机具伤害事故发生32起,占总数的5.69%;起重机械伤害事故发生25起,占总数的4.45%;触电事故、车辆伤害事故共发生19起,共占总数的3.38%;中毒和窒息事故发生9起,占总数的1.60%;火灾和爆炸事故、脚手架事故共发生5起,共占总数的0.89%;其他事故发生47起,占总数的8.36%(图2-37)。

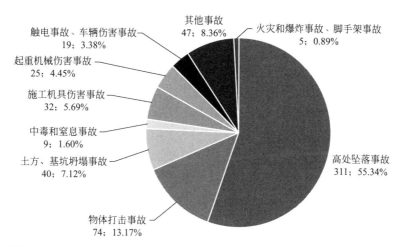

图2-37　2022年全国房屋市政工程生产安全事故类型统计图(单位:起数)
数据来源:住房和城乡建设部工程质量安全监管司。

第三章　新时代十年建筑业取得伟大成就 支柱产业地位不断增强

党的十八大以来，在党中央的坚强领导下，在创新、协调、绿色、开放、共享的新发展理念引领下，我国建筑业生产规模不断扩大，行业结构和区域布局不断优化，吸纳就业作用显著，支柱产业地位不断巩固，对经济社会发展、城乡建设和民生改善发挥了重要作用，建设成就斐然。这十年，是我国建筑业转型升级、从"建造大国"迈向"建造强国"的十年，"中国建造"持续改变着中国的面貌，为国家和人民作出了突出贡献。

一、国民经济支柱产业地位持续增强

党的十八大以来，我国建筑业积极应对国内外市场风险挑战，全力克服新冠肺炎疫情冲击，实现行业平稳健康发展。建筑业增加值占国内生产总值的比重始终保持在6.85%以上，国民经济支柱产业的地位持续稳固。

（一）生产规模迈上新台阶

建设规模持续扩大。 2022年，全国建筑业企业（具有资质等级的总承包和专业承包建筑业企业，不含劳务分包建筑业企业）完成建筑业总产值311979.84亿元，同比增长6.45%；完成竣工产值136463.34亿元，同比增长1.44%；签订合同总额715674.69亿元，同比增长8.95%，其中新签合同额366481.35亿元，同比增长6.36%；房屋建筑施工面积156.45亿平方米，同比减少0.70%；房屋建筑竣工面积40.55亿平方米，同比减少0.69%；实现利润8369亿元，同比下降1.20%。十年来，全国建筑业企业总产值增长了近一倍，2013—2022年年均增长8.60%，产业总体规模不断扩大（图3-1）。

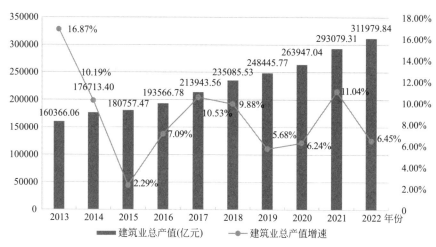

图 3-1　2013—2022 年建筑业总产值变化图

数据来源：国家统计局。

建筑业国民经济支柱产业地位稳固。2022 年，全年全社会建筑业实现增加值 83383.1 亿元，比上年增长 5.50%（按不变价格计算），增速高于国内生产总值 2.5 个百分点，占国内生产总值的 6.89%。十年来，建筑业增加值占国内生产总值的比例始终保持在 6.85% 以上，继续发挥支柱产业支撑作用，拉动经济增长作用显著。特别是 2020 年，面对新冠肺炎疫情的严重冲击和国内外严峻复杂的环境，建筑业率先复工复产，攻坚克难，为打赢疫情防控阻击战作出了重大贡献（图 3-2）。

建筑业持续发挥对关联产业的带动作用。在国民经济中，建筑业是诸多产业赖以发展的基础性行业，具有产业链长、波及面广的特点，与整个国家经济发展、人民生活的改善密切相关。建筑业关联着钢铁、水泥、机械、房地产、基础设施等 50 多个行业，有力支持了产业链上下游行业持续健康发展，在国民经济行业增长中发挥重要驱动力量。以山东省为例，从全省投入产出调查数据看，建筑业生产建设成果对全部 42 个产业部门均有直接投入，建筑业生产建设活动对 38 个部门的产品有直接使用。

建筑业市场主体蓬勃发展。2022 年末，全国有施工活动的建筑业企业达到 143621 家，同比增长 11.56%，比 2013 年末增加约 6.5 万家。

图 3-2　2013—2022 年建筑业增加值占 GDP 变化图

数据来源：国家统计局。

其中，国有及国有控股建筑业企业 8914 个，比上年增加 1088 个，占建筑业企业总数的 6.21%，比上年增加 0.13 个百分点。企业数量连续三年增幅超过 10%，实现了行业规模的跨越式发展，一定程度上反映了建筑市场"放管服"的改革成效，市场活力和企业核心竞争力被持续激发，营商环境不断优化（图 3-3）。

（二）吸纳就业作用显著

就业是民生之本，平稳发展的建筑业，久久为功，持续为全社会提供大量新增就业岗位。2022 年末，建筑业企业从业人员达到 5184 万人，比 2013 年末增加近 685 万人，成为仅低于制造业的吸纳就业的重要领域，专业人才队伍不断壮大，执业资格人员数量逐年增加。同时，建筑业为吸纳农村剩余劳动力、缓解社会就业压力作出了重要贡献。国家统计局进城务工人员监测调查报告显示，2022 年末，全国进城务工人员总量 29562 万人，其中，建筑业进城务工人员年末从业人员占比为 17.7%。建筑业吸纳大量城乡富余劳动力，稳就业作用更加突出，牢牢守住民生"基本盘"。

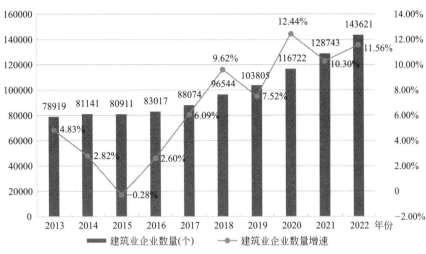

图 3-3 2013—2022 年建筑业企业数量变化图

数据来源：国家统计局。

（三）行业结构不断优化

建筑业产业集中度不断提高。随着建筑企业数量不断增加，逐步形成大、中、小企业结构合理，总承包、专业承包资质齐全，多种所有制结构共同发展的建筑企业体系。2022年，全国建筑业企业完成建筑业总产值31.2万亿元，建筑业总产值依旧处于平稳增长的态势中，建筑业在国民经济中的地位依然稳固。建筑企业的增加使得市场竞争不断加大，同时以四个建筑龙头企业（中国建筑、中国中铁、中国铁建、中国交建）行业集中度（CR4）逐年上涨，2013年CR4仅为13.4%，2022年这一数值已超过30%，表明龙头企业对建筑业全行业的影响力进一步增强，市场占有率持续提升，行业集中度显著提高。

土木工程建筑业等重要基础设施建设行业快速发展。建筑业主动适应各行各业建设发展需要，房屋建造、土木工程、建筑安装、装饰装修等施工领域共同发展，行业布局更加合理。2022年，全国土木工程建筑业产值8.9万亿元，是2013年的2.22倍，其中，铁路、道路、隧道和桥梁工程建筑产值占比为68.4%，水利和水运工程建筑占比为11.4%，海洋工程建筑占比为0.1%，工矿工程建筑占比为4.0%，架线和管道工程建筑占比为6.9%，为我国重要基础设施建设贡献力量，不断推动建筑业产业结构向高技术含量、高附加值的方向演进。

（四）区域布局持续改善

2022年，中国31个地区❶中14个地区建筑业总产值在万亿以上。其中，江苏建筑业总产值达到40660.1亿元，以绝对优势继续领跑全国；宁夏、青海、海南、西藏这4个地区建筑业总产值在千亿元以下。从31个地区在外省完成的产值来看，北京、天津、上海这3个地区其产值占总产值比重超过50%。相较于2021年，各地区建筑业总产值增长有所放缓，仅有云南、湖北、安徽这3个地区建筑业总产值同比增幅超过10%。北京、辽宁、新疆、吉林、青海及西藏为负增长，其中西藏降幅最大，从2021年的270.7亿元下降了24.7%，仅为203.8亿元。从区域布局来看，东部地区发展速度仍然较快，湖南、四川、重庆、陕西等中西部地区后发优势逐渐显现，各大区域板块均衡性持续改善。

二、建筑"铁军"更加坚强有力

作为劳动密集型行业，我国建筑业成为吸纳就业的"蓄水池"，为吸纳农村剩余劳动力、缓解社会就业压力作出了重要贡献。在建筑业非凡发展历程中，一位位大国工匠不断涌现，一批批专业技术人才加快成长，一队队建筑产业工人持续壮大，组成了一支坚强有力的建筑"铁军"。

（一）大国工匠不断涌现

大国工匠谱写时代篇章。随着一个个超级工程的落地，"中国建造"蜚声海内外，已经成为中国的一张名片，背后站着无数专注岗位的大国工匠们，用自己的努力共同谱写了新时代的不朽篇章。改革开放后，被誉为"四顶红帽子"的王毓刚、厉复兴、俞飞熊、罗君东，在建设深圳国贸中心时创造了"三天一层楼"的"深圳速度"，成为改革开放的代名词。信息化时代，酒泉卫星发射中心项目总工程师郑鸿秋，面对荒漠

---

❶ 我国一级行政区共34个（省、自治区、直辖市、特别行政区），此统计中不包括香港、澳门特别行政区和台湾省。

戈壁，带领项目团队发扬铁军精神，克服重重困难，建成了中国第一座太空港，荣获中国建筑行业首个国家科技进步奖一等奖。在湖北武汉疫情严峻、急需专门医院救治新冠肺炎患者的紧急时刻，中国建筑集团有限公司从各地集结 4 万多名管理、施工人员，牛合龙、龙建洋、邓志勇等一批基层建设者们坚守在各个岗位，10 天建成武汉火神山医院、12 天建成雷神山医院。

大国工匠默默耕耘在各个领域。"中华文化传承人"张锦秋、赵元超把一生中最好的年华、最好的才华贡献祖国西北，完成了长安塔、陕西历史博物馆、大唐芙蓉园、延安大剧院等一大批既有时代精神又有中国传统文化自信的建筑作品。"区域发展践行者"陆建新扎根基层 40 载，带领团队攻克超高层、大跨度建筑的世界级难题，将钢结构建筑施工技术推向世界领先水平，亲身参与缔造"深圳速度"，见证了深圳经济特区的改革发展，被誉为"中国摩天大楼第一人"。"自主创新争先者"肖绪文从基建工程兵到中国工程院院士，主持建造的多项工程获中国建设工程鲁班奖和中国土木工程詹天佑奖；"科技争先"张琨、"核电先锋"李政、"中国岩土特工"周予启等众多大国工匠也在各自的岗位上兢兢业业、刻苦钻研，推动着中国建造技术的不断进步和突破。乡村振兴"带头人"砌筑工邹彬、许纪平匠心作砖，把最普通的工作做到极致，逐渐从"小砌匠"成长为大国工匠。"基建强国先锋者"肖龙鸽、卢国春、曹亚军、雀儿山隧道建设团队等投身大国基建，参建了武汉长江隧道、武汉站等诸多经典工程，为我国民生基础设施建设添砖加瓦。魏乐荣、邱明辉、陈振明等一批能工巧匠扎根在 130 多个国家和地区，中巴友谊学校、阿布扎比国际机场等一批精品工程牵起了中外交流的桥梁，成为建筑行业的书写者、践行者、推动者。

（二）专业技术人才培养力度加大

完善职业技能培训体系，发挥企业培训主体作用。江苏省推行"企业新型学徒制"，推进产教融合、校企合作。坚持"技高者多得、多劳者多得、绩优者多得"的原则，鼓励凭技能创造财富、增加收入。由优秀产业工人、企业总工、工程部经理组成"师傅"团队，每季度进行一次人员结构摸底，对人员进行选拔，最终将有潜力的"好苗子"纳入工作室中。针对这些学徒，采取"线上＋线下"方式，每月进行一次集中技术培训，再由他们把学到的知识传授下去，教给项目上的工人，"传帮带"模式的推行成效初显。海南省鼓励符合条件的企业建立首席技师制度，建立技能大师工作室、劳模和工匠人才创新工作室，扩大技能人才队伍规模；要求各地有关部门引导企业建立完善建筑工人职业培训制度，坚持"政校合作、政企合作、校企合作"，推动进城务工人员向新时代建筑产业工人转变。为了使建筑工人素质技能提升与企业智能化生产发展相匹配，云南省一些企业一方面通过校企合作不断引进掌握新技术的人才，另一方面通过"师带徒"形式不断提升原有工人的专业技能和业务素质。

分级建立技能工人库，提供相应鼓励政策。广东省按照"标准统一、动态管理"的原则，由广州市带头建立房屋建筑施工技能工人库，通过本市房屋建筑施工技能工人考核或认定的人员予以入库。拟根据技能水平分为四级：四级技能工人、三级技能工人、二级技能工人和一级技能工人，其中三级技能工人与人社系统职业技能评价等级高级工水平相当，实行分级分类管理。获得羊城建筑工匠等副省级及以上建筑行业技能竞赛奖项或被授予"大国工匠"、省级建筑名匠等相关称号人员，可直接认定为一级技能工人。获得广州市乡村工匠各层级职称人员、持有特种作业资格证书人员可直接进行认定，在技能工人库内分库管理。取得人社系统职业技能评价等级高级工、技师、高级技师可分别认定为三级、二级、一级技能工人，实现住房和城乡建设部门技能工人等级与人社系统职业技能评价等级衔接。

紧跟转型升级需要，培育智能建造专业技术人才。浙江省温州市以智能建造城市试点为契机，确定了"智能建造装备＋产业工人"的试点工作特色，制定了"一核三库"的发展策略，即以培育熟练掌握智能建造装备操作技能的专业劳务班组为核心目标，以装备库、班组库和项目库"三库"协同发展为实施路径，不断提升提高建筑工人的技能水平、薪酬待遇和职业发展空间，为建筑业工业化、数字化、绿色化转型升级提供更有力的人才支撑。温州市还计划组织全市建筑业人才技能比武竞赛，以BIM应用、智能建造装备操作等为重点，角逐行业技能"尖兵"。同时，积极弘扬工匠精神，比照相应技术职称，对成绩突出的选手认定为技师或高级工，并授予温州市技术能手等荣誉称号，助推高技能人才队伍建设。

（三）建筑产业工人队伍加快建设

加快培育新时代建筑产业工人队伍。 2022年，陕西省住房和城乡建设厅联合多部门印发《关于加快培育新时代建筑产业工人队伍的实施意见》，通过建立健全符合新时代建筑工人队伍建设要求的体制机制，为全省建筑业持续健康发展和行业就业形势稳定提供政策支撑。意见明确到2025年基本建立符合建筑行业特点的用工组织方式和市场考评机制，中级工以上建筑产业工人达20万人以上；到2035年创建全国有影响力的陕西建筑劳务品牌工作卓有成效，形成一支秉承劳模精神、劳动精神、工匠精神的知识型、技能型、创新型建筑工人大军。要积极引导现有劳务企业转型发展，大力发展专业作业企业。鼓励大型企业建设建筑工人培育基地，为专业作业企业提供配套服务。引导建筑业企业逐步建立以自有工人为核心的建筑工人队伍。完善职业技能培训体系，建立技能导向的激励机制，充分运用现代信息技术，实现建筑工人信息化管理。规范建筑行业劳动用工制度，完善社会保险缴费机制，健全保障薪酬支付的长效机制。同时，坚持生活环境建设与施工生产并重，持续改善建筑工人生产生活环境（专栏3-1）。

专栏3-1：《关于加快培育新时代建筑产业工人队伍的实施意见》（摘要）

一、总体要求和发展目标

推进建筑业供给侧结构性改革，夯实建筑产业基础能力建设，构建适应建造方式改革需要，又满足社会化专业化分工协作的建筑用工组织方式，建立健全符合新时代建筑工人队伍建设要求的体制机制，为建筑业持续健康发展和推进新型城镇化提供更有力的人才支撑。

到2025年，符合建筑行业特点的用工组织方式和市场考评机制基本建立，建筑劳务作业企业组织健全管理规范；建筑工人实现公司化管理，建筑工人权益保障机制基本完善；建筑工人职业技能培训和考核评价体系基本健全，中级工以上建筑工人达20万人以上。

到2035年，创建全国有影响力的陕西建筑劳务品牌工作卓有成效，建筑工人权益得到有效保障，获得感、幸福感、安全感充分增强，形成一支秉承劳模精神、劳动精神、工匠精神的知识型、技能型、创新型建筑工人大军。

二、主要任务

（一）引导现有劳务企业转型发展。引导和支持有能力的劳务企业采取引进人才、设备等多种方法向施工承包和专业承包企业转型；鼓励劳务企业发挥自身优势，向建制化、规模化转型。鼓励大型总承包企业搭建劳务用工信息平台，为小微企业提供信息交流渠道。引导小微劳务企业向技能型专业作业企业转型发展，做专做精。建立全省建筑劳务企业市场信用评价机制，营造公平竞争、诚信守法的建筑劳务市场环境。

（二）大力发展专业作业企业。鼓励和支持西安市等有条件的地区建设建筑工人服务园，依托创业孵化基地、建筑劳务产业工人孵化基地，为符合条件的专业作业企业落实创业相关扶持政策，提供创业服务。建立劳务用工培育与乡村振兴挂钩机制，搭建劳务用工对接和推介工作平台，充分利用就业基金为农村劳动力提供就业培训，通过政府与企业的引导，成立以作业为主的专业作业队伍，加大培训力度，提升职业技能，培养大批陕西籍优秀建筑产业工人，创建全国有影响力的陕西建筑劳务作业企业品牌，向省内外建筑劳务企业输送成熟的建筑产业工人队伍。在同等条件下，鼓励建筑企业优先选择当地专业作业企业，促进建筑工人就地、就近就业。所在地政府应在土地使用、建设手续办理给予相应扶持，加快产业园落地步伐。

（三）鼓励建设建筑工人培育基地。鼓励和支持陕西建工集团、西安建工集团及有能力的民营大型建筑企业与建筑工人输出地区建立合作关系，依托总部经济+园区聚集双发展战略，构建建筑劳务企业集中规范化管理、建筑产业工人教育培训、职业技能评价、人力资源输送、产业工人基地建设、配套生活服务等职能为一体的全产业链的新时代建筑工人培育基地，以建筑工人培育基地为依托建立相对稳定的建筑工人队伍，为专业作业企业提供配套服务，为建筑工人谋划职业发展路径。

（四）加快自有建筑工人队伍建设。建筑企业要紧跟建筑业转型发展、新型建造方式和建造科技的探索和应用，逐步建立以自有工人为核心的建筑工人队伍。通过"传、帮、带"师带徒、岗位练兵培育自有建筑工人和吸收职业院校（含技工院校，下同）毕业生等方式，建立相对稳定的基本技术工人队伍。加强技能人才队伍建设吸纳高技能技术工人。鼓励有条件的企业通过劳动竞赛发现人才，弘扬劳模精神、工匠精神，建立劳模、工匠人才（职工）创新工作室和首席技师制度。加强对装配式建筑、机器人建造等新型建造方式和建造科技的探索和应用，加大对新技术、新工艺的鼓励力度和推广力度，鼓励工法、QC研发，通过技术升级推动建筑工人从传统建造方式向新型建造方式转变。发挥我省建筑市场管理优势，破除高技术含量工程项目和国家、省、市应急项目的劳务作业任务"打突击"带来的成本增加，进一步提升建筑产业工人智能建造水平能力。

（五）完善职业技能培训体系。引导建筑企业建立职业培训制度，推行全员培训、终身培训，强化企业职业培训主体责任。鼓励建筑企业采取校企合作、建立培训基地、购买社会服务等多种形式，解决建筑工人理论与实操脱节的问题，实现技能培训、实操训练、考核评价与现场施工有机结合。大力开展建筑工人岗位培训和技能提升培训，积极探索智能建造、装配式建筑、建筑信息模型（BIM）等新兴职业（工种）的建筑产业工人培训，不断满足新时代建筑业高质量发展的需要。建立职业培训机构动态管理考评机制，发挥社会和媒体监督作用，促进其规范运作，自律诚信。用好就业补助资金和各类职业培训资金，允许企业培训费列入成本并按规定在税前扣除。

（六）建立技能导向的激励机制。制定施工现场技能工人基本配备标准，明确施工现场各职业（工种）技能工人技能等级的配备比例要求，逐步提高基本配备标准。加强对施工现场作业人员技能水平和配备标准的监督检查，将施工现场技能工人基本配备标准达标情况纳入相关诚信评价体系。各级建设工程造价管理部门要完善建筑职业（工种）人工价格市场化信息发布机制，为合理确定包含劳动保护费用、社会保险费用和培训费用在内的人工市场价格和建筑工人薪酬水平提供信息指引。引导建筑企业将薪酬与建筑工人技能等级挂钩，完善激励措施，实现技高者多得、多劳者多得。鼓励建筑企业将守信、守法、守约的优秀技能工人逐步吸纳到管理岗位，有效拓展和打通现场劳务作业人员的职业上升通道。

（七）加快推动信息化管理。充分运用物联网、计算机视觉、区块链等现代信息技术，建立完善全省建筑工人实名制信息服务平台，动态记录建筑工人身份信息、培训情况、技能等级、从业记录、诚信信息、工资发放、社会保险等情况。制定统一数据标准，加强各系统平台间的数据对接互认，实现全省数据互联共享。建筑企业要落实建筑产业工人实名制管理主体责任，将施工项目现场用工信息实时上传至平台。以工人实名信息为基础，通过人员的进出场考勤、智慧记工、安全教育培训、劳动合同签订、工人技能和诚信评价、工人职业档案建立等功能模块，打造全方位线上共享服务平台，致力于为产业工人、用工用人单位及工程建设领域周边行业从业者，在各类生活服务信息交互、用工信息撮合等方面提供更高效、便捷、实用的创新服务，充分保障各方权益，实现建筑工人信息化管理。加强数据分析运用，将建筑工人管理数据与日常监管相结合，建立预警机制，加强信息安全保障工作。

（八）健全保障薪酬支付的长效机制。制定全省性的劳务分包合同示范文本，为贯彻落实《保障进城务工人员工资支付条例》，建筑施工总承包单位对建筑工人工资支付工作负总责奠定基础。落实工程建设领域进城务工人员工资专用账户管理、实名制管理、工资保证金等制度，推行分包单位进城务工人员工资委托施工总承包单位代发制度。依法依规对列入拖欠进城务工人员工资"黑名单"的失信违法主体实施联合惩戒。加强法律知识普及，加大法律援助力度，引导建筑工人通过合法途径维护自身权益。

（九）规范建筑行业劳动用工制度。用人单位应与招用的建筑工人依法签订劳动合同，严禁用劳务合同代替劳动合同，依法规范劳务派遣用工。施工总承包单位或者分包单位不得安排未订立劳动合同并实名登记的建筑工人进入项目现场施工。制定我省简易劳动合同示范文本，加大劳动监察执法力度，全面落实劳动合同制度。

（十）完善社会保险缴费机制。用人单位应依法为建筑工人缴纳社会保险。对不能按用人单位参加工伤保险的建筑工人，由施工总承包企业负责按项目参加工伤保险，确保工伤保险覆盖施工现场所有建筑工人。实施工伤预防五年行动方案，大力开展工伤保险宣教培训，促进安全生产，依法保障建筑工人职业安全和健康权益。鼓励用人单位为建筑工人建立企业年金。

（十一）持续改善建筑工人生产生活环境。全面推行文明施工，坚持生活环境建设与施工生产并重。总承包企业应当按照《建筑工人施工现场生活环境基本配置指南》《建筑工人施工现场劳动保护基本配置指南》《建筑工人施工现场作业环境基本配置指南》，持续改善建筑工人生产、生活和居住环境。加快完善发展保障性租赁住房的基础性制度和支持政策，将符合条件的建筑工人纳入住房保障范围。探索适应建筑业特点的住房公积金缴存方式，逐步将稳定就业的建筑工人纳入住房公积金制度实施范围，推进企业为建立稳定劳动关系的建筑工人缴纳住房公积金。大力改善建筑工人生活区居住环境，结合陕西省总工会、陕西省住房和城乡建设厅《关于印发

〈陕西工会户外劳动者服务站点建设专项行动方案〉的通知》（陕工发〔2018〕21号）有关要求，在达到一定规模的集中生活区推动建设"工友村"，大力开展屋外休息室、应急医疗站、亲友接待房、项目书屋、项目学堂、文体活动室、便捷超市、法律和心理咨询室等户外综合服务站点建设。积极创造条件，解决建筑工人就医、就业中的具体问题，加大政策落实力度，保障符合条件的建筑工人子女入学。促进建筑业进城务工人员向产业工人转型，推动建筑进城务工人员市民化，享受城镇化政策，提升建筑工人对企业的存在感、归属感、幸福感。

不断提升建筑产业工人职业能力和素质。各地积极出台相应政策，加快建筑产业工人队伍建设，保障建筑工人权益。其中，广西壮族自治区建立建筑工人成本信息发布机制，引导企业将薪酬与技能等级挂钩，不断提升建筑产业工人职业能力和素质，完善进城务工人员群体线上线下相结合的职业技能培训方式，依托"八桂建工"劳务品牌，打造劳务品牌培训示范基地，大力培养农村建筑工匠和建筑产业工人，全面提升建筑业专业技能人才质量。

打造建筑服务产业园，建立建筑产业工人交流机制。位于江苏省苏州市相城区元联科技文化创新产业孵化基地，面积约8200平方米。截至2022年，共有85家企业入驻，涵盖13家工程建设企业、59家建筑劳务企业、5家工程设备企业、4家咨询管理企业及4家建筑科技企业。产业园采用"政府主导、企业主体、市场运营"的模式，通过聚合建筑产业链上下游企业，实现资源共享，合作共赢，着力打造建筑工地＋建筑服务产业园＋建筑产业工人服务平台，形成"一地一园一平台"的"三位一体"建筑产业工人全生命周期生态机制体系，方便建筑业企业和建筑产业工人就地、就近、就便进行双向选择。

鼓励企业培育稳定的自有建筑产业工人队伍。河南省选择了济源、林州、固始等市县和骨干施工企业开展建筑产业工人培育试点工作，在提升工人技能水平方面初步形成政府主导供给侧结构性改革、政府与央企合作、民营企业主动改革三种模式，鼓励培育企业自有骨干工人，建立相对稳定的核心工人队伍，取得了不错的效果。作为试点之一的某企业，在5年时间内积极探索以"专业班组为主，自有工人为辅"的用工模式，将长期合作的3000余名建筑工人整合为200个作业班组，通过企业内部培训、考核认定，将其中21个优秀作业班组吸收为企业自有队伍，纳入公司管理，符合条件的工人可向管理、技术岗位晋升，最高可晋升为首席工匠、项目生产经理。将传统劳务工人吸纳为建筑企业自有工人，一方面有利于工人待遇提升，另一方面为工人晋升发展打通了通道，有利于队伍的稳定，可助力行业健康发展。

保障建筑产业工人权益，防范化解欠薪风险。 2022年，住房和城乡建设部印发《关于进一步做好建筑工人就业服务和权益保障工作的通知》（专栏3-2），要求各地积极回应社会关切和建筑工人诉求，做好职业培训、岗位指引、纾困解难、安全教育等工作。修订完善《建筑工人实名制管理办法》，要求建筑企业与建筑工人依法签订劳动合同或用工书面协议，落实安全培训和实名登记措施。印发《建筑工人简易劳动合同（示范文本）》，明确建筑工人工资支付方式、权益保障等要求。跟踪指导部分房地产企业和重大项目欠薪问题，组织开展集中整治拖欠进城务工人员工资问题专项行动，防范化解重大欠薪隐患和事件。

专栏3-2：《关于进一步做好建筑工人就业服务和权益保障工作的通知》（摘要）

一、加强职业培训，提升建筑工人技能水平

（一）提升建筑工人专业知识和技能水平。各地住房和城乡建设主管部门要积极推进建筑工人职业技能培训，引导龙头建筑企业积极探索与高职院校合作办学、建设建筑产业工人培育基地等模式，将技能培训、实操训练、考核评价与现场施工有机结合。鼓励建筑企业和建筑工人采用师傅带徒弟、个人自学与集中辅导相结合等多种方式，突出培训的针对性和实用性，提高一线操作人员的技能水平。引导建筑企业将技能水平与薪酬挂钩，实现技高者多得、多劳者多得。

（二）全面实施技能工人配备标准。各地住房和城乡建设主管部门要按照《关于开展施工现场技能工人配备标准制定工作的通知》（建办市〔2021〕29号）要求，全面实施施工现场技能工人配备标准，将施工现场技能工人配备标准达标情况作为在建项目建筑市场及工程质量安全检查的重要内容，推动施工现场配足配齐技能工人，保障工程质量安全。

二、加强岗位指引，促进建筑工人有序管理

（三）强化岗位风险分析和工作指引。各地住房和城乡建设主管部门要统筹房屋市政工程建设领域行业特点和进城务工人员个体差异等因素，针对建筑施工多为重体力劳动、对人员健康条件和身体状况要求较高等特点，强化岗位指引，引导建筑企业逐步建立建筑工人用工分类管理制度。对建筑电工、架子工等特种作业和高风险作业岗位的从业人员要严格落实相关规定，确保从业人员安全作业，减少安全事故隐患；对一般作业岗位，要尊重进城务工人员就业需求和建筑企业用工需要，根据企业、项目和岗位的具体情况合理安排工作，切实维护好进城务工人员就业权益。

（四）积极拓宽就业渠道。各地住房和城乡建设主管部门要主动作为，积极配合人力资源和社会保障、工会等部门，为不适宜继续从事建筑活动的进城务工人员，提供符合市场需求、易学易用的培训信息，开展有针对性的职业技能培训和就业指导，引导其在环卫、物业等劳动强度低、安全风险小的领域就业，拓宽就业渠道。

三、加强纾困解难，增加建筑工人就业岗位

（五）以工代赈促进建筑工人就业增收。各地住房和城乡建设主管部门要配合人力资源和社会保障部门严格落实阶段性缓缴进城务工人员工资保证金要求，提高建设工程进度款支付比例，进一步降低建筑企业负担，促进建筑企业复工复产，有效增加建筑工人就业岗位。依托以工代赈专项投资项目，在确保工程质量安全和符合进度要求等前提下，结合本地建筑工人务工需求，充分挖掘用工潜力，通过以工代赈帮助建筑工人就近务工实现就业增收。

四、加强安全教育,保障建筑工人合法权益

(六)压实安全生产主体责任。各地住房和城乡建设主管部门要督促建筑企业建立健全施工现场安全管理制度,严格落实安全生产主体责任,对进入施工现场从事施工作业的建筑工人,按规定进行安全生产教育培训,不断提高建筑工人的安全生产意识和技能水平,减少违规指挥、违章作业和违反劳动纪律等行为,有效遏制生产安全事故,保障建筑工人生命安全。

(七)改善建筑工人安全生产条件。各地住房和城乡建设主管部门要督促建筑企业认真落实《建筑施工安全检查标准》JGJ 59—2011、《建设工程施工现场环境与卫生标准》JGJ 146—2013等规范标准,配备符合行业标准的安全帽、安全带等具有防护功能的劳动保护用品,持续改善建筑工人安全生产条件和作业环境。落实好建筑工人参加工伤保险政策,进一步扩大工伤保险覆盖面。

(八)持续规范建筑市场秩序。各地住房和城乡建设主管部门要依法加强行业监管,严厉打击转包挂靠等违法违规行为,持续规范建筑市场秩序。联合人力资源和社会保障等部门用好工程建设领域工资专用账户、进城务工人员工资保证金、维权信息公示等政策措施,保证进城务工人员工资支付,维护建筑工人合法权益。加强劳动就业和社会保障法律法规政策宣传,帮助建筑工人了解自身权益,提高维权和安全意识,依法理性维权。

提高建筑产业工人工资待遇,建立健全激励机制。 重庆市指导建筑业企业设置特聘岗位津贴、带徒津贴、技能人才技术等级补贴,健全自有工人工资正常增长机制。将符合住房保障条件的建筑工人纳入住房保障范围,探索适应建筑业特点的住房公积金缴存方式,督促建筑业企业依法为建筑工人缴存住房公积金。海南省住房和城乡建设厅等多家单位印发《关于加快培育新时代建筑产业工人队伍的实施方案》,提出通过建设建筑产业工人培育基地、将符合条件的建筑工人纳入住房保障范围、建立技能导向激励机制等措施,着力培育符合新时代要求的建筑产业工人队伍。方案要求地方政府要积极与大型建筑业企业、职业院校、社会培训机构共同建设建筑产业工人培育基地，将职业培训中心、劳务企业总部、进城务工人员住房纳入基地规划建设。

三、发展质量和效益显著提升

党的十八大以来，我国建筑业经济效益不断优化、综合实力稳步提升、创新驱动和绿色发展持续发力，建筑业企业不断提高施工技术水平，坚持用新技术、新知识、新管理模式改造提升传统建筑业，发展质量明显提升。

(一) 经济效益平稳增长

建筑业企业劳动生产率明显提升，经济效益不断优化。2022年，按建筑业总产值计算的劳动生产率再创新高，达到493526元/人，比上年增长4.30%，增速比上年降低7.6个百分点，比2013年提高17.4万元/人，提高54.7%。生产效率提高进一步提升了企业盈利水平，2022年，全国建筑业企业实现利润8639亿元，比2013年增加3064亿元，增长了1.55倍；其中国有控股企业3922亿元，同比增长8.4%（图3-4）。

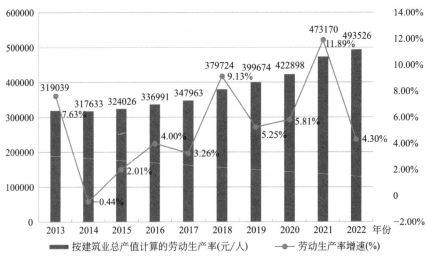

图3-4 2013—2022年按建筑业总产值计算的劳动生产率变化图

数据来源：国家统计局。

（二）综合实力明显增强

建筑业围绕产业结构调整目标，奋力做优做强，综合实力得到稳步提升。一是企业家底更加殷实。2022年末，全国上市建筑企业总资产合计人民币117067.28亿元，同比增长11.36%。二是建筑业行业的市场容量达到历史新高。2022年，全国建筑业企业签订合同总额715674.69亿元，比上年增长8.95%，其中，本年新签合同额366481.35亿元，比上年增长6.36%，增速比上年增加0.4个百分点，本年新签合同额占签订合同总额比例为51.21%。三是国际影响力不断提升。2022年《财富》世界500强排行榜中，工程与建筑行业有12家中国企业上榜，比去年增加2家。此次上榜的中国建筑业企业中，中国建筑集团有限公司以约2937亿美元的年营收位列世界500强第9位，顶端排名再创新高。苏商建设集团有限公司、蜀道投资集团有限责任公司、成都兴城投资集团有限公司三家企业系首次登上榜单，排名分别为第299位、第413位、第466位。

（三）技术创新引领转型升级

建筑业紧跟变革趋势，依靠科技创新推动行业升级发展。 党的十八大以来，建筑业产业链现代化水平不断提高，基建、冶金、有色、煤炭、石油、化工、水电、水利、机械等建筑行业布局逐渐完备，建造流程逐渐向上游勘探设计和下游工程监理拓展，城市信息模型（CIM）、建筑信息模型（BIM）、大数据、智能化、移动通信、云计算、物联网等信息技术集成应用能力不断提升。一批重大建筑技术实现了突破，具有世界顶尖水准的工程项目接踵落成，高速、高寒、高原、重载铁路施工和特大桥隧建造技术迈入世界先进行列，离岸深水港建设关键技术、巨型河口航道整治技术、长河段航道系统治理以及大型机场工程等建设技术达到世界领先水平。

举办行业技术创新大会促进科技创新成果的推广和应用。 全国住房和城乡建设工作会议指出，要加强科技引领，把科技创新摆在住房和城乡建设事业突出位置，持续巩固提升世界领先技术，集中攻关突破"卡脖子"技术，大力推广应用惠民实用技术，以科技赋能住房和城乡建设事业高质量发展。2021年，中国建筑业协会组织开展"行业十大技术创新"的遴选及发布活动；2022年，2020—2021年度中国建设工程鲁班奖颁奖暨行业技术创新大会在南宁举办，246项工程荣获"鲁班奖"。行业技术创新评选旨在促进科技创新成果的推广和应用，提高行业创新能力和国际竞争力，遴选标准是必须要顺势而为，紧跟国家发展战略和行业发展趋势；要体现绿色低碳、数字赋能的时代元素；要体现行业的创新能力和技术水平；要体现原创性、先进性和适用性。比如，2021年遴选出的超大平面复杂空间曲面钢网格结构屋盖施工技术，成功应用于国家重点工程北京大兴国际机场。机场航站楼核心区钢屋盖结构超长超宽超大平面，投影面积达18万平方米，最大尺寸568米×455米，重量达4.2万吨，为不规则自由曲面空间网格钢结构，曲面造型复杂，拼装精度要求高，位形控制难度大。针对工程特点，项目创造性地提出了基于总体位形控制的"分区安装，分区卸载，变形协调，总体合拢"的综合施工技术，实现结构位形精准控制与超长复杂合拢线高精准对接，并研发自由曲面空间网格钢结构分块累积提升技术、大尺度高落差倾斜翻转提升技术、巨型格构复杂C形柱加工制作与免支撑安装技术，高效解决北京大兴国际机场钢结构施工过程各项关键技术难题。2022年遴选出的"大吨位缆机群智能化控制与综合运维技术"，已成功应用于世界第二大水电站、国家实施"西电东送"战略的重大工程——白鹤滩水电站，解决了缆机群占位、高效调配、主索跨距过大的难题，实现了缆机群多工况安全的高效运行。截至2023年1月28日，该电站累计生产清洁电能突破600亿千瓦时，相当于节约标准煤1809万吨，减排二氧化碳4968万吨。"复杂海洋环境公铁两用特大桥建造关键技术"应用于福平铁路平潭海峡公铁大桥工程，克服了集气候、水文、地质等恶劣条件为一体的自然环境困难，突破了台湾海峡暴风潮海域"建桥禁区"的诸多限制，实现了中国铁路跨海桥梁从无到有的巨大飞跃，构建了中国复杂海域桥梁集群建造关键的技术体系。正所谓"国之重器，民族脊梁"，一项项关键技术就是我国建筑领域的国之重器，是我国综合实力的体现。

一批先进设备打破国外技术垄断。一批拥有自主知识产权、具有国际先进水平的建筑施工设备成为建筑业的"国之重器"。大型地铁盾构机、大型捻泥船等,打破了国外技术垄断,成为我国地铁建设、海岛吹填等工程的推进利器。盾构机被称作"工程机械之王",其技术水平是衡量一个国家地下施工装备制造水平的重要标志。过去,盾构机主要被德国、日本等国家垄断,国内需要高价购买。近几年,中国企业自主攻关,突破了一系列世界级技术难题,国产盾构机在国内市场占有率已达90%以上。

(四)绿色发展持续发力

绿色建筑和建筑节能取得显著成效。2022年,全国新开工装配式建筑面积达7.8亿平方米,占新建建筑面积的比例为31%,全国城镇新建绿色建筑面积16.8亿平方米,占当年城镇新建建筑面积的比例达到91.2%,累计建成绿色建筑面积102.69亿平方米。2022年上半年,全国新开工装配式建筑占新建建筑面积的比例超过25%,装配式建筑建设面积累计达到24亿平方米。截至2022年底,全国累计建成节能建筑面积超过303亿平方米,节能建筑占城镇民用建筑面积比例超过64%;北方地区完成既有居住建筑节能改造面积超过18亿平方米,惠及超过2400万户居民,室内舒适度显著改善;全国累计建成绿色建筑面积超过100亿平方米,2022年当年城镇新建绿色建筑占新建建筑的比例达到90%左右,为减少碳排放,逐步实现"双碳"目标贡献力量。

国家层面有序推进建筑业绿色低碳发展。近年来,我国高度重视绿色建筑的发展,颁布实施《民用建筑节能条例》《绿色建筑评价标识管理办法》《绿色建筑评价标准》GB/T 50378—2019等一系列规章条例,尤其是提出"双碳"目标后,我国各地积极探索城乡建设绿色低碳转型之路,力争扭转"大量建设、大量消耗、大量排放";增强城市整体性、系统性、生长性,解决"城市病"问题,满足人民群众对美好生活的向往。2022年初,国务院印发《"十四五"节能减排综合工作方案》,提出到2025年,城镇新建建筑全面执行绿色建筑标准,城镇清洁取暖比例和绿色高效制冷产品市场占有率大幅提升。住房和城乡建设部印发《"十四五"建筑节能与绿色建筑发展规划》，部署提升绿色建筑发展质量、提高新建建筑节能水平、加强既有建筑节能绿色改造、推广新型绿色建造方式等九大任务，随后印发的《城乡建设领域碳达峰实施方案》《建材行业碳达峰实施方案》为建筑领域节能降碳以及实现碳达峰、碳中和目标提供了指引。

各地多举措助力建筑领域节能减排。 各地住房和城乡建设主管部门不断加强组织领导，完善配套政策和技术标准体系，建立健全工作机制，推动建筑业绿色低碳转型与高质量发展。2022年，河南省出台《绿色建筑条例》，编制了《河南省绿色建筑专项规划编制技术导则》等几十部规程，对推进绿色建筑规范发展、助力城乡建设领域碳达峰目标实现具有重要意义。辽宁省政府发布了《关于推动城乡建设绿色发展的实施意见》，将推进高品质绿色建筑规模化发展作为推进城乡绿色发展的一个重要内容。广东省印发《关于推进城乡建设绿色发展的若干措施》，将绿色发展纳入城乡建设领域整体布局，全面推进城乡建设绿色低碳发展。重庆市印发《"十四五"节能减排综合工作实施方案》（专栏3-3）要求，积极开展超低能耗建筑工程示范，探索近零能耗、低碳（零碳）建筑试点。山东省印发《山东省绿色建筑促进办法》《山东省绿色建筑创建行动实施方案》等一系列政策文件，积极搭建绿色建筑产业园，大力推动绿色节能建筑发展。

专栏3-3：重庆市印发《"十四五"节能减排综合工作实施方案》（摘要）

二、主要目标

到2025年，全市单位地区生产总值能源消耗比2020年下降14%，能源消费总量得到合理控制，主要污染物排放总量持续减少，化学需氧量、氨氮、氮氧化物、挥发性有机物重点工程减排量分别达到4.32万吨、0.18万吨、3.68万吨、1.06万吨。节能减排政策机制更加健全，重点行业能源利用效率和主要污染物排放控制水平基本达到国内先进水平，全面增强经济发展绿色动能。

三、实施节能减排重点工程

（三）城镇绿色节能改造工程。

1. 实施城镇绿色建造。大力推广装配式建筑，推进建筑工业化。加快推进海绵城市建设。实施公共供水管网漏损治理工程。开展成渝地区双城经济圈"无废城市"共建。推进城镇新建公共机构建筑、新建厂房屋顶应用太阳能光伏，推动可再生能源建筑规模化应用。到2025年，新增可再生能源建筑应用面积500万平方米（市发展改革委、市经济信息委、市规划自然资源局、市生态环境局、市住建委、市城市管理局、市农业农村委、市商务委、市机关事务局、市能源局等按职责分工负责）。

2. 提升建筑能效水平。分阶段、分类型提高城镇新建民用建筑节能强制性标准。积极开展超低能耗建筑工程示范，探索近零能耗、低碳（零碳）建筑试点。推动商场、医院、学校、酒店和机关办公建筑等既有公共建筑由单一型的节能改造向综合型的绿色化改造转变。推动数据中心、各类园区及冷链物流等领域实施绿色高效制冷改造。到2025年，城镇新建建筑100%执行绿色建筑标准（市住建委、市交通局、市机关事务局、市大数据发展局等按职责分工负责）。

四、"超级工程"彰显中国建造实力

一系列具有世界顶尖水准的工程项目成为"中国建造"的醒目标志，如代表着中国工程"速度"和"密度"的高铁工程，代表着中国工程"精度"和"跨度"的以港珠澳大桥为代表的中国桥梁工程，代表着中国工程"高度"的上海中心大厦等超高层建筑，代表着中国工程"深度"的洋山深水港码头，代表着中国工程"难度"的自主研发三代核电技术"华龙一号"全球首堆示范工程，以及创造了世界奇迹的雷神山、火神山医院建设……这些超级工程的接踵落地和建成，充分彰显了我国建筑业的设计和施工实力。

（一）交通工程四通八达

综合立体交通网络加快完善。 "八纵八横"高速铁路主通道、"71118"国家高速公路主线、世界级港口群、世界级机场群加快建设，建成了全球最大的高速铁路网、高速公路网、世界级港口群、航空海运通达全球，中国高铁、中国路、中国桥、中国港、中国快递成为靓丽的中国名片，综合交通运输网络的总里程超过600万公里，规模巨大、内畅外联的综合交通运输体系有力服务支撑了我国作为世界第二大经济体和世界第一大货物贸易国的运转。交通运输缩短了时空距离，加速了物资流通和人员流动，深刻改变了城乡面貌，有力促进了城乡一体化进程，不仅有力保障了国内国际循环畅通，也为世界经济发展作出了重要贡献。

综合交通服务能力大幅提高。 铁路、公路、水运、民航客货周转量、港口货物吞吐量、邮政快递业务量等主要指标连续多年位居世界前列，我国已成为世界上运输最繁忙的国家之一。2022年，全国铁路完成固定资产投资7109亿元，投产新线4100公里，其中高铁2082公里，圆满完成了年度铁路建设任务。铁路复线率为59.6%，电化率为73.8%。全国铁路路网密度161.1公里/万平方公里，比上年末增加4.4公里/万平方公里。截至2022年底，全国铁路营业里程达到15.5万公里，其中高铁4.2万公里；全国公路里程535.48万公里，比上年末增加7.41万公里。"人享其行、物畅其流"初步实现，交通运输成为人民群众获得感最强的领域之一。一个流动的中国正彰显出繁荣昌盛的活力。

交通基础设施服务支撑国家战略能力不断增强。 十年来，我国完成了"具备条件的乡镇和建制村通硬化路、通客车"的兜底性目标任务，实现了"小康路上不让任何一地因交通而掉队"的庄严承诺，有力服务打赢脱贫攻坚战和乡村振兴战略实施。京津冀、粤港澳大湾区、长三角等区域交通连片成网，促进区域协调发展水平不断提升。交通固定资产投资持续高位运行，2022年创下了全年完成投资3.9万亿元的历史新高，在服务稳定经济大盘、做好"六稳""六保"中发挥了重要作用。

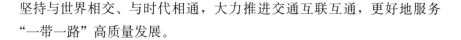

坚持与世界相交、与时代相通，大力推进交通互联互通，更好地服务"一带一路"高质量发展。

（二）桥梁建设创多项世界纪录

中国桥梁的"金字招牌"享誉世界。 截至2022年底，我国公路桥梁达103.3万座，总长约8576万公里，其中特大桥8816座，不论在长江、黄河等大江大河，还是泉州湾等海湾地区，一座座施工难度大、技术含量高、在世界桥梁建设中具有代表性的桥梁成为闪亮的"中国名片"。目前，世界跨径排名前十位的悬索桥中，中国占6座；排名前十位的斜拉桥中，中国占7座；大跨径拱桥中，重庆朝天门长江大桥以主跨552米排名第一。在21世纪的这20多年里，中国建桥的规模和速度可以称得上史无前例，目前，我国平均每年建造新桥达两万座。我国桥梁建设逐步从"中国制造"走向"中国创造"，一座座飞架南北的中国桥也成为桥梁建设史上一座又一座技术进步、造福民生的丰碑。

高铁桥梁建设助力交通强国。 我国是世界铁路运营里程最长、在建规模最大的国家。桥梁是铁路的重要构筑物，高铁桥梁比重占线路长度的50%左右。以20世纪90年代的京九铁路为例，当时桥梁里程在全线占比只有2%。到了2011年京沪高铁开通时，1300多公里的线路中一大半都是桥梁。截至2022年底，我国铁路桥梁数量约9.2万座，累计里程达3.1万公里。为满足高速铁路建设需要，我国在高铁桥梁的跨度、结构形式、新材料、施工工艺和装备等方面不断创新突破，高铁桥梁也从跨越障碍、满足列车通行的基本功能需求，到全面解决高速铁路桥梁动力性能、工后沉降及变形控制、行车安全性及舒适性等一系列难题，形成了具有我国自主知识产权的高铁桥梁建设技术体系。如今，铁路桥梁不仅能跨越河流、峡谷等自然环境障碍，还能通过高架方式支撑轨道结构，以便节约宝贵的土地资源。根据我国铁路新的中长期规划，到2030年我国铁路运营总里程将突破20万公里。未来，还将有更多更复杂的桥梁工程投入建设和运营，为交通强国建设发展贡献力量。

现代化桥梁为人民群众搭建幸福生活。随着桥梁技术的创新发展，中国桥与国家建设、社会进步、人民福祉紧密相连。一座座宏伟的大桥不仅飞跨江河湖海，并且在千山万壑、重峦叠嶂的山区为当地百姓搭建起幸福生活。如在贵州省黔南布依族苗族自治州平塘县通州镇平里河村，平里河桥、平里河大桥和平塘特大桥三座大桥的建成极大便利了村民的出行，还让许多村民有机会将自己家种植的西红柿、辣椒、四月桃等蔬果卖出大山，越来越多的百姓因桥而富。又如安全隐患大、运输效率低的"溜索"曾经是居住在大山深处群众的一种出行方式，近年来，"溜索改桥"工程实施后，云南、四川、贵州等7个省区的5168个村落告别溜索，迎来现代化桥梁，不仅便利了乡民通行，也为乡村旅游和特色农业发展创造了便利条件，超过165万人受益。

（三）水利水电工程造福人民

水资源配置格局实现全局性优化。十年来，我国建设南水北调中东线一期工程、引汉济渭、珠三角水资源配置等54处跨流域、跨区域引调水工程，一座座水利设施岿然屹立，构筑起跨越南北、互济东西的新水网，水资源统筹调配能力显著提升。南水北调东、中线一期工程自2014年全线通水以来，工程安全平稳运行，东线干线水质稳定达到地表水Ⅲ类标准，中线干线水质稳定在Ⅱ类标准及以上，累计调水总量已突破576亿立方米，其中东线调水52.88亿立方米、中线调水523.29亿立方米，惠及沿线7省份42座大中城市和280多个县，直接受益人口达到1.5亿人；工程累计向50多条（个）河流（河湖）生态补水92.33亿立方米，有效改善沿线河湖生态环境。南水北调中线后续工程引江补汉工程和滇中引水等重大引调水工程以及贵州夹岩、西藏拉洛等大型水库加快建设，"系统完备、安全可靠，集约高效、绿色智能，循环通畅、调控有序"的国家水网正在形成，全国水利工程供水能力从2012年的7000亿立方米提高到2022年的8998亿立方米。

水旱灾害防御能力实现整体性跃升。十年来，我国实施了长江流域重要蓄滞洪区建设、黄河下游防洪治理、西江大藤峡水利枢纽建设等一批流域防洪骨干工程，还开展了大规模中小河流治理、病险水库除险加固等工程建设,在保障人民群众生命财产和重大基础设施安全方面发挥了重要作用。工程方面,大江大河基本形成由河道及堤防、水库、蓄滞洪区等组成的流域防洪工程体系,通过综合采取"拦、分、蓄、滞、排"措施,基本具备防御以往实际发生的最大洪水能力。非工程措施方面,监测预报预警能力显著提升,全国各类水情站点由2012年的7万多处增加到2022年的12万处,收齐全国站点信息由30分钟缩短到15分钟,南、北方主要河流洪水预报精准度分别提升到90%和70%以上,在有防治任务的2076个县建设了山洪灾害监测预警平台。通过综合运用工程和非工程措施,我国战胜多次大洪水和严重干旱,水旱灾害防御能力实现整体性跃升。

农村饮水安全问题得到历史性解决。党的十八大以来,我国建立了完备的供水工程体系,到2022年底,全国共建成农村供水工程678万处,可服务人口达8.7亿人,妥善解决了975万农村人口饮水型氟超标和120万农村人口苦咸水问题,城乡供水差距不断缩小。建设和配套改造了一批渠系及配套建筑物、灌排泵站、渡槽、排水沟等一系列骨干工程,仅骨干渠道的长度总计近40万公里,相当于绕地球10圈,灌区内农田实现了旱能灌、涝能排。十年间,累计完成农村供水工程投资4667亿元,解决了2.8亿农村居民的饮水安全问题,巩固提升了3.4亿农村人口的供水保障水平,农村自来水普及率达87%,困扰亿万农民祖祖辈辈的吃水难问题历史性地得到解决。

(四)重大场馆匠心独具

场馆建设进入高质量发展新时期。过去的十年,会展场馆经历了建设的高峰,经历了理念的变革,同时也经历了前所未有的困境,在探索与突破中,场馆已逐步摸索出一条创新运营之路。根据《中国展览数据统计报告》历年数据统计,2013—2017年场馆数量与面积呈稳步上升趋势,这两项数据在2018年出现下降,2018—2020年再次回归增长,2021年再次下降,整体变化幅度趋缓。从总体数据看,在市场竞争日趋激烈等多因素影响下,会展场馆的投资更趋理性化。2021年全国展览场馆291座,正在建设的展馆有25座,已经立项待建展馆有6座。

在建以及立项的场馆项目大多为规模较大的综合性会展场馆，如武汉天河国际会展中心使用面积超过45万平方米，天津国家会展中心使用面积超过40万平方米，杭州大会展中心及厦门翔安新会展中心使用面积超过30万平方米，由此可见大型会展综合体的建设已成为新趋势。

冬奥会赛事场馆充分展现科技潜力。习近平总书记强调，场馆建设是办好北京冬奥会、冬残奥会的重中之重，要坚持奥运标准，倒排工期，有序推进场馆新建、改造和重大配套基础设施建设，确保按期保质完工并投入使用。要突出科技、智慧、绿色、节俭特色，注重运用先进科技手段，严格落实节能环保要求，保护生态环境和文物古迹，展示中国风格。从"冰丝带"到"冰立方""雪飞天""雪如意"，从智能建造技术到绿色低碳技术，从满足赛事需要到赛后循环利用，2022年北京冬奥场馆建设处处体现出科技奥运、绿色奥运的理念。如通过创新应用智慧场馆、转换场地、可拆装制冰系统和可转换环境等技术，实现了"水立方""冰立方"分别作为夏季和冬季场景的自由转换。"冰立方"也因此成为历史上第一个水上项目和冰上项目均可运行的"双奥"场馆（专栏3-4）。从向国外标准看齐到引领国际标准，让世界见证了"中国建造"的科技力量，展示了建筑业工业化、数字化和绿色化转型的广阔前景。

专栏3-4：求是网《高品质场馆助力精彩冬奥》（摘要）

• 科技赋能让场馆华丽变身

2008年，国家游泳中心"水立方"作为北京奥运会的标志性场馆，承担了游泳、跳水等水上比赛项目。2022年，这里成为北京冬奥会、冬残奥会冰壶和轮椅冰壶的比赛场馆。这是冬奥会历史上体量最大的冰壶场馆、世界唯一水上项目和冰上项目均可运行的"双奥"场馆，也是世界首个在泳池上架设冰壶赛道的奥运场馆。

从"水立方"到"冰立方"，关键是要解决"水冰转换"难题。转换过程需经多道工序，主要是把泳池中的水抽干，在底部搭建可转换结构，安装可拆装制冰系统，将水面冰化，铺设国际标准的冰壶赛道。其中，搭建转换结构是首要难题，也是世界级难题。转换结构必须轻便,能够快拆快装,同时还要保证强度。攻关团队不分昼夜,选择不同的结构体系,测试产生的变形程度,累计进行了35次试验,最终从5种组合材料中选择了钢结构加轻质混凝土预制板结构体系。每平方米加载1吨,转换结构仅产生1.5毫米变形,远低于控制标准,有效确保冰面平整度。通过建筑信息模型(BIM)技术模拟和优化构件排布,为2600根薄壁钢和1570块轻质混凝土预制板编辑数字身份,从而实现每个构件的精准复位,以便在下次转换过程中快速组装搭建。

如何保证比赛用冰不融化、观赛群众不寒冷,涉及场馆改造的另一大难点——温湿度分区控制。攻关团队坚持创新集成,应用冰场环境调控技术成果,对制冰系统、除湿系统和空调系统进行集成,实时监测场馆环境变化、进行智能调控,实现了在任何热负荷条件下,赛道冰面温度达到负8.5℃,冰面以上1.5米处温度保持10℃、相对湿度不超过30%,看台温度达到16~18℃。这项成果的运用,既满足了比赛需要,又营造了舒适的观赛环境。经鉴定,国家游泳中心夏/冬"双奥"竞赛场馆改造施工关键技术达到国际领先水平。

科技点"水"成"冰","水立方"华丽变身"冰立方"。世界冰壶联合会主席凯特·凯斯尼斯称赞:"国家游泳中心是我经历过的历届冬奥会中最棒的冰壶场馆"。国际奥委会主席巴赫表示:"科技的潜力令人惊叹,北京冬奥会在奥运会历史上第一次真正挖掘了这种潜力"。

这样的科技创新,贯穿各个场馆的建设和改造。为保障张家口赛区"三场一村"智慧运营而研发的全方位智能管理系统,给赛区装上了"智慧大脑";在国家体育场"鸟巢"翻新改造中,全方位实施科技提升,实现了"技术美颜";在国家体育馆改造中,把科学技术手段与缜密施工方案相结合,实现8小时"冰篮转换"(冰球、篮球场地转换)的同时,保证冰面满足双重国际标准……攻克一道道建造技术难题,推动数字技术与传统产业深度融合,冬奥场馆建设从看齐标准到树立标准,让世界见证中国建造的科技力量。

- 绿色场馆折射美丽中国底色

习近平总书记指出,绿色办奥,就要坚持生态优先、资源节约、环境友好,为冬奥会打下美丽中国底色。绿色低碳对建筑业来说是一场深层次变革,也是一场必须进行的变革。中国建筑集团有限公司坚决贯彻习近平生态文明思想,坚决担负起生态保护、绿色发展的责任,结合每个项目的特点,差异化定制绿色建造、生态环保方案,把绿水青山作为"双奥之城"最亮丽的底色,把冬奥项目作为贯彻新发展理念、建设美丽中国最生动的实践。延庆冬奥村,坐落于北京市延庆区小海陀山脚下。远远望去,代表中国传统建筑特点的坡形"大屋顶"和高挑的出檐掩映在山林之间。高空俯瞰,冬奥村的平面又与北京传统的四合院民居相契合。入驻其中的运动员称赞,延庆冬奥村不仅"颜值高",而且"气质美",具有独一无二的中国传统村落居住体验。

按照习近平总书记提出的"把发展体育事业同促进生态文明建设结合起来,让体育设施同自然景观和谐相融,确保人们既能尽享冰雪运动的无穷魅力,又能尽览大自然的生态之美",延庆冬奥村的建设始终坚持与自然环境有机融合,共美其美。

为最大限度与山林环境融为一体,项目设计依山体地形错落布局,采用山地村落的分散式、半开放院落格局,具有鲜明的中国传统山水村落建筑特色。为保护地面原始植被,建设过程中避开了森林带,运用砌筑土台等方式保护了300余棵原生古树,避免树木根系受损,让山地生态得到全面保护。项目团队还量体打造下凹式绿地、渗透沟和雨水调蓄池,对全部雨水和生活污水进行处理净化,实现回收再利用,建设了一座"海绵型山村"。为保护古村落遗址,修缮时注重建筑材料就地取材、翻新利用,将其改造成为一座别致的景观公园,成为冬奥村里独具特色的文旅景观。为减少施工对周边松鼠、蜥蜴、野兔等小动物的影响,建设人员为小鸟制作了"新家",为松鼠、野兔建造了"新居",让建筑与环境相得益彰,人与自然和谐共生。

延庆冬奥村建筑主体采用超低能耗施工技术,能够使室内温度保持在20~26℃,相对湿度维持在30%~60%,让冬奥村舒适宜人、温暖如春。这其中少不了"墙体羽绒服"的功劳。考虑到冬奥会的时节气候,延庆冬奥村建设采取了加厚保温层的技术措施,总厚度达到250毫米以上,好比在冬天给建筑穿了厚厚的羽绒服,不仅提高保温效能还能降低室内能耗。

超低能耗建筑设计在五棵松冰上运动中心也被广泛应用。通过采用优化工艺设计的被动式建筑幕墙、国内首个二氧化碳直冷跨临界制冰系统、溶液除湿系统三大技术,大大降低场馆能耗,每年可节约300万度电,相当于节约标准煤800吨,减少二氧化碳排放约1400吨。

生态保护与场馆建设统筹谋划、一体推进,冬奥会和冬残奥会所有新建场馆均取得三星绿色建筑设计标识。绿色、低碳、可持续发展的中国建筑,生动诠释了"绿水青山就是金山银山""冰天雪地也是金山银山"的理念,让世界看到中国坚定不移走以生态优先、绿色发展为导向的高质量发展新路子的坚定决心。国际奥委会北京2022年冬奥会协调委员会主席萨马兰奇高度评价"绿色办奥"理念,称北京冬奥会为"最绿色"的奥运会。

- 匠心建筑传承历史文脉

习近平总书记强调,北京冬奥会、冬残奥会场馆改造建设融入了很多中国元素,体现了我们的文化自信。北京冬奥会、冬残奥会竞赛场馆中,有11个是在2008年奥运场馆基础上改造而来,部分场馆具有较长的历史,改造过程中既要保留原有风貌,又要满足冬奥赛事需求。中国建筑集团有限公司怀着对历史文化的深厚感情,正确处理项目改造和历史文化遗产保护利用的关系,以匠心打造精品,用建筑致敬历史,努力使冬奥工程成为展示中国历史文化独特魅力的重要窗口。

首都体育馆始建于1968年,是北京市十大历史风貌建筑。从"乒乓外交"到举行2008年北京奥运会排球比赛,这座"60后"

场馆承载了中国体育无数令人难忘的历史记忆。为最大程度保持好场馆原有样貌、维护好其历史文化价值，项目改造坚持保护优先，制定详细的成品保护方案，保证了所有具有历史价值的物品完好无损。

首都体育馆前的石阶，每一块都是重大历史事件的见证。在改造过程中，充分考虑台阶与周围环境、景观、建筑的呼应关系，在保留原有结构和材料的基础上，进行细致的清理和补胶等修缮工作，重现了"老北京"的记忆。典雅的米色墙面，也是首都体育馆的标志性风格，改造中进行10余次比选试验，采用最接近的仿石涂料重新喷涂外立面，完美呈现首都体育馆庄严大气的建筑风采。项目团队充分运用数字化技术等新手段，利用3D扫描还原出建筑模型，多次开展现场实测，比对海量数据，进行了上百次纠偏校核，实现模型与施工现场完全契合，大大提升了改造与保护的效率和质量。

工业遗产是人类历史文化遗产的重要组成部分。首钢曾是中国最早的钢铁企业之一，2003年从北京城西石景山区整体迁出。废弃的工业园区里，老厂房、烟囱、冷却塔等，被尽可能完整地保留了下来。随着系列冬奥工程落户首钢园，沉寂许久的百年厂区开启了焕新蝶变之旅。项目团队秉承"新旧织补"的工业遗存改造理念，坚持"忠实保留"和"谨慎加建"两项原则，保留区域特有的文化特色和建筑风格，深耕园区5年，完成北京冬奥组委首钢办公区、国家体育总局冬季训练中心和冬奥会官方接待酒店等13项改造工程，助力百年园区涅槃重生。

如今的首钢园，工业遗存与奥运元素有机融合，尽显激情与活力，成为网红"打卡"地，国际奥委会主席巴赫也是这里的"粉丝"。有恐高症的巴赫克服痛苦毅然爬上首钢三号高炉，俯瞰园区感叹道："谈到可持续发展，你只需要在这里看看"。

一个个老馆旧址的保护和改造，在最大限度保留原有建筑风格、留住历史文化根脉的同时，使比赛场馆能够反复利用、综合利用、持久利用，既体现了中国节俭办奥的理念，又展现了深沉的文化自信，形成了历史风貌与冬奥元素的完美融合，中国文化与奥运精神的交相辉映。

五、基础建设成就惠及民生

党的十八大以来，建筑业紧紧抓住国家基础设施"补短板"、推进新型城镇化建设及美丽宜居乡村建设新机遇，在促进城乡区域协调发展、改善民生方面发挥了积极作用，发展成就惠及千家万户，建筑业与"优势产业""富民产业"实实在在画上了等号。

（一）基础设施更加完善

建成一大批世界级的能源基础设施项目。 围绕保障能源安全，我国加快推进能源安全新战略，着力构建清洁低碳、安全高效的能源体系，能源供应保障能力大幅提升。2022年底，全国发电总装机容量达到25.6亿千瓦，同比增长7.8%；全国电网220千伏及以上输电线路回路长度88万千米，比上年增长2.6%，公用变电设备容量51亿千伏安，比上年增长3.4%；全国油气管道里程达到15.5万公里，比2012年增长了近1倍，能源跨省跨区输送通道建设不断加强。在确保能源安全可靠供应的前提下，我国持续推进能源结构清洁化、低碳化转型。如今，我国可再生能源发电装机规模突破10亿千瓦，绿色电力装机总量稳居世界第一，电力装机增量超过一半来自风电和光伏。

数字网络基础设施抢占未来发展制高点。 伴随着网络强国、宽带中国、"互联网+"行动，这十年，我国信息通信业实现迭代跨越，建成全球规模最大、技术领先的网络基础设施。其中，光纤网络接入带宽实现从十兆到百兆再到千兆的指数级增长，移动网络实现从"3G突破"到"4G同步"再到"5G引领"的跨越。2012年全国移动电话基站数刚刚突破200万个，到2022年末，这一数字已突破了1000万，达到了1083万个；全国光缆线路长度5958万公里，比2013年增长3.41倍。目前，我国4G基站规模占全球总量的一半以上，累计建成开通5G基站达到 231 万个，5G 网络已覆盖全国地级以上城市及重点县市。全民共享发展成果，布局合理、设施配套、功能完备、安全高效的现代化基础设施体系不断完善。

（二）居民住房更加宜居

建筑业住房建设能力明显提升，人均居住面积持续增加。 2022 年，全国建筑业企业房屋施工面积 156.45 亿平方米，比 2013 年增长 38.2%。全国住宅建设规模跃上历史新台阶，城镇居民人均住房建筑面积由 2012 年的 32.9 平方米，增加至 2022 年的 39.8 平方米。棚户区、城中村和危房改造稳步实施，城市更新有序推进。2019 年至 2022 年，全国累计新开工改造城镇老旧小区 16.7 万个，惠及居民 2900 多万户，完成投资 6600 多亿元。各地在改造过程中，共改造提升水电气热等各类老旧管线超 20 万公里，加装电梯 7 万部，增设和提升停车位 240 万个，增设养老托育等各类社区服务设施超 4 万个。城市更新改造在改善居民住房条件的同时，也优化了城市功能，提升了城镇综合承载能力，让更多人住有所居、安居宜居。

世界上最大的住房保障体系正在构建。 这十年，是我国历史上保障性安居工程建设规模最大、投资最多的十年，亿万百姓喜圆安居梦想。住房供应规模持续增加，商品住宅销售面积累计达 132.34 亿平方米，是上一个十年的 2.2 倍，多主体供给、多渠道保障、租购并举的住房制度正在加快建立。住房保障体系建设是满足群众基本住房需求、实现全体人民住有所居的重要任务，努力为百姓安居托底。住房保障体系不断完善，保障性住房建设稳步推进，棚户区改造大力实施，住房公积金惠及群体逐步扩大，住房保障能力持续增强。十年来，累计完成投资 14.8 万亿元，建设各类保障性住房和棚户区改造安置住房 5900 多万套，低保、低收入住房困难家庭基本实现应保尽保，1.4 亿多群众喜圆安居梦。在最近的 2021 年、2022 年，全国已经建设筹集 330 万套（间）保障性租赁住房，大约可解决近 1000 万新市民、青年人的住房困难。

城市人居环境大幅改善。 十年来，我国城市功能不断完善，城市治理水平明显提高。2022年，我国常住人口城镇化率达到65.22%，全国城市建成区面积6.37万平方公里，供水普及率99.39%，城市燃气普及率98.06%，管道燃气普及率81.54%，集中供热面积111.25亿平方米，城市建成区绿地率39.29%，人均公园绿地面积15.29平方米。城市人居环境大幅改善，我国持续开展城市生态修复和功能修补，全面实施城镇老旧小区改造，深入推进生活垃圾分类、城市园林绿化，基本消除了地级以上城市建成区的黑臭水体。297个地级以上城市实行垃圾分类，居民小区平均覆盖率达到82.5%，福建、河北、山东等20个省、自治区，上海、广州等173个城市，出台了地方性法规、政府规章。随着垃圾分类工作的全面推进，目前实行垃圾分类的城市垃圾日处理能力达到53万吨，焚烧处理能力占比77.6%，城市垃圾资源化利用水平实现较大提升。我国城市发展方式加快转变、发展质量显著提高，城市更健康、更安全、更宜居。

（三）乡村建设深入推进

乡村建设力度空前、乡村面貌发生巨变，广大农民拥有了更多获得感、幸福感、安全感。 十年来，全国深入落实脱贫攻坚、全面推进乡村振兴的任务要求，大力实施农村危房改造，推进乡村建设行动，整治农村人居环境，努力建设美丽宜居乡村。自2016年起，全国农村地区建档立卡贫困户危房改造600多万户，2341.6万户建档立卡贫困户实现住房安全有保障，历史性解决了农村贫困群众的住房安全问题，提前全面完成脱贫攻坚农村危房改造任务。累计建设5万个以上具有地方特色的美丽乡村，6819个具有重要保护价值的村落列入中国传统村落名录，保护文物古迹、历史建筑、传统民居、寺庙祠堂等传统建筑52万栋，形成了世界上规模最大、内容和价值最丰富的农耕文明遗产保护群。

建筑业通过改善乡村居住水平、基础设施和生态环境，推动实现城乡人民共享发展成果。 农村基础设施覆盖更广，2022年，山西省全年新改建较大人口规模（30户及以上）自然村通硬化路1292公里，新建农村供水保障工程1026处，完成清洁取暖改造44.8万户。自党中央部署农村人居环境整治行动，推进农村"厕所革命"以来，农村生活设施不断完善，2022年新改厕34.4万户，全国农村卫生厕所普及率超过73%；新建污水处理设施633个，农村生活污水治理率达到31%左右。农村生活垃圾治理取得突破性进展，生活垃圾收运处置体系覆盖自然村比例达93.4%，基本完成2.4万个非正规垃圾堆放点整治任务，近10亿立方米各类陈年垃圾得到妥善处置。同时，农村信息基础设施建设也取得新进展，行政村通光纤、通4G比例超过99%，村村通宽带全面实现，宽带网络平均下载速率提高近40倍，农村地区互联网普及率也提升至57.6%。绝大多数村庄实现干净整洁有序，一系列民生基础设施工程改变了每个人的生活。

（四）社会公共服务设施更加健全

基本公共服务设施和服务供给量质齐升。 基本公共服务是民生保障的基础。十年来，我国促进社会公共服务设施加快普及，基本公共服务均等化水平稳步提高。截至2022年底，全国建成普通高等学校3013所，其中，普通本科学校1239所（含独立学院164所），比上年增加1所；本科层次职业学校32所；高职（专科）学校1489所，比上年增加3所；成人高等学校253所，比上年减少3所。另有培养研究生的科研机构234所。全国共有县级（含县级市）医院17555所，乡镇卫生院3.4万个，村卫生室58.8万个，实现了县乡村全覆盖。目前，居民县域内的就诊率超过90%，乡村两级诊疗量县域内占比长期保持2/3以上。

覆盖城乡的现代公共文化服务体系逐步完善。 近十年来，我国覆盖城乡的公共文化服务设施网络不断扩大和完善。文化馆、图书馆、博物馆、美术馆等公共文化场馆分布趋于均衡，基层综合性文化服务中心人气高涨，人们在家门口就能享受到高品质的文化生活。截至2022年底，全国共有公共图书馆3303个、文化馆3503个、博物馆6565个、群众文化机构45623个、村级综合性文化服务中心57万个，且全部免费开放。截至2022年6月，全国分别有2674个县（市、区）建成文化馆总分馆制、2642个县（市、区）建成图书馆总分馆制，在全国县（市、区）一级占比分别达94%和93%。各地"城市书房""文化驿站"等有特色的新型公共文化空间如雨后春笋般涌现，以迅猛的发展速度分布于人们身边，让百姓够得着、用得上，充分体现了公共文化服务的实效性。

六、建筑业"走出去"步伐加快

党的十八大以来，我国建筑业坚持统一开放的发展原则，以"一带一路"倡议为引领，国际竞争力显著增强，"走出去"步伐加快。建筑业企业积极拓展海外业务，深度参与"一带一路"国家和地区重大项目的规划和建设，"中国建造"品牌在国际上稳扎稳打、逐步生根。

（一）对外承包工程保持增长

对外承包工程完成营业额、新签合同额总体保持持续增长态势。2022年，我国对外承包工程业务完成营业额已达到1549.9亿美元，较2013年增长13%，新签合同额达到2530.7亿美元，较2013年增长47%。建筑业作为"一带一路"建设"排头兵"的称号名副其实，"中国建造"品牌影响力持续提升。我国对外工程承包遍布全球190余个国家和地区。从"一带一路"建设看，我国已同170多个国家和国际组织签署共建"一带一路"合作协议，开展了超过2000个合作项目，经过多年合作开发建设，已基本形成"六廊六路多国多港"互联互通架构。

建筑业企业国际竞争力显著增强。"一带一路"建设给建筑业"走出去"创造了重要机遇。近年来，国内建筑业企业积极适应国际标准，探索创新经营模式，通过多方、多层次的合作，提升了海外运营的综合竞争力。2022年度"全球最大250家国际承包商"榜单中，中国占据了79家，较2013年增加17家，国际营业额占比达28.4%，上榜企业数量和营业额占比自2014年开始蝉联全球第一，充分体现了中国企业在全球建筑业的领军地位。建筑业"走出去"建设的一批重大项目，已成为"一带一路"标志性工程，不仅帮助当地完善了基础设施，提供了大量就业机会，培养了专业技术人才，助力当地经济社会发展，也推动了先进的中国技术、装备、施工管理等"走出去"，树立了中国企业的良好形象。

（二）积极拓展业务领域

业务领域由单一劳务输出拓展到多元化发展。 经过近十年的发展，我国建筑业"走出去"已从最初单一的劳务输出转向工程总承包、投资建设运营一体化等多元化模式。对外承包工程的规模不断增大、技术含量逐渐增加，地域范围从中东、非洲、东南亚等地区为主发展到全世界190多个国家和地区，为当地社会经济发展作出了积极贡献，联通了民心。2013年以来，我国对外承包工程积极拓展业务领域，由偏重工程总承包和土建施工向项目融资、设计咨询、运营维护、后期管理等高附加值领域拓展，在交通、建筑、电力等领域形成了竞争优势，涉及的专业领域已经扩展到矿产资源开发、房地产开发、工业设施建设、垃圾及污水处理、建筑材料生产等领域。其中，交通、电力和一般建筑工程是建筑业"走出去"的重要业务领域，工业建设、制造加工设施建设、废水（物）处理等业务发展较快。公共卫生行业发展带来新需求，医疗设施和抗疫合作加快推进，国内企业在玻利维亚、柬埔寨、马来西亚等国家签约了一批医院等医疗设施建设项目。

业务范围由亚非拓展到全球主要国家。 我国对外承包工程在巩固亚洲和非洲传统市场的同时，不断加大对新市场的开发力度，在欧洲、拉丁美洲，北美洲、大洋洲的业务均取得了一定突破。2022年，国内企业在亚洲市场新签合同额1232.1亿美元，同比增长0.4%，其中印度尼西亚、菲律宾、马来西亚、越南、新加坡等位居国内企业境外新签合同额前列。非洲市场新签合同额超过732亿美元，交通运输建设、电力工程、工业建设、石油化工、通信工程、废水（物）处理领域实现稳定增长，中非基础设施合作的传统优势继续巩固，同时正在从传统工程施工向投资建设运营一体化转变。如国内企业在塞内加尔、尼日利亚等市场中标了项目运营合同，参股了港口运营等项目。中东欧市场连续六年实现增长，在中东欧市场的新签合同额连续多年实现增长，业务领域更加多元，涵盖废水（物）处理、铁路、公路、水电站、风电、光伏、房建等业务。在拉美市场，国内企业通过投资拉动、第三方市场合作等方式积极开拓，投资建设了多个交通项目。

由基础设施"硬联通"延伸到标准规则"软联通"。 2013年以来，工程建设标准国际化能力和水平有了较大提升，在牵头制定国际标准、承担国际标准组织技术机构领导职务等方面取得突破，落地了一大批采用中国标准的海外项目，有力地提升了国内建筑业企业的国际竞争力，分享了中国技术和中国方案，展现了我国建筑业核心竞争力和综合实力。标准国际化有力推动了技术、产品、服务"走出去"。2022年，国际铁路联盟（UIC）发布实施由我国主持制定的UIC标准《高速铁路设计 基础设施》IRS 60680：2021，不仅为世界高速铁路建设运营贡献了中国智慧和中国方案，也带动了我国"走出去"项目中相关技术产品的应用。如中国铁建承建智利圣地亚哥地铁7号线项目1标段，是中国企业首个在南美洲采用盾构施工的地铁项目，将带动中国装备走进南美洲地铁市场；埃塞俄比亚轻轨一期工程全部采用中国工程技术标准和成套机电设备，是中国铁路技术标准和服务"走出去"的代表项目，项目勘察设计、施工及设备采购主要采用中国标准，占总标准数量的47%，用于该项目的设备、材料约有90%从中国进口，信号系统及钢轨采用中国标准进行认证。

（三）海外工程擦亮"中国建造"名片

标志性项目打造"中国建造"响亮品牌。 2022年5月，由我国承建的埃及新行政首都中央商务区项目最后一座高层建筑封顶，标志着该项目主体结构施工全部完成，全面进入装修和机电安装阶段。项目建成后将带动埃及苏伊士运河经济带和红海经济带的开发。其中，位于埃及新行政首都中心城区西部的标志塔，高385.8米，被誉为"非洲第一高楼"，该项目还包含一栋高196米的非洲住宅第一高楼。在建造过程中，中国建筑创下多个在埃及的施工纪录，将全自动、智能化技术融入施工细节，路灯路牌采用自动化控制，生活垃圾实现自动化处理，安防、火灾报警、楼宇控制系统实现统一智能管理。又如，津巴布韦议会大厦项目，该项目位于首都哈拉雷西北部，总建筑面积约3万平方米。作为落实"一带一路"倡议、提升中津两国关系的标志性工程，津巴布韦议会大厦项目自2018年9月开工建设以来受到高度关注。经过220多名中方人员和 800 名当地员工的共同努力,该项目历时三年顺利建成。

民生工程造福当地万千百姓。马尔代夫社会住房项目共 16 栋楼,是马尔代夫最高、最集中的高层住宅楼群,总建筑面积 46.8 万平方米。2017 年 12 月动工,2020 年 3 月完工,为首都及周边近 3 万人改善了居住环境,极大缓解了马尔代夫的住房压力。同时,该项目创造了马尔代夫建筑史上多个"首次":实现三天一层楼的建设速度,基坑开挖最深、采用铝模施工工艺、使用全钢轻型提升脚手架,大批量采用海沙自制砖等(专栏 3-5)。又如科威特穆特拉住房基础设施建设项目,该项目是中国"一带一路"倡议和科威特"2035 国家愿景"对接的重点民生工程之一,将解决科威特约 40 万居民的住房问题。2022 年 7 月,中国能建葛洲坝集团向科方移交雨水收集系统工程,标志着该工程项目移交完成。除房建项目外,其他项目也为当地居民带来了极大便利。如中国铁建承建的安哥拉卡宾达省供水项目,采用中国标准建设,日供水能力达 5 万立方米,将惠及当地 60 万居民。

专栏 3-5:《点亮马尔代夫百姓的"安居梦"》(摘要)

当人们说起马尔代夫,总会自然而然地想到度假胜地,但对于马尔代夫首都马累地区的人们来说,情况却并非如此。马尔代夫全国人口 37.9 万人,首都马累面积仅 1.96 平方公里,却居住了 23.4 万居民,堪称世界上最拥挤的首都,"住房难"一度成为马尔代夫政府亟待解决的民生问题。

为满足首都马累和周边地区现有及未来的住房、工业和商业发展需求,马尔代夫政府要求建设一批社会住房项目,7000 套社会住房项目由此而来。该项目由中国建筑承建,是"一带一路"倡议以来中国企业在马尔代夫承接最大的房建工程,旨在为马尔代夫人口密集的首都马累和附近地区近 3.5 万居民创造更好的生活条件,对促进马尔代夫经济建设、加快"一带一路"发展有着重要历史意义。

- 攻坚克难 建设马尔代夫最大保障房

马尔代夫 7000 套社会住房项目位于胡鲁马累二期岛,总建筑面积46.8万平方米,是马尔代夫迄今为止最大的社会保障房项目,也是马尔代夫国内单体工程用人最多的项目。

由于马尔代夫地处热带,劳动力、建筑资源匮乏,项目建设面临着高温天气、资源短缺等挑战。为克服这些挑战,项目团队采取中国工长"带班制",工长主抓质量关,尤其是一些重要技术岗,由经验丰富的中国师傅担任且作业,确保了项目经济、安全、高效、保质地进行;积极协调国内供应商、船公司和项目现场,并搭建临时码头,确保物资在第一时间运送至施工现场并投入使用;克服高温、高盐、高湿、高紫外线的气候环境,有序高效组织项目现场施工生产,最终提前完工并交付业主。

- 品质履约　创造马尔代夫七个"首个"

为建设好马尔代夫全国瞩目的首个大型房建工程,项目团队始终坚持高标准施工,工程主体结构、装饰装修、水电安装等严格按照施工图纸及合同规范施工,全部施工过程都得到当地质检机构的认可。由于突出的建设品质,项目荣获2020—2021年度中国建设工程鲁班奖(境外工程)。

为满足马尔代夫作为旅游国家对环保的要求,项目团队在节能环保方面下足了功夫,工程材料、设备等均选用中国及国际一流产品,并采用了海砂制砖、海水淡化、免抹灰等环保措施,满足了当地的环境监测标准。团队精心编制质量策划、施工组织设计、作业指导书等质量保证措施,推行技术先行、样板引路的原则,狠抓原材料和隐蔽工程验收、工序过程质量控制、现场取样检测、实测实量,保证分部工程一次验收合格,质量工作做真做实,有效支撑项目高质量履约。

项目团队应用了《建筑业10项新技术》中的七大项20子项,研发珊瑚礁地质下CFG桩桩后注浆施工技术、建筑工程内墙装修免抹灰系统施工技术等多项前沿性施工技术,切实做到了科技与工程项目相结合,有力提升了项目履约支撑保障能力,创造了马尔代夫国家建筑史上七个"首个":首个应用CFG桩+后注浆技术复合地基基础的项目；首次实现三天一层楼的建设速度；首个采用铝模施工工艺的项目；首个同时采用全钢轻型提升脚手架、半钢提升脚手架的项目；首个推行平面布置标准化的项目；首个大批量采用海沙自制砖的项目；首个成规模大面积基坑开挖项目。

- 建证幸福　助力实现百姓安居梦

马尔代夫7000套社会住房项目不仅缓解了首都马累的居住压力，还为马尔代夫百姓提供了更好的生活居住与生活休闲环境，带动周边地区商业、文旅、经济等蓬勃发展，帮助马尔代夫民众通向梦想的幸福社区。目前，该项目的入住率达到了100%。

第四章　以工业化、数字化、绿色化为方向推动建筑产业转型升级

建筑业在工业化、数字化、绿色化转型之路上持续迈进。2022年，各住房和城乡建设主管部门以人民满意为目标，以科技创新为引领，以深化改革为动力，以文化自信为根基，以人才建设为支撑，不断发展智能建造、装配式建筑等新型建造方式，持续推广绿色、节能建筑，深化"放管服"改革，完善建筑市场监管体系，强化工程质量安全保障，提升工程建设标准化水平，加强建筑规划设计管理，加快推进建筑业转型升级和高质量发展。

一、发展新型建造方式

积极推进智能建造，选定24个智能建造试点城市，试点城市有序推进智能建造；大力发展装配式建筑，开展第三批装配式建筑生产基地申报认定，推广装配式建筑生产基地经验；完善工程建设组织模式，大力推行工程总承包，推进建筑师负责制试点与项目落地。

（一）积极推进智能建造

明确"十四五"期间发展智能建造的重点任务。 2022年1月19日，住房和城乡建设部发布《住房和城乡建设部关于印发"十四五"建筑业发展规划的通知》（建市〔2022〕11号），明确了"十四五"期间发展智能建造的目标和主要任务。重点是完善智能建造政策和产业体系，主要包括实施智能建造试点示范创建行动，发展一批试点城市，建设一批示范项目，总结推广可复制政策机制；加强基础共性和关键核心技术研发，构建先进适用的智能建造标准体系；发布智能建造新技术新产品创新服务典型案例，编制智能建造白皮书，推广数字设计、智能生产和智能施工；培育智能建造产业基地，加快人才队伍建设，形成涵盖

科研、设计、生产加工、施工装配、运营等全产业链融合一体的智能建造产业体系。

选定 24 个智能建造试点城市。 为深入贯彻党的二十大精神，着力推动建筑业高质量发展，积极融入和服务新发展格局，2022 年 10 月，住房和城乡建设部选定北京市等 24 个城市开展智能建造试点，积极探索建筑业转型发展的新路径（表 4-1）。试点预期目标主要包括三个方面：一是加快推进科技创新，提升建筑业发展质量和效益。重点围绕数字设计、智能生产、智能施工、建筑产业互联网、建筑机器人、智慧监管六大方面，挖掘一批典型应用场景，加强对工程项目质量、安全、进度、成本等全要素数字化管控，形成高效益、高质量、低消耗、低排放的新型建造方式。二是打造智能建造产业集群，培育新产业新业态新模式。广州、深圳、苏州等城市在试点方案中明确提出，推动建设一批智能建造产业基地，加快建筑业与先进制造技术、新一代信息技术融合发展，提高科技成果转化和产业化水平，带动自主创新软件、人工智能、物联网、大数据、高端装备制造等新兴产业发展，为稳增长扩内需、壮大地方经济发展新动能提供重要支撑。三是培育具有关键核心技术和系统解决方案能力的骨干建筑业企业，增强建筑业企业国际竞争力。加强企业主导的产学研深度融合，推动实施一批具有战略性、全局性、前瞻性的智能建造重大科技攻关项目，巩固提升行业领先技术，加快建设世界一流建筑企业，积极支持专精特新企业发展，通过科技赋能打造"中国建造"升级版，形成国际竞争新优势。试点坚持"统筹谋划、因地制宜"的工作原则，安排了完善政策体系、培育智能建造产业、建设试点示范工程和创新管理机制四项必选任务，还提供了打造部品部件智能工厂、推动技术研发和成果转化、完善标准体系和培育专业人才四项任务供地方结合实际自主选择，同时试点城市还可根据试点目标提出新的任务方向。下一步，住房和城乡建设部将加强组织领导，完善统筹协调机制，指导各试点城市出台产业支持政策，搭建产学研合作平台，高标准落实各项试点目标任务，力争形成可感知、可量化、可评价的工作成效，为全面推进建筑业向新型工业化、数字化、绿色化转型，推动高质量发展发挥示范引领作用。

24 个智能建造试点城市名单　　　　表 4-1

序号	城市	序号	城市
1	北京市	13	安徽省合肥市
2	天津市	14	福建省厦门市
3	重庆市	15	山东省青岛市
4	河北雄安新区	16	河南省郑州市
5	河北省保定市	17	湖北省武汉市
6	辽宁省沈阳市	18	湖南省长沙市
7	黑龙江省哈尔滨市	19	广东省广州市
8	江苏省南京市	20	广东省深圳市
9	江苏省苏州市	21	广东省佛山市
10	浙江省温州市	22	四川省成都市
11	浙江省嘉兴市	23	陕西省西安市
12	浙江省台州市	24	新疆维吾尔自治区乌鲁木齐市

组织开展智能建造试点项目现场观摩。2022 年 12 月，在住房和城乡建设部建筑市场监管司指导下，住房和城乡建设部科技与产业化发展中心在广东省深圳市长圳公共住房及其附属工程总承包（EPC）项目组织召开了"智能建造试点项目远程观摩会"（图 4-1）。该项目是住房和城乡建设部确定的 7 个智能建造试点项目之一，项目总投资 58 亿元，总建筑面积约 116 万平方米，建成后可提供近万套人才安居住房。项目通过集成应用 BIM 技术、智能建造平台、三维测量机器人、钢筋绑扎机器人等 11 个"十三五"国家重点研发计划项目的 31 项关键技术成果，打通了数字设计、智慧商务、智能工厂、智能施工和智慧运维等工程建设全产业链，累计节约工程造价约 7500 万元，缩短总工期约 10%，精简了 25% 的管理人员，构件优质率达 98%，充分展现了发展智能建造的经济、社会和环境效益。一是采用工程总承包方式和建筑师负责制，实现设计、采购、生产、施工全过程统筹管理，为推动智能建造技术创新奠定了基础，保证了质量可靠、品质提升、价格合理；二是创新了"平面标准化、立面标准化、构件标准化、部品标准化"设计方法，实现了结构、围护、机电、内装四大系统的数字化集成设计；三是

研发应用了企业级建筑产业互联网平台,通过 BIM 设计模型与智能工厂和施工现场的动态关联,初步实现基于数字技术的预制构件设计、排产、生产、物流、吊装、使用等全过程精益化管理和质量追溯;四是应用了双面叠合剪力墙和叠合楼板智能生产线,研发了凸窗钢筋笼智能生产线,机器人钢筋分拣识别准确率达 95% 以上,质检合格率 100%,相较于传统人工绑扎效率提升 2~4 倍。

图 4-1 智能建造试点项目远程观摩会
——深圳市长圳公共住房及其附属工程总承包(EPC)

编写出版智能建造典型案例集。 为引导各地主管部门和企业全面了解、科学选用智能建造技术产品,住房和城乡建设部于 2021 年组织开展了智能建造新技术新产品创新服务案例征集工作,遴选发布了 5 大类 124 个典型案例。2022 年 7 月,按照住房和城乡建设部工作安排,住房和城乡建设部科技与产业化发展中心组织编写了《智能建造新技术新产品创新服务典型案例集(第一批)》,并由中国建筑工业出版社正式出版发行,进一步宣传案例经验、展示实施效益、凝聚行业共识(图 4-2)。案例涵盖了智能建造新技术新产品在设计、生产、施工等工程建造全过程的应用,主要体现了三个特点:一是注重问题导向,将解决工程建设面临的实际问题作为研发应用的出发点,推动了工程项目提质增效;二是注重产业融合,展现了建筑业与制造业、信息产业的跨界融合成果,实现了跨领域合作共赢;三是注重技术和管理协同创新,在推广应用新技术新产品的同时,探索配套管理模式和监管方式的创新。案例集从技术产品特点、创新点、应用场景、实施过程和应用成效等方面详细介绍了案例内容,既生动展现了新一代信息技术与建筑业融合发展的最新实践成果,也充分显示了未来建筑业工业化、数字化、智能化升级的广阔前景,具备较强的借鉴意义和推广价值,是发展智能建造的生动教材。主要包括五方面内容:一是自主创新数字化设计软件,包括相关软件在装配式建筑设计、装修设计、协同设计、方案优化等方面的应用;二是部品部件智能生产线,涵盖预制构件、装修板材、厨卫、门窗、设备管线等领域;三是智慧施工管理系统,包含物料进场管理、远程视频监控、建筑工人实名制管理、预制构件质量管理等功能应用;四是建筑产业互联网平台,包括建材集中采购、工程设备租赁、建筑劳务用工等领域的行业级平台,提升企业产业链协同能力和效益的企业级平台,以及实现工程项目全生命期信息化管理的项目级平台;五是建筑机器人等智能建造设备,涉及机器人在部品部件生产、工程测量、墙板装配、防水卷材摊铺、地下探测等方面的应用。

图 4-2 《智能建造新技术新产品创新服务典型案例集(第一批)》

扎实推进基础研究和关键技术攻关。2022年3月,住房和城乡建设部发布《"十四五"住房和城乡建设科技发展规划》,对加快研发智能建造与新型建筑工业化关键技术进行了总体部署。为加强对智能建造关键技术研发的资金支持,住房和城乡建设部会同科学技术部在"十四五"国家重点研发计划"城镇可持续发展关键技术与装备"重点专项中,将智能建造作为主要任务之一进行部署。2022年已安排"工程建造云边端数据协同机制与一体化建模关键技术""支持非线性几何特征建模的建筑信息模型(BIM)平台软件""高层建筑自升降智能建造平台关键技术与装备"等研究任务,围绕软件、硬件、平台三方面推动智能建造基础共性技术和关键核心技术研发、转化与应用示范(图4-3)。

图4-3 国家重点研发计划"工程建造云边端数据协同机制与一体化建模关键技术"项目启动暨实施方案论证会

为弥补智能建造基础研究不足的短板,住房和城乡建设部围绕智能建造中长期发展战略、基础理论框架、标准体系、评价指标等方面组织开展了一系列基础课题研究。一是组织开展住房和城乡建设部面向中长期发展重大课题"智能建造与新型建筑工业化协同发展中长期研究"。该课题由住房和城乡建设部科技与产业化发展中心牵头,在广泛调研国内外建筑业发展现状和发展趋势的基础上,梳理了智能建造关键技术和典型应用场景,绘制了产业链图谱,初步测算了产业规模,系统提出了发展智能建造的3大目标、6类场景、9大工程和12类细分产业以及一揽子政策建议，为完善顶层制度设计提供了研究基础（图4-4）。二是组织开展智能建造理论框架研究。该课题由华中科技大学丁烈云院士牵头，明确了智能建造的内涵与框架体系，总结分析了关键技术、应用场景、产业形态、产值测算及人才培养等内容，并提出了工作建议，为建立智能建造基础理论奠定了基础。三是组织开展智能建造标准体系研究。该课题由住房和城乡建设部科技与产业化发展中心牵头，系统梳理了智能建造标准体系发展现状，提出了建设目标、思路和总体框架，编制了基础共性、关键技术、专业工程应用3方面的标准编制需求清单，为主管部门科学引导智能建造标准编制提供了决策依据。四是组织开展智能建造发展水平评价指标体系研究。该课题由住房和城乡建设部科技与产业化发展中心牵头，提出了城市层面、行业层面、项目层面的智能建造发展水平评价指标体系，为指导智能建造试点工作、探索智能建造技术发展路径提供了重要支撑。

图4-4　住房和城乡建设部面向中长期发展重大课题
"智能建造与新型建筑工业化协同发展中长期研究"专家验收会

加大智能建造宣传推广力度。一是中央媒体积极宣传报道智能建造发展成效。2022年7月，中央广播电视总台中国之声发布《信息技术＋

建造技术，"人机共融"的智能建造体系长啥样?》，介绍智能建造引领建筑业高质量发展的工程实践，以及为公众生活带来的切实福利。2022年8月，人民日报刊发《以智能建造助力"中国建造"》，介绍了智能建造的概念和重要意义，并提出借助5G、人工智能、物联网等新技术发展智能建造，已成为促进建筑业转型升级、提升国际竞争力的迫切需求。二是开设中国建设报智能建造专栏。通过专刊发布智能建造政策解读文章，邀请丁烈云院士、周绪红院士等专家撰文介绍基础理论和创新成果，并为各地展示试点工作成效提供宣传平台。

（二）大力发展装配式建筑

开展第三批装配式建筑生产基地申报认定。 为贯彻落实党中央、国务院决策部署，大力推广装配式建筑，2022年5月18日，《住房和城乡建设部办公厅关于组织申报第三批装配式建筑生产基地的通知》（建办标函〔2022〕187号）下发，住房和城乡建设部决定开展第三批装配式建筑生产基地认定工作。生产基地申报需要具备以下五项条件：一是具有独立法人资格。二是具有较强的装配式建筑产业能力，对区域装配式建筑发展具有示范引领作用。设计、施工、部品部件生产类企业累计参建或产品应用的装配式建筑工程项目不少于30万平方米，装备制造类企业成套生产线年投产不少于10条（或年生产不少于12条），科技研发类企业主持不少于5项省部级以上装配式建筑相关科研项目。三是具有先进成熟的装配式建筑技术体系，设计类企业应成熟应用BIM技术进行装配式建筑正向设计，部品部件生产类企业应具备智能自动化生产能力和部品部件数据库，施工类企业应具备成熟的工艺工法和相应的施工技术水平。四是具有较高的标准化水平，在推进标准化设计和生产方面有具体实践。五是具有完善的现代企业管理制度和产品质量控制体系，市场信誉良好，近三年未发生较大及以上生产安全事故。生产基地的建设周期为五年。

推广装配式建筑发展经验。 总结梳理各地在体制机制、技术创新等方面的经验做法，2022年11月23日，《住房和城乡建设部办公厅关于印发装配式建筑发展可复制推广经验清单（第一批）的通知》（建办标函〔2022〕389号）下发，总结各地在政策引导、技术支撑、产业发展、能力提升、监督管理、创新发展等方面的经验做法。主要举措可概括为十四项：完善顶层设计、强化政策激励、明确技术路径、推动技术发展、完善标准体系、推动产业发展、提升产业影响力、提升专业技能、提升管理能力、加强各环节质量管控、加大监督考核、推动组织管理模式创新、提升数字化水平、构建一体化绿色发展模式。其中重庆有三项经验向全国推广，一是重庆达到装配率指标要求的开发项目，可将部品部件采购生产投资纳入工程建设总投资，提前办理商品房预售许可，建筑产业现代化示范项目可享受正负零预售（完成正负零标高楼地面施工，且部品部件采购生产投资额达到主体结构总投资25%以上）；二是坚持"效率效益最大化、不为装配率而装配"，结合山地城市特点，形成了"先水平、后竖向，先填充、后承重"的技术路线，加快形成安全、经济、适用、稳定的技术体系，加快装配式建筑规模化、标准化发展；三是重庆以装配式建筑发展为重点，带动装配建筑产业链发展，推动现代建筑产业成为全市现代产业的重要组成部分。湖南省从立法保障、提升数字化水平等方面取得可复制经验，部分企业装配式生产车间为装配式建筑发展提供保障（图4-5）。

图4-5　湖南省远大住工装配式生产车间

（三）完善工程建设组织模式

大力推行工程总承包。工程总承包模式 EPC（EMPC）近年来在建筑业得到广泛应用和推广。为规范房屋建筑和市政基础设施项目工程总承包的实施和发展，提高工程建设质量和效益，四川省成都市住房和城乡建设局等 6 部门联合印发《成都市房屋建筑和市政基础设施工程总承包管理实施细则》，从总则、投资决策、发包和承包、组织实施、监督管理及附则六个部分进行了详细表述。细则提出，建设单位和工程总承包单位应当加强设计、施工等环节管理，政府投资项目所需资金应当按照国家有关规定确保落实到位，不得由工程总承包单位或者分包单位垫资建设。工程总承包模式当前面临的最大瓶颈是计价模式，没有明确适用于工程总承包模式的计价管理实施细则，实践中往往采用模拟清单、费率下浮的方式进行招标发包，无法形成总价合同。近年来开展了积极有益的探索，提出了工程总承包计价模式的概念：包干计价部分＋按实计价部分的模式，其中包干计价部分分为按规模单位（或功能单位）单价包干部分、按项（或系统）包干部分等；按实计价部分分为工程量按实计量部分，暂列、暂估部分等。这种计价模式是国际 EPC 模式与本地工程项目管理实际相结合的产物，涵盖了多种计价方法，既考虑了将部分需求明确、建设要求确定的建设内容包干计价（符合国际 EPC 项目特征），又结合项目实际情况，对技术要求在招标阶段无法完全明确的建设内容（如建筑工程中的弱电智能化工程、室外绿化工程；市政工程中的软基础处理、交叉路路口的铺筑工程）合理计价。以清单计价的模式实事求是计价，合理划分发包人、承包人各自风险，加快 EPC（EMPC）项目落地。同时配套出台了相应的工程变更管理规定，有效实现 EPC（EMPC）项目全过程造价管控。湖北省以工程总承包项目为载体，以建筑工业化、标准化、数字化和智能化为路径，实施建筑业供给侧结构性改革，打通从项目投融资、项目策划、项目建设到运营维护的工程建设全产业链，整合策划、投资、规划、建设、运营等各环节资源，推进产业链上下游资源共享、系统集成和联动发展，取得四个方面成功经验，一是创新项目建设投融资与管理模式，通过引进社会资本，提升了企业在项目策划中的参与度，提高了政府财政资金使用效率和工程建设品质。二是通过"BIM＋"技术拓展，形成 BIM 数字资产，提升了项目建设品质及工程运维管理水平。三是研发"中信数智宝"金融支付体系与现有银行支付体系对接，实现了项目资金智能化监管。四是基于建筑功能研发匹配的数字化运维平台，适配数据收集、解析、可视化等功能，实现了建筑园区数字化运维。这些经验从应用场景中取得了实施效果（专栏 4-1）。

专栏 4-1　湖北省工程总承包案例

（一）创新项目建设投融资与管理模式，通过引进社会资本，提升了企业在项目策划中的参与度，提高了政府财政资金使用效率和工程建设品质。

【应用场景 1】采用 F＋EPC＋O 模式，实施中建开元珞珈公馆项目建设。

1. 主要做法。政府通过公开招标方式选择社会资本方——中国建筑第三工程局有限公司（以下简称"中建三局"），并与其签订商品房定向开发协议（土地挂牌出售但附加条件）。中标社会资本组建项目公司——武汉中建三局开元珞珈房地产开发有限公司，行使建设单位的项目全过程管理职权，组织项目建设。项目建成后，由政府按照协议价格团购，解决湖北省妇幼保健院 186 户职工还建等历史遗留问题；超出还建需求的部分，由项目公司面向社会出售。该项目由中建三局和中南建筑设计院股份有限公司组成的联合体，作为工程总承包单位负责项目建设；在运营维护阶段，采取公开招标方式选择物业运营单位。

2. 实施效果。项目已于 2021 年 12 月克服疫情影响，实现按期竣工交付。目前，政府已完成回购并移交省妇幼保健院用于安置拆迁户，超出还建需求的部分项目公司已面向社会全部售罄。

（1）有效拓宽投融资渠道。项目引入社会资本，弥补政府财政不足，减轻财政压力，提高了财政资金的使用效率。

（2）有效降低项目管理成本。企业兼具项目出资人、实施人、受益人等多重身份，需要同时站在开发商、工程总承包单位、运维单位的角度审视项目建设，进行项目管理，参建单位内部博弈极大减少，更加聚焦最终产品的品质、性价比与运维成本的降低。

（3）有效参与全过程项目管理。在项目实施过程中，工程总承包单位作为社会资本方，参与了项目策划、规划、建设、运营全过程，与传统建设方式比较，其介入项目策划、方案优化的时间更加靠前，工作融合度更高，对保障工程建设质量、合理降低成本、合理压缩建设工期、提高运维效率等更加有利。

（4）有效提升项目建设综合收益。项目建成后，政府解决了还建安置问题，缓解了周边停车难的问题；企业获得了相应的投资回报，实现了投资价值。

【应用场景2】采用PPP+EPC+BOT模式，实施江夏区清水入江三期工程——江夏污水处理厂（二期）项目建设。

1. 主要做法。政府通过公开招标方式选择社会资本——中信工程设计建设有限公司等单位组建的联合体，中标社会资本共同出资成立项目公司——中信清水入江（武汉）投资建设有限公司，负责合作期内项目的投资、建设、运营及维护。项目总投资约51.1亿元，包含35个子项，其中5座污水处理厂采用BOT（建设-运营-移交）方式建设，由项目公司承担25年的运维责任，政府根据绩效考核结果支付污水处理服务费，期满无偿移交；污水处理厂之外的其他工程采用BLMT（建设-租赁-维护-有偿移交）模式进行运作。

2. 实施效果。项目已于2023年8月开始调试试运行，目前还未到移交政府的时间。

（1）拓宽项目投融资渠道。该项目通过引进社会资本有效拓宽了项目的投融资渠道，将政府的短期投资建设支出转化为合作期内分期支付的财政支出责任或财政补贴，解决财政收入不足问题，减轻政府财政压力，促使单一年度的财政预算收支管理逐步转向强化中长期财政规划，提高了政府财政资金的使用效率。

（2）创新项目管理模式。投资方中信清水入江（武汉）投资建设有限公司将"水处理专业技术＋设计-采购-施工一体化管理"与投融资相融合，发挥设计龙头作用，通过"整体策划、分期建设"的模式，在投资建设管理中，不断探索总结经验、创新工作方法、加强与政府部门的沟通交流、发挥系统谋划设计作用和EPC总承包管理优势，建立起了包括工程投资策划、前期手续、商务管理、工程管理、项目运营等环节的全过程管理流程，在后期经营过程中将持续获取收益。该项目的建设，有效解决了绿色发展过程中面临的水资源、水环境瓶颈问题，实现建管模式新的突破。

（二）通过"BIM＋"技术拓展，形成BIM数字资产，提升了项目建设品质及工程运维管理水平。

【应用场景3】BIM技术在赤壁市长江取水工程项目建设中的应用。

1. 主要做法。一是基于BIM模型渲染形成效果图，建立三维设计协同平台，提高沟通与设计的效率；开展BIM三维出图，创建施工图设计全专业BIM模型，基于BIM模型生成材料明细表，与方案调整、设计修改实时联动，提高设计质量。二是建立、调整BIM模型，开展竣工模型优化，使模型与现场充分保持一致；在模型中对工艺设备、阀门、电气设备、自控设备等模型的详细信息进行录入，在此基础上开展运维及智慧供水管控平台开发，节省大量前期模型和数据处理工作，提高运维效果。三是制定了项目《BIM实施规划方案》，明确了不同阶段BIM应用点内容、交付成果及要求，包括工作计划、模型深度、数据内容等；推进方案落实，进行费用统计，开展各阶段BIM技术应用成本研究。四是开展BIM应用领域探索，施工图设计阶段重点探索设计优化、三维可视化和三维管线综合；施工阶段重点探索三维设计交底、复杂施工工序模拟、可视化施工协调会、设备模型调整、设备信息添加、设备吊装模拟、设备安装模型调整、管理用房二次装修模型深化、实验室二次装修模型深化；竣工阶段重点探索设计变更调整复核、现场踏勘复核、电缆模型、数据资产管理平台研发、模型信息复核与添加等。

2. 实施效果。一是在提高设计效率方面,BIM出图较二维出图效率降低约30%,但在已有BIM模型基础上,各方面工作效率都有明显提升,设计BIM模型可以在其他阶段延续使用,减少了其他各阶段的初始建模内容。二是在提高设计质量方面,通过碰撞检查、BIM审核优化、管线综合、预留预埋优化、正向设计等应用研究,共解决各专业图审问题393个,类比同类项目,减少图纸问题约80%,减少项目变更约65%。三是在提高运营效果方面,通过建立数据资产管理平台及竣工BIM模型,为运维及智慧供水管控平台提供了完备的模型基础。根据现场施工实际情况及设备厂家资料录入的信息,提前完成了60%的数据收集及录入工作;数据资产管理平台预设的数据接口及部分通用平台功能的开发,为后续工作节省大量的时间。四是在各阶段BIM技术应用成本研究方面,项目通过各环节BIM应用,对各环节使用成本进行了估算,为制定《湖北省建筑信息模型(BIM)技术服务费计费参考依据(试行)》提供了样本;施工阶段没有单独建模,由设计模型传递使用,配合施工单位完成了5项应用,并参照市场行情取费。五是形成了各实施阶段BIM模型应用清单,明确了实施标准和内容。

【应用场景4】BIM技术在新建商业服务业设施项目(中南科研设计中心)中的应用。

1. 主要做法。一是搭建全专业BIM模型,开展三维协同设计,各参与方依托BIM模型进行设计沟通。二是基于BIM技术开展图纸审查,提前铺开深化设计,将施工工艺需求融入模型深化中,提前发现矛盾问题,提高设计的可建造性。三是依托BIM技术,设计师对影响建筑整体效果的位置进行优化,包括塔楼电梯厅净高提升、幕墙与外排水立管空间协调、内装与机电点位协调、卫生间埋管问题、副楼餐厅区域净高提升、室外管井与景观空间协调、机电系统完整性复核等。

2. 实施效果。一是通过BIM技术的应用，实现了设计师与BIM工程师协调配合，实现三维侦错，极大减少了设计图纸中常见的错、漏、碰、缺问题，该项目应用BIM技术共解决设计问题610余项。二是基于BIM模型提前开展深化设计，减少后期分包、总包和设计沟通的成本，提高各方沟通效率40%以上。三是项目BIM技术在加压送风管风量损失测算、高效机房专项优化、幕墙埋件精确定位、机电管线综合设计等方面取得了明显的效果，其中仅幕墙方面就发现问题约50项，解决了600多处幕墙埋件定位问题。

【应用场景5】BIM技术在汉口滨江国际商务区五期P2地块项目建设中的应用。

1. 主要做法。一是依托BIM模型开展土建、机电、装饰等全专业图纸会审、工艺样板库策划、砌体排布优化、屋面及设备机房管线深化协调、中庭施工措施优化、外立面多专业施工措施协同、公共区域碰撞检查及优化、高支模区域识别等工作，提前策划现场总平面及安全文明施工布置，开展门楼外立面背衬节点、样板间及公共区域精装修、设备机房管综及支吊架等深化设计。二是搭建两级BIM+智能建造平台架构，一级平台使用企业自主研发的"建工施工云"平台对施工现场实施智慧管理，二级平台引入了译筑云BIM协同平台，实现了项目管理数据的贯通，智能建造覆盖人员、环境、设备、质量、安全及实测实量等管理要素。

2. 实施效果。一是项目专业较多，机电管综复杂，通过BIM技术发现图纸190处问题、精准识别44处高大支模区域、20项工艺样板进行建模定样、节约费用约27万元、提前解决砌体工程105处碰撞问题、屋面工程26处碰撞等问题。二是形成了可供借鉴的数据案例，BIM技术服务清单及BIM信息管理经验。三是BIM+智能建造平台使人员、设备、环境、质量、安全、实测实量管理等实现了数据归集，提高了生产进度及成本控制水平，在辅助项目决策方面发挥了重要作用。

【应用场景 6】BIM 技术在网安基地展示中心项目建设中的应用。

1. 主要做法。展示中心项目的 BIM 应用采取了"114"策略，即借助"1"个中信智能建造平台，建立"1"套以智能构件为核心的工程项目数据，服务于设计、采购、施工、运维"4"阶段。建设单位建立项目数字大屏和投资管理系统，项目公司建立 EPC 数字大屏和项目管理系统。在设计阶段，由设计单位搭建设计 BIM 模型、开展设计协同，基于 BIM 辅助方案决策，开展设计图纸校验、图纸碰撞检测、管线综合优化、管线综合出图、预留洞口出图等工作；在采购阶段，应用 BIM 技术辅助工程算量、提取设备参数，开展基于 BIM 平台的在线招采、融资和支付；在施工阶段由工程总承包单位搭建施工 BIM 模型，开展专项 BIM 模型深化、场地布置与模拟、施工工艺与工序模拟、BIM 成本管控与支持、设备与材料管理、质量安全管理等，提供数字工地服务，包括人员、车辆、物资、设备、消防、环境、临建等管理服务；在运维阶段，开展 BIM 设备信息录入、BIM 数字资产交付、BIM 数据轻量化、BIM 数据云归档，并配合 BIM 运维系统开发。

2. 实施效果。项目建筑师团队利用互联网＋BIM 技术进行了全过程的精细化管理，将 BIM 技术、信息化技术应用到工程设计过程，实现数字化设计，将各项设计、施工问题前置，降低建设损耗，缩短建设工期。以运维为目的开展 BIM 设计，前期做好充分沟通，减少了项目建设各阶段过渡时的重复工作量，从而降低建设成本。基于 BIM 开展 EPC 项目管理，以数字化方式协助 EPC 方、设计方、施工方、运维方进行全过程管理，真正做到"设计可见、管理可控、交付可用"。

（三）研发"中信数智宝"金融支付体系与现有银行支付体系对接，实现了项目资金智能化监管。

【应用场景 7】"中信数智宝"在江夏区清水入江三期工程——江夏污水处理厂（二期）项目建设中的应用。

1. 主要做法。中信工程对标"淘宝+支付宝"的消费生态模式,创新打造中信基于BIM全过程管理系统+"中信数智宝"的智能建造新模式。参考"支付宝"研发"中信数智宝"金融支付体系与现有银行支付体系对接,旨在依托中信智能建造平台的数字化服务能力,利用IoT、AI、区块链等信息化技术,结合工程项目资金管控、供应链管理、劳务用工实名制和考勤管理等工作,将建筑行业链条上存在的业主、总包、分包、劳务公司等多方主体极度分散的碎片化信息基于数字化平台,运用大数据技术进行完整收集和分析,为开展风险评估、批准授信额度提供依据,通过完整的信息链条为工程款金融服务提供辅助的风控手段,助力精准发放融资款项。

2. 实施效果。截至2023年10月,"中信数智宝"在"清水入江"项目运行长达3年,帮助项目业主监管项目专款在24家参建单位中的流转,总资金监管额度达到3.63亿元,实现了项目专款从业主直接支付到进城务工人员个人账户。通过平台实现工程建设多层级主体之间的结算和支付服务,实现资金流向的穿透式管理,有效解决传统工程款支付模式下"资金信息不透明、资金挪用难管控"的现实问题。

(四)基于建筑功能研发匹配的数字化运维平台,适配数据收集、解析、可视化等功能,实现了建筑园区数字化运维。

【应用场景8】数字化运维系统在江夏区清水入江三期工程——江夏污水处理厂(二期)项目上的应用。

1. 具体做法。在运维阶段,利用大数据、云计算、物联网、数据挖掘、人工智能、移动互联网等,将江夏污水处理厂二期实时运行信息、BIM模型信息、日常管理信息进行多源信息融合,开发出一套独特的智慧水务系统。该系统包括模型视图、在线监测、智能应用、工程管理、数据报表、安防管理六大模块。其中,模型视图模块展示江夏污水处理厂二期全景BIM模型;在线监测模块实时监控污水处理厂各设备运行状况、各仪表读数并提供报警管理服务;智能应用模块建立了基于大数据与"前馈+模型+反馈"的多因子智慧曝气、智慧加药、智慧排泥控制方式；工程管理模块提供污水处理厂设备管理、巡检管理、缺陷管理、工单统计等服务；数据报表模块提供过去 48 小时内的进出水指标、药耗、电耗等的数据趋势图；安防管理模块通过污水处理厂摄像头实现"无死角、无盲区"的全天候监控。

2. 实施效果。通过基于 BIM 模型的智慧水务系统应用，实现对传统污水处理厂粗放式营运方式的变革，实现节能降耗、绿色环保，打造了新型智能化、环保化、低碳化的污水处理厂。在创造可观经济效益的同时，提高了污水处理厂的整体运维水平，为区域污水处理提供了高效保证，获得显著的社会效益和生态效益。

【应用场景9】数字化运维系统在武汉市江夏长山口生活垃圾卫生填埋场三期工程项目上的应用。

1. 主要做法。建立工程智慧环卫系统，旨在利用光学法、红外法等高科技手段对垃圾填埋场硫化物、氮氧化物、氨气等恶臭因子的浓度，各类水质指标，甲烷、氧气等涉及安全生产的重要指标进行在线监测，实现相关信息监测的信息化、可视化和智慧化。该系统由数据源、采集层、存储层、处理服务层、展示层五部分组成，分为三个子系统，分别为运行过程监控系统、污染防治设施管理系统、安全生产监控系统。其中，运行过程监控系统主要以日常业务、规范数据整理、处理单元、全场监控、数据大屏等业务维度进行数据的展示与管理；污染防治设施管理系统主要以水质监测、大气监测数据业务为主，对业务问题及时警告；安全生产监控系统以填埋气安全监管、安全检查等业务为主体，对厂区内的安全风险隐患排查、安全问题追踪等业务进行日常管理。

2. 实施效果。通过信息化管理系统在固废填埋场管理中的应用，实现了固废填埋场的自动化、智能化、可视化运行，通过物联网连接设备传感，运行数据分析，提高填埋场管理水平，全面降低管理人员工作强度并提升管理效率。通过本系统建设，实现对长山口垃圾填埋场的渗沥液、地下水、地表水、厂界噪声、厂界大气、臭气等可能污染源进行全方位、多维度、立体化的监管，进而利用各监测指标数据，对填埋场相关环保指标如臭气浓度、空气质量等进行分析、预测及预警，避免环境污染事故的发生。

【应用场景10】数字化运维系统在汉口滨江国际商务区五期P2地块建设项目上的应用。

1. 主要做法。搭建智慧运维管理平台，由企业集团统一建设，各项目共用，避免重复建设，累计投入研发费用300万元。平台集成了IBMS（智能楼宇控制系统）、SYS（优化控制系统）、EMS（能源管理）、FM（设备运维管理）和BIM（楼宇信息模型）五大功能，大部分时间按照系统内置模式自动运行，可集中远程监控，降低运营的人力需求；动态展示业主信息、房屋面积等内容，分类分项开展能耗数据的实时监测，及时准确定位报警影响范围和相关设备；平台各功能模块数据互通，可进行集成联动的协作管理。

2. 实施效果。通过数据汇聚、分层应用，提供网页WEB端数据大屏端多应用综合展示，打通底层硬件数据以及项目过程管理数据，统一汇聚至企业云平台，集团-分公司-项目分级使用，累计20多个项目稳定应用，实现项目管理自动化、远程化、智能化，提高管理效率。平台不仅实现了系统数据融合，还实现了楼宇建筑设计、施工、运行数据在统一平台的整合，最终实现楼宇可视化、全生命、全方位、一体化管理。

推进建筑师负责制试点与项目落地。国务院2021年11月发布《国务院关于开展营商环境创新试点工作的意见》（国发〔2021〕24号），明确在北京、上海、重庆、杭州、广州、深圳6个城市开展营商环境创新试点，主要目标是经过3～5年的创新试点，为全国营商环境建设作出重要示范，首批营商环境创新试点改革事项清单共10个方面101项改革举措，其中持续提升投资和建设便利度的改革举措之一是建立完善建筑师负责制，探索在民用建筑工程领域推进和完善建筑师负责制，充分发挥建筑师的主导作用，鼓励提供全过程工程咨询服务，与国际工程建设模式接轨。随后，6个试点城市均发布了营商环境创新试点工作实施方案，如重庆市制定《重庆市全过程工程咨询建筑师负责制试点工作实施意见（试行）》并遴选10个项目试点，广州市支持广州开发区、广东自贸区南沙新区片区开展建筑师负责制试点工作，深圳市探索建立建筑师负责制项目后评估、责任建筑师告知承诺和建筑师能力培育等机制。北京市以制度构建为先导，以推进建筑师负责制工作为契机，狠抓项目落实，扎实有序推进建筑师负责制工作，促进首都建筑品质提升、营商环境优化和勘察设计高质量发展。建筑师负责制试点以设计总包为核心服务内容，充分发挥建筑师团队在项目策划、设计、建设、运营一体化管理中的统筹作用，打通设计、施工、运营等各环节服务链，试点工作取得了初步成效。目前，北京市建筑师负责制试点项目共计101个，覆盖北京市所有行政区，涉及28家设计企业、吸引百余名责任建筑师团队参加建筑师负责制试点项目实践。一是健全组织机构，创新行业治理机制。组建试点工作专班，联合学协会、高等院校及行业企业，共同成立北京工程设计行业咨询委员会，为试点项目提供政策咨询、能力培训、过程管理、跟踪指导和风险防控等服务，统筹指导全市建筑师负责制试点工作。充分发挥北京工程勘察设计协会行业组织职能，承担大量细致工作，调动企业及行业专家参与相关研究、技术支持、培训宣传等，引导行业自律。二是开展顶层设计，协调推进试点工作。落实《北京市建筑师负责制试点指导意见》要求，出台《北京市建筑师负责制项目应用指南》，明确北京市建筑师负责制实施范围、服务内容、收费指导、项目备案以及审批程序优化等内容，为推进建筑师负责制试点工作提供政策保障。建立推进建筑师负责制试点工作的协调沟通机制，逐步完善并优化实施建筑师负责制的政策环境，为建筑师负责制试点项目落地保驾护航。三是深入政策研究，推进项目落地。持续开展配套措施研究，先后发布了建筑师负责制工程建设项目建筑师服务合同示范文本、招标投标示范文本、服务收费指导意见等8个配套文件，细化服务内容，提供实操指导，细化合同体系，完善交付要求和深度规定，探索适用建筑师负责制的职业责任保险担保机制及实施路径。四是强化业务培训，提升服务能力。委托北京工程勘察设计协会培训中心，开展建筑师负责制业务技能和专业知识的专题培训，提升试点项目设计主持人或设计总负责人的注册建筑师的专业技术和统筹能力。先后聘请 21 位来自不同领域的教授和专家，制作 20 个课件共计 95 个学时的精品课程，通过线下线上相结合的方式授课、答疑并进行考核，课件均可登录"协会培训中心在线教育平台"进行网络学习。截至目前共计培训学员 3770 人，共有 388 人通过考试获得"北京市建筑师负责制"培训合格证。五是拓展宣传渠道，扩大试点影响。通过北京市规划和自然资源委员会及北京工程勘察设计协会网站、公众号、期刊、展会、论坛、视频等多种形式，宣传北京市优化营商环境、实施建筑师负责制的背景意义，报道试点项目的推进情况，发布新出台的政策制度。借助中国（北京）国际服务贸易交易会、住博会等平台，通过综合宣传片、试点项目签约、高标准建设住宅产品发布、保障房试点项目展示等方式，全面展示了推行试点以来各方面的工作进展和成效。让社会更多地了解建筑师负责制在推动北京城市建设高质量发展中所发挥的作用，让更多的建设单位和设计单位有意愿参与到建筑师负责制试点工作中（专栏 4-2）。

> **专栏 4-2 北京建筑师负责制试点项目案例**
>
> 建筑师负责制试点项目中，建筑师团队和其他参建各方强强联合，优势互补，建筑师团队在项目建设全过程更多发挥咨询服务作用，在学习实践中不断增长才干，提升综合服务能力和价值。建筑师团队通过全过程参与，保证项目设计的连续性；参与招标采购及合同管理，在项目建设过程中发挥工作能动性；通过设计总包的方式严格执行限额设计，把控专项设计，有效控制成本造价；实施全流程正向 BIM，保障项目各专业、各专项、各阶段间高效协同，提升项目品质。
>
> （一）服务副中心规划建设
>
> 案例 1：北京城市副中心行政办公二期项目
>
> 充分总结一期的经验教训，高质量、高品质推进二期项目的建设，项目实施了简化版建筑师负责制，通过建筑师团队实施设计总包，参与招标采购及合同管理，严格执行限额设计，把控专项设计，有效地控制全过程成本造价和设计质量。

案例2：北京城市副中心住宅产业化项目

在现行的五方责任主体管理模式下，将设计团队分为产品建筑师团队和工程建筑师团队，由责任建筑师统筹协调设计建造全过程，全权对建设单位负责。引导建筑师在工程项目全生命周期中发挥作用。

（二）绿色发展，助力高标准技术落地

案例：高标准集中供地项目

在住宅集中供地竞拍中实施高标准建设及建筑师负责制，是市政府为提升百姓生活品质和城市建设质量的创新举措。开发商高标准承诺内容包括绿色建筑、健康建筑、超低能耗、装配式、BIM应用以及采用建筑师负责制，目前已在11宗高标准建设住宅项目中采用简化版建筑师负责制。一方面鼓励地产开发商参与试点，扩大影响力；另一方面通过发挥建筑师的专业优势弥补开发商在高标准技术应用方面经验的不足，保证了项目建设的高品质和完成度。

（三）双师协同，探索老旧小区改造新模式

案例：北洼西里小区8号楼更新改造项目

作为北京市开展双师协同参与老旧小区改造的试点项目，在改造过程中由责任规划师落实社区改造的规划引领与实施监督责任，由责任建筑师落实"绣花功夫"的一体化、精细化、人文化的场景设计，采用全程陪伴式服务，双师与居民共建，按成本预算统筹确定改造内容，实现最优成本下的性能和环境品质提升，受到社区居民和街道的肯定。

（四）产业转型，探索公共建筑更新新路径

案例：北京北重科技文化产业园一期项目

北京北重科技文化产业园属于工业遗存城市更新项目，也是北京市首个签订建筑师负责制服务合同和职业责任保险合同的项目。建设单位缺乏基建工程经验，采用了设计主导的全过程工程咨询模式，项目建筑师团队集合了设计师、造价咨询、合同管理及设计保险等方面的专业人士，在与国际工程建设模式接轨方面进行了有益尝试。

（五）城市更新，树立高品质保障房建设标杆

案例：明光村地区更新改造租赁住房项目

明光村地区更新改造租赁住房项目属于核心城区城市更新项目，是首例高品质保障性租赁住房项目，采用钢结构、装配式、绿建三星、超低能耗、BIM、海绵城市等多项先进技术。根据建设单位需求，项目采用了设计单位既提供设计，又提供全过程项目管理的服务模式，由建筑师团队派出PMO（现场项目管理部）与建设单位共同组建IPMT（集成组合管理团队）多专业一体化的决策、管理团队，牵头推进各项建设工作开展。为保障房项目建设模式和建设标准探索提供了新思路，是2023年住博会参展项目。

二、加快绿色低碳转型发展

推进全过程绿色建造，促进行业绿色低碳发展，成立"双碳"领域首个国家技术创新中心，绿色金融全方位支持绿色建筑；持续开展绿色建筑创建行动，绿色建筑助力低碳冬奥，多地推进绿色建筑高质量发展，因地制宜推进项目发展，积极加强绿色农房建设；不断提升居住建筑节能标准，发布新版居住建筑节能设计标准，严格执行新建绿色建筑标准；加强绿色建材推广应用，发布《建材行业碳达峰实施方案》，提出加快绿色建材生产与应用，扩大政府采购支持绿色建材，开展绿色建材下乡活动，鼓励广泛使用绿色低碳建材。

（一）推进全过程绿色建造

推进全过程绿色建造，促进行业绿色低碳发展。"致力于绿色发展的城乡建设"系列教材中的《绿色建造与转型发展》教材，系统地提出了绿色建造的概念、发展目标和实施路径；湖南省、广东省深圳市、江苏省常州市开展绿色建造试点工作，打造绿色建造应用场景，试点地区均已印发绿色建造试点工作实施方案，确定试点项目，开展相关标准体系和技术研究工作；《绿色建造技术导则（试行）》提出了绿色策划、绿色设计、绿色施工、绿色交付等方面的具体技术和管理措施，为绿色

建造试点工作提供技术支撑；积极推进施工现场建筑垃圾减量化工作，印发《关于推进建筑垃圾减量化的指导意见》《施工现场建筑垃圾减量化指导手册》和《施工现场建筑垃圾减量化指导图册》，明确建筑垃圾减量化总体要求、主要目标和具体措施。湖北省发布绿色建造技术手册升级版，增加建造过程碳排放计算和试点案例分析，湖北省在绿色建筑施工建造技术方面已迈入全新阶段。

成立"双碳"领域首个国家技术创新中心。 2022年12月30日，由中国建设科技集团股份有限公司牵头组建的"国家建筑绿色低碳技术创新中心"正式获得批复，是我国"双碳"领域首个国家技术创新中心，是住房和城乡建设部首个推荐建设的国家技术创新中心，也是当时由中央企业牵头建设并获批的五个国家技术创新中心之一。建设国家建筑绿色低碳技术创新中心，是统筹一体部署教育、科技、人才工作的重要举措，是深入实施科教兴国战略、人才强国战略、创新驱动发展战略，建立健全新型举国体制、支撑高水平科技自立自强的重大战略任务，对于突破建筑绿色低碳领域技术瓶颈，整合建筑绿色低碳领域产业链创新资源，推进碳达峰碳中和具有重要的战略意义。2023年5月9日，国家建筑绿色低碳技术创新中心（简称"国创中心"）揭牌仪式在中国建设科技集团股份有限公司总部举行，国创中心将以"五化"（人性化、本土化、低碳化、长寿化、智慧化）理念，攻关六大技术方向，在建筑全生命周期建立全链条联动体系，提供绿色-低碳-零碳-负碳等方向系列技术产品，产出一批高水平标志性科技成果，为积极打造我国建筑绿色低碳领域国家重要战略科技力量贡献智慧和力量。

绿色金融全方位支持绿色建筑。 河南省濮阳市住房和城乡建设局与中国人民银行濮阳市中心支行、濮阳银保监分局、濮阳市金融工作局协商，建立绿色金融支持城乡建设绿色低碳发展储备项目库，在住房和城乡建设领域全方位支持绿色建筑，积极稳妥推进全市建筑市场健康有序发展。入库项目类型包括超低能耗建筑、星级绿色建筑、装配式建筑、建筑可再生能源应用、既有建筑节能及绿色改造和绿色建材应用六项内容。申请主体须为项目建设单位，且需具有良好的信用记录，符合金融机构对绿色金融服务借款人的基本要求。所申请项目应为在建项目，并依法取得相应建设手续,三年内按照相关标准建设完成,在实施过程中未发生较大及以上质量安全事故。储备项目库实行动态调整,第一次集中上报时间为2022年10月30日。金融机构对符合要求的绿色建筑项目给予重点支持,对绿色建筑贷款受理审批,采取"绿色通道"模式,优先受理、优先审批、优先投放,加大融资支持力度,优化授信审批流程,降低绿色信贷成本。银行金融保险机构为符合要求的绿色建筑项目提供绿色建筑综合保险服务。

(二)持续开展绿色建筑创建行动

绿色建筑助力低碳冬奥。2022年2月4日晚,举世瞩目的北京第二十四届冬季奥林匹克运动会开幕式在国家体育场隆重举行,确立"双碳"目标之后举办的第一个国际体育赛事场馆与场地的绿色建筑建设,为绿色低碳冬奥进行了卓越而有效的实践。北京冬奥会不仅充分利用2008年夏季奥运场馆,在新建冬奥场馆时也全面满足绿色建筑三星级标准。北京冬奥会6个新建室内场馆以及冬奥村建设全部符合绿色建筑三星级标准,3个改造场馆通过既有建筑绿色改造符合绿色建筑二星级标准。针对雪上场馆,北京冬奥创新性地制定了《绿色雪上运动场馆评价标准》DB 11/T 1606—2018,破解冬奥难题,也填补了国际相关标准的空白。该标准也将是北京冬奥会在规划建设领域中的一项重要的奥运遗产。北京冬奥会的7个雪上场馆也全部获得了《绿色雪上运动场馆评价标准》DB 11/T 1606—2018三星级认证。其中,拥有绿色建筑技术服务的张家口赛区奥运村项目、张家口云顶滑雪公园项目以及太子城冰雪小镇会展酒店、文创商街、国宾山庄等配套项目均获得三星级绿色建筑标识。北京大学第三医院崇礼院区在钢结构装配式、装配化装修、全过程BIM以及清洁能源采暖等方面作了绿色低碳建设的有益探索与实践。

多地推进绿色建筑高质量发展。近年来,河南、辽宁、广东等地住房和城乡建设部门不断加强组织领导,完善配套政策和技术标准体系,建立健全工作机制,培育市场主体和产业队伍,加大宣传宣贯力度,推动绿色建筑稳步、高质量发展。如《河南省绿色建筑条例》《关于落实〈河南省绿色建筑条例〉有关事项的通知》《河南省绿色建筑专项规划编制技术导则》《河南省绿色建筑设计标准》DBJ 41/T 265—2022等指导绿色建筑建设。2022年8月，辽宁省发布了《关于推动城乡建设绿色发展的实施意见》，将推进高品质绿色建筑规模化发展作为推进城乡绿色发展的一个重要内容。2022年9月，广东省印发的《关于推进城乡建设绿色发展的若干措施》，将绿色发展纳入城乡建设领域整体布局，全面推进城乡建设绿色低碳发展，并出台地方性法规政策，其中，《深圳经济特区绿色建筑条例》是全国首部将工业建筑和民用建筑一并纳入立法调整范围的绿色建筑法规，首次以立法形式规定了建筑领域碳排放控制目标和重点碳排放建筑名录。同月，海南省出台绿色建筑发展条例，提出在新建建筑和既有建筑节能改造中，推广使用太阳能、风能、氢能、生物质能、地热能等可再生能源。多地还积极推广绿色建筑落地，如广东省佛山市入选政府采购支持绿色建材促进建筑品质提升首批国家试点。

因地制宜推进项目发展。各地以创建绿色建筑为抓手，多措并举、深入开展建筑节能减排，为实现碳达峰、碳中和目标奠定坚实基础。河南省明确星级绿色建筑等重点发展目标，加大对高星级绿色建筑、装配式建筑、近零能耗建筑等的专项资金支持力度。以郑州市智能建造试点工作为抓手，加快推动绿色建造、智能建造，探索智能建造与建筑工业化协同发展新路径。在技术应用方面，为给绿色建筑的发展提供有效的技术支撑，辽宁省加强了城市信息模型（CIM）基础平台等新技术在工程建设领域的应用，并提出抓好钢结构住宅试点建设，以此推动绿色建筑创建。海南省海口市江东新区走绿色低碳的高质量发展之路，江东新区总部经济区已实现装配式建筑全覆盖，其中国投生态环境大厦项目将成为"近零能耗"的绿色建筑，正式启用的海南能源交易大厦，充分体现"绿色建筑""智慧楼宇"理念；海口金融中心项目围绕"花园式办公"概念，采用"铝格栅＋垂直绿化"的方式，为建筑覆盖绿色植被，打造城市"绿洲"。

积极加强绿色农房建设。除了开展城镇建筑绿色化建设，一些地方还积极加强绿色农房建设。如辽宁省沈阳市积极鼓励建设单位开发建设高星级绿色建筑，并引导农村新建建筑参照绿色建筑相关标准建设绿色农房；广东省编制《广东省农房建设绿色技术导则》，开展既有建筑绿色化改造、绿色建筑后评估等技术标准修订；贵州省大力提升农房绿色低碳设计建造水平，建设满足乡村生产生活实际需要的新型农房，加强建筑节能材料向乡村推广，提高农房能效水平，到 2030 年建成一批绿色农房，鼓励建设星级绿色农房和零碳农房。

（三）不断提升居住建筑节能标准

发布新版居住建筑节能设计标准。 山东省住房和城乡建设厅、山东省市场监督管理局联合发布新修订的《居住建筑节能设计标准》DB 37/5026—2022，自 2023 年 5 月 1 日起正式实施。新版标准在现行标准的基础上，进一步强化节能措施，能效水平提升 30%，在各省份中率先达到节能率 83% 设计要求。新版标准分建筑围护结构、供暖空调、给水排水、电气、可再生与清洁能源利用五个专业章节。相较现行标准，提升了围护结构主要部位的热工性能，在可研、初步设计等重点环节增加了碳排放计算要求，优化了供暖能耗等重要指标的计算判定方法，提高了空调、热泵及太阳能热水器等设备的能效标准，完善了与建筑结合的光伏发电系统、智能家居等设计要求。新版标准的发布，标志着山东省居住建筑即将进入第五步节能时代，是住房城乡建设系统贯彻落实碳达峰碳中和、黄河流域生态保护和高质量发展战略决策的重要举措，对进一步优化建筑用能结构、推进建筑领域绿色低碳发展具有重要意义。

严格执行新建绿色建筑标准。 石家庄大力发展高品质绿色建筑，严格执行新建绿色建筑标准，鼓励建设二星、三星等高星级绿色建筑，不断提高高星级绿色建筑占比。积极推动被动式超低能耗建筑和近零能耗建筑规模化发展。通过节能、节水、节地、节材和室内环境控制，在项目设计和建设全过程中进行综合考虑，进一步优化建筑空间布局，增大绿化设施用地，扩大共享空间，提高节能标准，降低建筑能耗。如 2022 年 7 月通过竣工验收的万科紫郡房地产项目中，按照绿色建筑二星级标准进行设计、建设，同时采用装配式建造技术，降低了建筑垃圾产生，节约了建筑材料、建筑用水，有效改善了建筑工地作业情况，提升了智能建造水平。住宅配备中央空调和空气源热泵热水系统，把节约能源应用到日常生活中，居住体验感非常好。位于栾城区的当代府房地产项目全部采用被动式超低能耗建筑标准进行设计、建设，地上建筑面积约19万平方米，为当时石家庄市第二大被动式超低能耗建筑。按照计划，到2025年，城镇民用建筑全面推行超低能耗建筑标准，累计建设被动式超低能耗建筑和近零能耗建筑300万平方米以上。

（四）加强绿色建材推广应用

发布《建材行业碳达峰实施方案》提出加快绿色建材生产与应用。 工业和信息化部、国家发展和改革委员会、生态环境部、住房和城乡建设部等部门联合印发《建材行业碳达峰实施方案》，针对低碳技术、政策体系、金融支持等多个方面，制定了加强总量控制、推动原料替代、转换用能结构、加快技术创新、推进绿色制造5方面共15项重点任务，为建材行业实现低碳转型指出了明确的目标及路径。实施方案结合建材行业实际情况提出了"十四五""十五五"两个阶段的主要目标。"十四五"期间，水泥、玻璃、陶瓷等重点产品单位能耗、碳排放强度不断下降，水泥熟料单位产品综合能耗降低3%以上。"十五五"期间，建材行业绿色低碳关键技术产业化实现重大突破，原燃料替代水平大幅提高，基本建立绿色低碳循环发展的产业体系。将水泥、玻璃、陶瓷、石灰、墙体材料等产品碳排放指标纳入绿色建材标准体系，加快推进绿色建材产品认证，扩大绿色建材产品供给，提升绿色建材产品质量。绿色建材产品认证作为建材行业可持续发展的体检证、身份证和通行证的作用将会强力凸显。强化绿色建材采信推广政策落地，加大政府采信、工程采信、行业采信、金融采信、流通采信、社会采信等多元联动共治机制。此外，随着"双碳"政策的持续推进，进一步统筹绿色建材与"双碳"的协同，有助于深入挖掘建材行业内生降碳及建筑行业协同降碳的贡献因素。中国建筑材料联合会发布水泥、平板玻璃行业碳减排技术指南，为水泥、平板玻璃企业开展节能降碳技术改造提供参考，助力行业实现绿色低碳高质量发展。

扩大政府采购支持绿色建材。 财政部、住房和城乡建设部、工业和信息化部出台《关于扩大政府采购支持绿色建材促进建筑品质提升政策实施范围的通知》，明确自 2022 年 11 月起，在北京市朝阳区等 48 个市（市辖区）实施政府采购支持绿色建材促进建筑品质提升政策（含此前 6 个试点城市）。根据通知，纳入政策实施范围的项目包括医院、学校、办公楼、综合体、展览馆、会展中心、体育馆、保障房等政府采购工程项目，含适用《中华人民共和国招标投标法》的政府采购工程项目。各有关城市可选择部分项目先行实施，在总结经验的基础上逐步扩大范围，到 2025 年实现政府采购工程项目政策实施的全覆盖。此外，鼓励将其他政府投资项目纳入实施范围。通知要求，各有关城市要严格执行财政部、住房和城乡建设部、工业和信息化部制定的《绿色建筑和绿色建材政府采购需求标准》。纳入政策实施范围的政府采购工程涉及使用上述需求标准中的绿色建材的，应当全部采购和使用符合相关标准的建材。同时，工程价款结算须优先开展。纳入政策实施范围的工程，须提高工程价款结算比例，工程进度款支付比例不低于已完工程价款的 80％。施工过程结算也一并施行，发包承包双方通过合同约定，将施工过程按时间或进度节点划分施工周期，对周期内已完成且无争议的工程进行价款计算、确认和支付。

开展绿色建材下乡活动。 绿色建材下乡，是建材行业绿色低碳转型的重要抓手，是稳增长、扩内需、促消费的重要手段，是提高人民生活品质的内在要求，也是美丽乡村建设的迫切需要。为加快绿色建材生产、认证和推广应用，促进绿色消费，助力美丽乡村建设，2022 年 3 月，工业和信息化部、住房和城乡建设部、农业农村部、商务部、国家市场监督管理总局、国家乡村振兴局联合开展绿色建材下乡活动，活动时间为 2022 年 3 月—2022 年 12 月，活动主题为"绿色建材进万家 美好生活共创建"。按照部门指导、市场主导、试点先行原则，2022 年选择天津、浙江、福建、山东、湖南、广东、四川等试点地区开展活动。鼓励有条件的地区对绿色建材消费予以适当补贴或贷款贴息。鼓励企业、电商、卖场等让利于民，助推绿色消费。试点地区商务主管部门每个季度末向商务部（消费促进司）报送有关促进消费的举措和成效。2022 年是绿色建材下乡活动的谋局试点年，整体成效超出预期，在供给能力、绿色消费、农房质量、认证水平、社会氛围等方面得到一定提升，初步形成了全社会关注绿色建材的良好环境。在绿色建材下乡活动的带动和影响下，绿色建材呈现快速发展势头，2022年绿色建材产品营业收入近1700亿元，同比增长20%以上，绿色建材下乡活动累计拉动绿色建材消费超200亿元，其中电商平台销售26.4亿元，累计推动发放绿色建材认证证书3831张，同比增长194.7%。2023年进一步深入推进绿色建材下乡活动，加快绿色建材生产和推广应用，促进绿色消费，助力美丽乡村建设，推动乡村产业振兴。

鼓励广泛使用绿色低碳建材。 截至2023年5月底，已有4000个左右建材产品获得绿色建材认证标识。上海市住房和城乡建设管理委员会发布《关于在本市民用和工业建筑中进一步加快绿色低碳建材推广应用的通知（试行）》，通知中的相关举措自2022年9月1日开始执行。通知指出，上海市民用和工业建筑项目中将鼓励广泛使用绿色低碳建材。2023年1月1日起，取得施工许可的政府（国企）投资的民用和工业建筑项目，在预拌混凝土材料、混凝土预制构件、蒸压加气混凝土砌块（板）、预拌砂浆和建筑涂料等方面全面使用绿色低碳建材。2023年4月1日起，取得施工许可的政府（国企）投资的民用和工业建筑项目，在防水卷材、防水涂料、建筑玻璃、管道等方面全面使用绿色低碳建材。通知要求，对（国企）投资的民用和工业建筑项目，建设单位要落实主体责任，对项目进行全过程监管。

三、持续深化"放管服"改革

营商环境不断优化，持续开展工程建设项目审批制度改革，进一步简化执业资格认定申报材料，实施阶段性缓缴进城务工人员工资保证金政策；深化招标投标制度改革，进一步规范招标投标主体行为，印发招标投标"评定分离"导则，建设工程招标投标电子化进程加速；完善企业资质管理制度，深入研究企业资质管理规定与标准，统一企业资质有效期并明确直接申请资质条件，实行行政许可事项清单管理，指导广东试点香港设计咨询企业在大湾区开业执业；工程造价改革持续推进，规范工程建设计价行为，造价咨询行业转型发展，规范二级造价工程师注册管理。

（一）营商环境不断优化

持续开展工程建设项目审批制度改革。一是持续推动并联审批、区域评估、联合审图、联合验收、告知承诺制审批等重要改革的措施落地见效，2022年，全国并联审批率、联合验收率分别为46.71％、48.75％，同比分别增长4.34、7.79个百分点，审批服务效能持续提升。同时建立"体外循环""隐性审批"常态化治理机制，通过国家工程建设项目审批管理系统、建议和投诉微信小程序等，及时发现督促地方整改存在的问题，每月进行通报。二是提升全流程网上审批效能。持续推动地方将全流程审批服务事项全部纳入线上办理。复制推广工程建设全过程"一张图纸"管理、电子证照应用、市政公用线上联合报装等做法，指导各地不断完善系统功能，提升网上办事便利度。定期点对点分析反馈省、市工程建设项目审批管理系统运行情况，督促地方切实整改。建设全国工程建设项目审批服务平台，向公众提供办理各地审批、查询审批信息和改革政策等服务。2022年，各地通过工程建设项目审批管理系统审批项目65.49万个，办理审批服务203.93万件，同比增加8.3％、10.38％。三是进一步健全评估机制。完成2021年度全国工程建设项目审批制度改革评估，推动各地参照评估情况有针对性地深化改革。结合世界银行营商环境新评估体系，完善工程建设项目审批制度改革评估指标体系和评估方法。依托国家工程建设项目审批管理系统建立常态化分析监督机制，定期分析各地工程建设情况及审批情况。四是扎实推进改革创新试点。通过建立联络员机制、定期调度、组织专题培训、城市经验交流等方式，支持指导营商环境创新试点城市扎实推进创新措施落地落实。及时跟进试点地区情况，在全国复制推广相关经验做法。

进一步简化执业资格认定申报材料。2022年10月31日，《住房和城乡建设部办公厅关于进一步简化一级注册建筑师、勘察设计注册工程师执业资格认定申报材料的通知》（建办市函〔2022〕364号）下发，明确自2022年12月1日起，进一步简化一级注册建筑师、勘察设计注册工程师（二级注册结构工程师除外）执业资格认定申报材料。申报一级注册建筑师、勘察设计注册工程师（二级注册结构工程师除外）注册，不再要求提供身份证明复印件、与聘用单位签订的劳动合同复印件。由申请人对申报信息真实性和有效性进行承诺，并承担相应的法律责任。住房和城乡建设部将通过比对社会保险信息等方式核实申报材料的真实性、准确性。各级住房和城乡建设主管部门要充分运用数字化、信息化等手段，按照"双随机、一公开"原则，加强对一级注册建筑师、勘察设计注册工程师注册工作和执业活动的事中事后监督检查。一级注册建筑师、勘察设计注册工程师注册信息、个人工程业绩信息、执业单位变更记录信息、不良行为信息等，可通过全国建筑市场监管公共服务平台查询。此外，采取专家线上和现场审查相结合的方式，提高企业资质审批效率。

实施阶段性缓缴进城务工人员工资保证金政策。 2022年6月24日，为深入贯彻党中央、国务院关于高效统筹疫情防控和经济社会发展决策部署，落实2022年6月15日国务院常务会议要求，加力支持纾困稳岗，经商住房和城乡建设部、交通运输部、水利部、银保监会、铁路局、民航局同意，《人力资源社会保障部办公厅关于阶段性缓缴进城务工人员工资保证金有关事项的紧急通知》下发。随后，北京市人力资源和社会保障局、北京市住房和城乡建设委员会等部门发布《关于阶段性缓缴进城务工人员工资保证金有关事项的通知》，在工程建设领域，对符合条件的工程建设项目施工企业实施阶段性缓缴进城务工人员工资保证金政策。通知明确，自2022年6月1日起依法办理了施工许可证、开工备案或批准开工报告的工程建设项目，还未缴纳进城务工人员工资保证金或办理进城务工人员工资保证金保函的施工企业；2022年6月1日起依法不需要办理施工许可证、开工备案或批准开工报告，且工程施工合同额（或年度合同额）在300万元（含）以上的工程建设项目施工企业；2022年7月1日起新开工的工程建设项目施工企业，在缓缴期限内无需提交申请，均可缓缴进城务工人员工资保证金。缓缴政策以保障进城务工人员工资按时足额发放为前提。黑龙江省哈尔滨市、湖北省鄂州市、海南省等都实施了工程建设领域阶段性缓缴进城务工人员工资保证金政策。

（二）深化招标投标制度改革

进一步规范招标投标主体行为。 为压实主体责任、落实监管职责，规范招标投标竞争秩序。《国家发展改革委等部门关于严格执行招标投标法规制度进一步规范招标投标主体行为的若干意见》（发改法规规〔2022〕1117号）于2022年7月18日下发，针对当前招标投标市场存在的招标投标各方主体权责落实不到位、市场隐性壁垒和门槛尚未完全消除，规避招标、虚假招标、围标串标、有关部门及领导干部插手干预等违法违规行为易发高发等突出问题，提出强化招标人主体责任、坚决打击遏制违法投标和不诚信履约行为、加强评标专家管理、规范招标代理服务行为、进一步落实监督管理职责五方面20项具体举措。其中规定中标人不得将中标项目转包、违法分包。该意见由国家发展改革委、住房和城乡建设部等13部门联合印发，自2022年9月1日起施行，有效期至2027年8月31日。

印发招标投标"评定分离"导则。 宁夏回族自治区住房和城乡建设厅、发展改革委、公共资源交易管理局，进一步深化工程建设项目招标投标机制改革，规范招标投标活动。"评定分离"是指将招标投标程序中的"评标委员会评标"与"招标人定标"作为相对独立的两个环节进行分离。评标委员会根据招标文件规定的评标方法和标准对投标文件进行评审后，向招标人推荐一定数量不标明排序的中标候选人，招标人组建定标委员会，在推荐的中标候选人中按照招标文件规定的定标方案自主确定中标人。为引导招标人合理充分行使择优定标权，自治区级3000万元以上、地市级2000万元以上、县区级1000万元以上的房建市政施工项目，由招标人自主决定是否选择"评定分离"。对采用"评定分离"的项目，招标人可根据项目规模及实际情况选择适合于项目的定标因素及其内容，综合考量中标候选人的投标报价、企业实力、企业信誉、拟派团队管理能力与水平等情况。招标人应组建不少于2人的定标监督小组，对定标委员会的组建、定标过程及招标人在定标前对投标人的考察、质询等进行全程监督，发现异常情况及时提醒并纠正。同时，各级监督管理部门对采用"评定分离"的项目通过随机抽查和定向检查的方式，加强"评定分离"过程中事中事后监管，维护建筑市场秩序，保障定标过程规范开展。

建设工程招标投标电子化进程加速。 陕西省渭南市富平县医院设计招标资格预审项目是省内第一个同时实现无纸化资格预审和远程异地评审的项目。广西房建市政工程招标投标实现全流程电子化从 2022 年 6 月中旬起，新进入自治区公共资源交易中心交易的房屋建筑和市政基础设施工程招标投标项目实行网上开标，实现"不见面开标"，无需到交易中心开标现场，即可完成项目招标投标。有效降低企业投标成本、大幅提升开标效率。广西壮族自治区住房和城乡建设厅制订了通用招标文件范本，要求除施工、监理、检测等部分服务外，其他新进自治区公共资源交易中心交易的项目应采用通用范本进行全流程电子化招标投标。全区各市、县按照"具备条件、立即铺开"的原则，全力推行通用范本全流程电子化招标投标。广东省珠海市 2022 年 12 月 1 日起全面推行银行电子保函及保险电子保单，对进入珠海市公共资源交易中心的依法必须招标工程建设项目，全面推行电子保函（保险、保单）替代现金缴纳投标保证金，招标人不得拒绝投标人以银行电子保函及保险电子保单等电子保函方式提交的投标保证金。通知规定，保函（保险、保单）出具机构应对保函的真实性负责，并且保持出具保函的系统稳定性。

（三）完善企业资质管理制度

统一企业资质有效期和并明确直接申请资质条件。2022 年 10 月 28 日，《住房和城乡建设部办公厅关于建设工程企业资质有关事宜的通知》（建办市函〔2022〕361 号）下发，通知明确住房和城乡建设部核发的工程勘察、工程设计、建筑业企业、工程监理企业资质，资质证书有效期于 2023 年 12 月 30 日前期满的，统一延至 2023 年 12 月 31 日。具有法人资格的企业可直接申请施工总承包、专业承包二级资质，企业按照新申请或增项提交相关材料，企业资产、技术负责人需满足《建筑业企业资质标准》（建市〔2014〕159 号）规定的相应类别二级资质标准要求，其他指标需满足相应类别三级资质标准要求。持有施工总承包、专业承包三级资质的企业，可按照现行二级资质标准要求申请升级，也可按照上述要求直接申请二级资质。

实行行政许可事项清单管理。为贯彻落实《国务院办公厅关于全面实行行政许可事项清单管理的通知》（国办发〔2022〕2 号）要求，制定建筑业企业、工程勘察企业、工程设计企业、工程监理企业资质认定和勘察设计注册工程师、监理工程师、建造师、注册建筑师执业资格认定及建筑工程施工许可等行政许可事项清单及实施要素和实施规范。

指导广东试点中国香港设计咨询企业在大湾区开业执业。 近年来，住房和城乡建设部指导广东省住房和城乡建设厅积极采取资格互认、经备案后开业执业等措施，大力支持中国香港业界进入内地发展，在这些政策措施的支持下，越来越多的中国香港企业和专业人士进入内地参与国家建设，以粤港澳大湾区建设为切入点，更好地融入国家发展大局。2022 年，广东省试点中国香港设计咨询企业和专业人士在大湾区开业执业，备案企业 59 家、专业人士 279 人，推动粤港工程建设事业高质量协同发展。

（四）工程造价改革持续推进

2020 年 7 月，住房和城乡建设部办公厅印发《工程造价改革工作方案》（以下简称《方案》）后，北京、浙江、湖北、广东、广西 5 个试点省市以及江苏、山东、河南、江西、重庆等省市积极行动，围绕《方案》制定了造价改革实施方案、最高投标限价编制方案、过程结算指引等一批省级政策措施。

最高投标限价编制改革。 广东等省以市场交易习惯为基础，对招标工程量清单的项目划分和计算规则进行进一步调整、归并和优化；江苏、浙江等省推行措施项目包干计价，合理约定风险；广西实行全费用综合单价，取消安全文明施工费、规费不可竞争的规定；北京对安全文明施工费和赶工措施增加费实行市场化计价。各省初步探索脱离定额开展工程计价的实践路径。

开展造价数据库建设及应用探索。 浙江省开展了造价指标数字化管理研究与应用的课题研究，开发了基于深度学习理论的造价指标分析系统，建立了造价数据分类、特征提取、指标分析等各类算法模型，实现了按地区、工程类型等分类测算工程造价指标的目标。

推行施工过程结算。 广东省制定了施工过程结算工作指引，在实行施工过程结算的试点项目中将结算支付比例提高至 90% 以上，完善内部验收、结算管理等措施,大幅度缩短了结算时长。山东省发布了施工过程结算专用的合同示范条款,通过招标投标监管手段,指导发承包双方在施工合同中明确约定过程结算的要求,促进政策落地实施。

实施全过程造价管控。 广东省发布了《广东省建设项目全过程造价管理规范》DBJ/T 15—153—2019,指导建设单位增强造价管控能力,借鉴国际先进经验,改革现有的分段式造价管理模式,建立以目标成本为核心的全过程工程造价管理体系。

推进改革工作机制。 一些地区建立了有效的部门联合推进机制,初步形成了组织合力。山东省住房和城乡建设厅联合发展改革委、财政厅3部门联合发布造价改革实施方案和推行施工过程结算的指导意见,广西壮族自治区住房和城乡建设厅联合财政部门印发了造价改革试点实施方案。湖北省住房和城乡建设厅联合省财政厅、省公共资源交易监督管理局印发了《湖北省房屋建筑和市政基础设施工程施工过程结算暂行办法》。

四、完善建筑市场监管体系

完善建筑业法规制度,积极开展相关法规制度的研究,制定工程勘察设计、建设工程监理统计调查制度;推行数字化监管方式,加大信息服务平台数据支撑功能,持续推进施工许可等相关电子证照应用;加强建筑市场信用体系建设,征集住房和城乡建设领域信用体系建设优秀案例,印发信用体系建设年度工作要点,各地实践信用分类和差异管理;持续开展工程建设领域专项整治,开展招标投标、拖欠进城务工人员工资问题专项整治,扎实推进自建房安全专项整治。

(一)完善建筑业法规制度

积极开展相关法规制度的研究。 积极加强政策研究,推动研究修订建筑法,积极组织开展调研和论证工作,开展勘察设计管理条例、注册建筑师条例修订前期研究。组织研究修订注册建造师管理规定,研究起草注册公用设备、电气工程师执业管理办法,实施注册建筑师新版考试大纲,进一步明晰注册人员权利、义务、责任。

制定工程勘察设计、建设工程监理统计调查制度。 为全面掌握工程勘察设计、建设工程监理行业情况，住房和城乡建设部制定了工程勘察设计、建设工程监理统计调查制度（以下简称"统计调查制度"），均为年度统计。2022年4月1日，《住房和城乡建设部办公厅关于开展2021年工程勘察设计、建设工程监理统计调查的通知》（建办市函〔2022〕132号）下发，要求开展2021年工程勘察设计、建设工程监理统计调查。通知明确，统计调查范围为2021年1月1日至2021年12月31日期间持有住房和城乡建设主管部门颁发的工程勘察资质、工程设计资质、工程监理资质证书的企业。开展工程勘察设计、工程监理统计调查，为加强相关企业、人员动态监管提供支撑。

（二）推行数字化监管方式

加大信息服务平台数据支撑功能。 截至2022年底，全国建筑市场监管公共服务平台收录企业资质信息65.7万家、注册人员信息360万人、工程项目信息210万个、信用行为信息6384条，平台访问量达到14.7亿次，为主管部门加强行业监管、市场主体开展经营活动提供基础数据支撑。全国建筑工人管理服务信息平台收录建筑工人信息5350万人，为规范劳务用工管理发挥了重要作用。运用数字技术辅助监管和决策，提升了行业治理能力。截至2023年6月，平台已与国务院政务服务平台实现数据共享，并同时开放全国各省（市、区）级一体化平台下行接口，实现与全国各地数据共享。平台共收录建设工程相关企业97.29万家、建设工程企业资质127.23万个、各类执业注册人员信息378.96万条、建设工程项目信息206.19万条，平台网站总访问量达到16亿次。

持续推进施工许可等相关电子证照应用。 2022年4月8日，住房和城乡建设部下发《住房和城乡建设部办公厅关于同意新疆维吾尔自治区实行消防设计审查验收文书和施工图设计文件审查合格书电子证照的函》（建办厅函〔2022〕142号），同意新疆维吾尔自治区住房和城乡建设主管部门制发的特殊建设工程消防设计审查申请受理/不受理凭证、特殊建设工程消防设计审查意见书、特殊建设工程消防验收申请受理/不受理凭证、特殊建设工程消防验收意见书、建设工程消防验收备案/

不备案凭证、建设工程消防验收备案抽查/复查结果通知书,以及施工图综合审查机构制发的施工图设计文件审查合格书实行电子证照。2022年8月8日,《住房和城乡建设部办公厅关于开展建筑施工企业安全生产许可证和建筑施工特种作业操作资格证书电子证照试运行的通知》(建办质〔2022〕34号)发布,进一步贯彻落实国务院关于加快推进电子证照扩大应用领域和全国互通互认的要求,深化"放管服"改革,提升建筑施工安全监管数字化水平。

(三)加强建筑市场信用体系建设

征集住房和城乡建设领域信用体系建设优秀案例。2022年4月11日,《住房和城乡建设部办公厅关于征集住房和城乡建设领域信用体系建设优秀案例的通知》(建办厅函〔2022〕145号)印发,在全系统开展住房和城乡建设领域信用体系建设优秀案例征集活动,充分发挥典型引路、示范带动作用。征集内容包括各级住房和城乡建设部门在本领域公共信用信息归集共享和公开、守信激励和失信惩戒、信用修复、信用评价、信用承诺、信用服务、信用产品、信用数据分析、信用风险管控、基于信用的监管机制创新等方面的优秀做法和典型案例,着重体现信用体系在改善营商环境、惠民便企、提升监管效能、构建公平诚信市场环境和社会文化方面产生的积极成效。

印发信用体系建设年度工作要点。2022年4月22日,《住房和城乡建设部办公厅关于印发部2022年信用体系建设工作要点的通知》(建办厅函〔2022〕165号)印发。从加快推进信用体系制度建设、加快信用信息管理基础设施建设、完善信用体系建设优化营商环境、建立健全基于信用的新型监管机制、加强组织实施五方面,列出十四项工作要点,要求积极发挥信用体系在支撑"放管服"改革、营造公平诚信的市场环境、提升政府监管效能等方面的重要作用,逐步建立健全信用承诺、信用评价、信用分级分类监管、信用激励惩戒、信用修复等制度,促进住房和城乡建设事业高质量发展。2023年5月11日,《住房和城乡建设部办公厅关于印发部2023年信用体系建设工作要点的通知》(建办厅函〔2023〕124号)印发,按照全国住房和城乡建设工作会议精神,加快推进信用体系建设，进一步发挥信用对提高资源配置效率、降低制度性交易成本、防范化解风险的重要作用，为推动新征程住房和城乡建设事业高质量发展提供支撑。

各地实践信用分类和差异管理。为进一步建立健全建筑领域诚信体系、加强信用分类监管、完善建筑市场和施工现场联动管理机制、构建建筑市场信用奖惩机制，各地建筑市场实践信用分类和差异管理。如陕西省西安市住房和城乡建设局印发《西安市房屋建筑和市政基础设施工程施工总承包企业信用评价管理办法》，健全房屋建筑和市政基础设施工程施工总承包企业的信用评价体系，充分考虑企业规模差异和分值质量，由高到低依次分为：A+、A、B、C、D共计5个等级，结合日常监督实行差异化管理。安徽省亳州市住房和城乡建设局对全市在建工地进行"拉网式"评价，搭建了信用评价系统平台，全面提高施工现场精细化管理水平，倒逼企业落实主体责任。河南省《鹤壁市建筑市场信用建设"红黑榜"暂行办法》适用于在该市行政区域内从事房屋建筑和市政基础设施工程活动的建设单位、勘察单位、设计单位、施工单位、监理单位、造价咨询机构、工程检测、预拌混凝土（砂浆）生产企业等企业及相关从业人员，明确列入红榜的公示期限一般为3年，列入黑榜的公示期限一般为3个月至3年。对纳入"红黑榜"企业的奖惩措施，主要从工程推荐评优评先、享受行业内优惠政策及差异化监管方面具体实施。

（四）规范建筑用工管理

加强建筑工人实名制管理。2022年8月2日，《住房和城乡建设部 人力资源社会保障部关于修改〈建筑工人实名制管理办法（试行）〉的通知》（建市〔2022〕59号）印发，明确提出建筑企业应与招用的建筑工人依法签订劳动合同，对不符合建立劳动关系情形的建筑工人依法订立用工书面协议，保障建筑工人合法权益。进一步完善全国建筑工人管理服务信息平台功能。督促各地严格落实建筑用工实名制要求，打通省内各地实名制管理数据壁垒，不断完善平台施工现场关键岗位人员预警、建筑工人轨迹查询等功能，为规范用工管理、解决拖欠进城务工人员工资等工作提供有力支撑。

保障建筑工人合法权益。 2022 年 8 月 29 日，印发《住房和城乡建设部办公厅关于进一步做好建筑工人就业服务和权益保障工作的通知》（建办市〔2022〕40 号），要求各地住房和城乡建设主管部门强化岗位指引、引导建筑企业逐步建立建筑工人用工分类管理制度，根据进城务工人员就业需求和建筑企业用工需要、结合项目和岗位的具体情况合理安排工作，同时要求各地积极回应社会关切和建筑工人诉求，切实维护好进城务工人员就业权益。2022 年 12 月 23 日，住房和城乡建设部办公厅 人力资源社会保障部办公厅关于印发《建筑工人简易劳动合同（示范文本）》的通知，明确建筑工人工资支付方式、权益保障等要求，维护进城务工人员合法权益。

扎实做好欠薪案件督办工作。 聚焦冬奥工程等重点项目，紧盯元旦、春节、全国两会、党的二十大等重要时间节点，指导各地积极做好稳控化解，积极配合人力资源社会保障部门加强长效机制建设和欠薪案件查处等工作。督促各地及时做好保障工资支付案件查处工作，妥善防范化解欠薪隐患，截至 2022 年底，各地住房城乡建设主管部门共查处案件 16033 件，协助人力资源社会保障等部门共查处案件 12273 件，切实保障进城务工人员合法权益，全力维护社会和谐稳定。配合人力资源和社会保障部开展省级政府 2021 年保障进城务工人员工资支付工作考核，督促各项工作落到实处。

完善工程款支付管理制度。 为进一步从源头解决欠薪问题，完善建设工程价款结算，我部会同财政部对《建设工程价款结算暂行办法》（财建〔2004〕369 号）进行修改完善，2022 年 6 月 14 日，印发《关于完善建设工程价款结算有关办法的通知》（财建〔2022〕183 号），将工程进度款支付比例下限提高至 80%，取消支付比例上限，推行施工过程结算，保障工程款支付，进一步降低建筑企业负担，助力从源头解决欠薪问题。

（五）持续开展工程建设领域专项整治

开展招标投标专项整治。 天津市住房和城乡建设委员会组织开展了全市工程建设领域招标投标专项整治工作，重点整治强揽工程、围标串标、恶意竞标等突出问题。对群众举报反映的问题进行深入调查，发现有 21 个招标项目存在"打分异常，个别社会评标专家有组织地串联，以团体形式为特定投标企业打高分或压低分，进而操纵中标结果，并向投标企业威胁索取高额报酬"的问题。天津市住房和城乡建设委员会及时将有关项目问题线索移交天津市公安局，并向天津市委、市政府报告，天津市公安局已对 32 名评标专家采取强制措施。天津市住房和城乡建设委员会随后成立专项整治工作领导小组并开展专项整治行动，彻查 2017 年以来的评标项目。整治工作依托政务服务平台搭建招标投标项目的自查系统，着眼厘清五方责任主体，组织招标人、招标代理机构、投标人、评标专家、监督部门等进行"背靠背"自查，约 15000 个招标投标主体参与，市区两级住房和城乡建设部门均被纳入自查范围。同时，不断完善评标规则，贯彻《关于严格执行招标投标法规制度进一步规范招标投标主体行为的若干意见》，修订完善招标投标管理规定和评标专家管理办法，规范管理细化违规行为处置，杜绝评标专家的违法行为，营造风清气正的工程建设市场环境。

专项整治拖欠进城务工人员工资问题。河南省住房和城乡建设厅印发方案，对房屋建筑和市政基础设施领域因转包、违法分包、挂靠及拖欠工程款引发的拖欠进城务工人员工资问题进行专项整治。此次专项整治聚焦建筑行业乱象，旨在通过打击一批未批先建、违法发包、转包、挂靠、违法分包等违法行为，建立健全长效常治机制，有效解决现有房屋建筑和市政基础设施领域进城务工人员欠薪问题，营造良好的建筑市场环境。此次行动持续至 2023 年 9 月底，分为自查自纠、市县排查、省厅抽查、巩固提升四个阶段，重点围绕严格规范建筑市场秩序、加强建设资金批后监管、推行施工现场实名制管理、开展建筑业企业资质动态核查、实施欠薪主体联合惩戒五项措施开展专项排查整治。对检查中发现问题的，将开展联合惩戒，由各级住房和城乡建设主管部门依法查处，并将相关处罚（处理）信息以及本级人力资源和社会保障部门认定的拖欠进城务工人员工资"黑名单"记入不良信用记录，进行公开曝光和市场准入限制。

扎实推进自建房安全专项整治。2022 年湖南长沙"4·29"居民自建房倒塌事故发生后，习近平总书记立即作出重要指示，要求对全国自建房安全开展专项整治，彻查隐患，及时解决，坚决防范各类重大事故发生，切实保障人民群众生命财产安全和社会大局稳定。国务院办公厅印发《全国自建房安全专项整治工作方案》，要求开展全国自建房安全专项整治工作，全面消除自建房安全隐患，切实保障人民群众生命财产安全和社会大局稳定。工作方案要求各地立即开展"百日行动"，快查快改、立查立改，及时消除经营性自建房存在的安全隐患，坚决遏制重特大事故发生；对其他自建房进行全面排查，力争2023年6月底前摸清所有自建房基本情况；在此基础上，加快推进分类整治工作，力争用3年左右时间完成全部自建房安全隐患整治。住房和城乡建设部依托全国自然灾害综合风险普查房屋建筑和市政设施调查系统，扩展开发了城乡自建房安全专项整治信息归集平台。2022年9月9日，全国自建房安全专项整治"百日行动"巩固提升动员部署电视电话会议在北京召开。2023年4月7日，全国自建房安全专项整治工作电视电话会议在北京召开，会议深入学习贯彻党的二十大精神和习近平总书记重要指示批示精神，落实国务院办公厅印发的《全国自建房安全专项整治工作方案》，部署2023年自建房安全专项整治工作。

五、强化工程质量安全保障

完善工程质量保障体系，部署开展预拌混凝土质量及海砂使用监督抽查，修订出台《建设工程质量检测管理办法》，继续开展建筑工程质量评价，加快发展工程质量保险，研究建立房屋全生命周期的质量保险制度，印发《"十四五"工程勘察设计行业发展规划》；开展房屋市政工程安全生产治理行动，切实消除各类施工安全隐患；稳步提升工程抗震防灾能力，强化顶层设计做好立法保护，及时启动地震应急响应指导和支持地方做好抗震救灾。

（一）完善工程质量保障体系

完善工程质量顶层设计。全面修订出台《建设工程质量检测管理办法》，研究起草工程质量检测资质标准及实施意见，做好部令实施和资质就位等配套工作。强化工程质量检测全过程监管，强化数字监管提质增效，加大违法违规行为惩处力度，为建设工程质量提供保障。党中央、国务院印发《质量强国建设纲要》，设置"提升建设工程品质"专篇，全面落实各方主体质量责任，加强工程质量监督队伍建设，为今后一个时期工程质量工作指明方向。与市场监管总局等17部门联合印发《进一步提高产品、工程和服务质量行动方案（2022—2025年）》，提出加快推进工程质量管理标准化建设，进一步推动建筑工程品质提升。

创新工程质量发展机制。持续推进工程质量评价试点，委托第三方评价机构对安徽、宁夏、贵州3个试点地区进行建筑工程质量评价，并根据评价结果进一步完善建筑工程质量评价指标体系、实施方案和评价手册，探索建立质量评价制度；总结工程质量保险试点经验做法，深入开展工程质量保险顶层设计研究，制定符合我国国情的工程质量保险制度总体框架，加快发展工程质量保险。

强化政府工程质量监管。部署开展预拌混凝土质量及海砂使用监督抽查，对浙江、安徽等22个地方开展预拌混凝土质量及海砂使用抽查，抽查297个在建建筑工程及相关预拌混凝土生产企业，严禁不合格预拌混凝土流入建筑工程项目，保障建筑结构安全。

培育工程质量文化。以"强化数字赋能、建设建造强国"为主题，开展全国住房和城乡建设系统"质量月"暨工程质量数字监管交流观摩活动，充分展示我国工程质量显著成果及工程质量数字建造先进技术，推广智能建造、绿色建造技术，营造人人追求质量的良好氛围。

强化勘察设计质量监管。编制印发《"十四五"工程勘察设计行业发展规划》，回顾总结"十三五"时期行业发展成就，系统分析面临的新机遇和新挑战，立足工程勘察设计行业的发展定位，紧密结合推进行业绿色化、工业化、数字化转型的发展要求，充分考虑行业面临的机遇与挑战，聚焦行业发展，突出系统治理，强化综合施策，明确"十四五"时期工程勘察设计行业的发展形势、总体要求、主要任务和保障措施；开展勘察设计质量线上抽查，对10省开展建筑工程勘察设计质量线上抽查工作，对54个项目的建筑、结构、给排水、暖通、电气、岩土勘察进行全专业图纸审查。

(二)开展房屋市政工程安全生产治理行动

部署开展房屋市政工程安全生产治理行动。 2022年3月25日,住房和城乡建设部下发《住房和城乡建设部关于开展房屋市政工程安全生产治理行动的通知》(建质电〔2022〕19号),决定开展房屋市政工程安全生产治理行动,全面排查整治各类隐患,防范各类生产安全事故,切实保障人民生命财产安全,坚决稳控安全生产形势。工作目标是:以习近平新时代中国特色社会主义思想为指导,坚持人民至上、生命至上,坚持统筹发展和安全,坚持"安全第一、预防为主、综合治理",集中用两年左右时间,聚焦重点排查整治隐患,严厉打击违法违规行为,夯实基础提升安全治理能力,坚决遏制房屋市政工程生产安全重特大事故,有效控制事故总量,为党的二十大胜利召开营造安全稳定的社会环境。工作安排分为动员部署阶段(2022年4月1日—4月15日)、排查整治阶段(2022年4月16日—2022年12月)、巩固提升阶段(2023年1月—2023年12月)。

切实消除各类施工安全隐患。 安全生产治理行动重点任务有五方面:一是严格管控危险性较大的分部分项工程,为健全管控体系、排查安全隐患、狠抓隐患整改。二是全面落实工程质量安全手册制度,严格落实手册要求、夯实安全生产基础、落实关键人员责任。三是提升施工现场人防物防技防水平,加强安全生产培训教育、强化现场安全防护措施、提升安全技术防范水平、增强风险应急处置能力。四是严厉打击各类违法违规行为,大力整顿违反建设程序行为、大力整治发承包违法违规行为、加大违法违规行为查处力度、深入推进"两违"专项清查工作。五是充分发挥政府投资工程示范带头作用,带头遵守相关法律法规、严格安全生产责任追究、打造安全生产示范工程。围绕五大重点任务,切实消除各类隐患,稳控安全生产形势,全国房屋市政工程安全生产形势总体保持稳定,2022年全国发生房屋市政工程生产安全事故起数和死亡人数同比双下降,较大及以上事故起数创历史新低。

(三)稳步提升工程抗震防灾能力

完善法规制度体系。 贯彻落实《建设工程抗震管理条例》,细化完善城乡建设抗震防灾制度体系。组织开展国家标准《建筑工程抗震设防分类标准》GB 50223—2008 和《建筑抗震设计规范（附条文说明）》GB 50011—2010 局部修订工作。组织编制《基于保持建筑正常使用功能的抗震技术导则》。推进超限高层建筑工程抗震设防管理规定和相关技术要点修订工作。

推动实施自然灾害防治重点工程。 落实中央财经委员会第三次会议关于提升自然灾害防治能力的工作部署，积极配合推进地震易发区房屋设施加固工程，紧密结合农村危房改造、农房抗震改造试点和城市棚户区改造工作，有序推动地震易发区城镇住宅和农村民居抗震加固工程实施。

推进全国房屋建筑和市政设施调查。 按照国务院关于第一次全国自然灾害综合风险普查总体部署，全力推进全国房屋建筑和市政设施调查工作。基本完成全国房屋建筑和市政设施调查数据部省市县四级质检核查，以正式汇交或"预汇交"形式提交国务院普查办。摸清了全国房屋建筑和市政设施"家底"，形成了反映房屋建筑空间位置和物理属性的海量数据，城乡房屋建筑第一次有了"数字身份证"。

持续强化风险防范和应急响应能力。 落实《住房城乡建设系统地震应急预案》，执行 24 小时应急值班制度，密切跟踪关注各地震情，对 107 次 4 级以上地震进行了跟踪，及时沟通联系当地住建部门，督促做好相关信息报送，指导震后抢险救灾。指导各地积极开展防灾减灾日宣传活动，排查整治风险隐患，做好施工现场灾害应对，提升基层防灾应急能力。部署开展《建设工程震害调查工作规则研究》等课题研究，指导建设工程震害调查实践工作。

六、提升工程建设标准化水平

积极推进工程建设标准化改革，推进落实《国家标准化发展纲要》和全文强制性工程建设规范编制，加强工程建设标准常规管理；做好重点标准编制工作，开展住建领域重点工作的标准编制，做好医疗防疫、冬奥场馆建设等重要标准保障；推进标准国际化，参与国际标准制定，积极申请设立国际标准化组织，依托"走出去"工程项目，开展标准翻译工作。

(一) 积极推进工程建设标准化改革

推进落实《国家标准化发展纲要》和全文强制性工程建设规范编制。印发《住房和城乡建设领域贯彻落实〈国家标准化发展纲要〉工作方案》，住房和城乡建设部会同市场监管总局等联合印发《贯彻实施〈国家标准化发展纲要〉行动计划》，明确城镇建设、乡村建设、绿色低碳发展标准化任务，以标准化促进住房和城乡建设高质量绿色发展。推进落实《国务院关于印发深化标准化工作改革方案的通知》《住房和城乡建设领域改革和完善工程建设标准体系工作方案》，已完成全部38项规范的审查报批工作，其中《消防设施通用规范》GB 55036—2022、《建筑与市政工程施工质量控制通用规范》GB 55032—2022等36项已发布。

加强工程建设标准常规管理。印发2022年工程建设规范标准编制及相关工作计划，统筹安排全年标准修订工作，报送国标委22项产品国家标准建议项目，全年共发布工程建设国家标准23项，批准发布工程建设行业标准16项、建设标准1项。做好标准日常管理，组织开展2022年度工程建设国家、行业标准复审和2023年工程建设国家、行业标准立项申报。持续推进工业领域工程建设标准化改革，指导煤炭、有色等行业开展强制性国家工程规范编制工作，全年完成其他行业领域71项标准公开征求意见、115项行业标准备案，指导推进地方、团体标准工作，全年完成597项地方标准备案审查，开展工程建设团体标准发展情况座谈调研。积极做好标准解释工作，重点抓好涉及住房品质、消防安全等群众关注度高的信访件的处理。

(二) 做好重点标准编制工作

开展住建领域重点工作的标准编制。2022年完成住房和城乡建设领域国家标准、行业标准上网征求意见45项，审核报批33项，涉及信用信息系统建设、市容环卫、海绵城市建设、城市信息模型、抗震、装配式建筑等方面。如完成《电子工程节能设计标准（征求意见稿）》《城市轨道交通车载能耗计量装置技术要求（征求意见稿）》等国家标准、《城市信息模型平台工程建设项目数据标准（征求意见稿）》《历史文化街区与历史建筑防火标准（征求意见稿）》等行业标准向社会公开征求意见；批准《建筑与市政工程施工质量控制通用规范》GB 55032—2022、《建筑防火通用规范》GB 55037—2022 等国家标准，《市域快速轨道交通设计标准》CJJ/T 314—2022、《外墙外保温用防火分隔条》JG/T 577—2022 等行业标准。

做好医疗防疫、冬奥场馆建设等重要标准保障。住房和城乡建设部会同国家卫生健康委、国家发展改革委公布《方舱医院设计导则（试行）》（专栏 4-3），要求构建平急结合的医疗救治体系，做好新冠肺炎感染者分类救治，加强方舱医院储备。导则从选址、总体布局、建筑、结构、给水排水、电气、医用气体等方面，对方舱医院项目设计工作作出全面指引。住房和城乡建设部会同国家卫生健康委印发《集中隔离点设计导则（试行）》进一步落实新冠肺炎疫情常态化防控工作要求，指导各地做好集中隔离点相关设施建设。组织开展《绿色雪上运动场馆评价标准》DB11/T 1606—2018 立项工作和《人民防空地下室设计规范（2023 年版）》GB 50038—2005 修订。

专栏 4-3：《方舱医院设计导则（试行）》（摘要）

1. 院前区应合理组织收治人员流线，规划必要车辆停靠空间，设置负压救护车停放场地，并在适当位置设置车辆洗消场地及设施，并配套建设管理人员及司机工作、临时休息用房。

2. 收治区主要包括：接待和登记区、住院病房区、检查治疗区、特殊人员抢救、照护区、护士站、出院、转院处置区、物资存放区、开水间、卫生洗漱区以及医疗废弃物暂存与洗消间等。

3. 收治区宜设置收治人员活动区、心理辅导区、健康教育区。宜设置公安民警、保洁、保安的工作用房。可根据具体情况设置收治人员衣物晾晒区。

4. 收治区宜采用方整、规则的建筑形体，宜选择大空间形式，方便高效安排收治床位，提高诊疗工作效率。

5. 收治区的建筑主体宜采用单层、多层建筑形式。当为多层建筑时，应设置用于转送收治人员的坡道或电梯。电梯宜根据收治

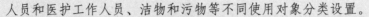

人员和医护工作人员、洁物和污物等不同使用对象分类设置。

6. 应严格规划收治区内收治人员和医护工作人员的出入口及交通流线，洁物和污物分设流线，防止交叉感染。医护人员及保安、保洁等工作人员宜从不同卫生通过区进出收治区。出入口宜设雨雪遮蔽设施。

7. 收治区功能布局宜采用开敞形式，以住院病房区为中心，在周边位置合理配置相应功能区域。

8. 结合实际需要设置特殊人员转运前的抢救、照护区域，并与其他区域相对分隔。配置相应的救治设备设施，收治人员转运路线应设置无障碍通道及设施。

9. 根据收治区床位规模、管理要求，合理规划护士站数量及规模，护士站宜设于住院病房区的中间位置，便于观察和到达收治人员床边。

10. 收治区宜按每20床位设置一个看护单元，单元之间设置轻质隔断。收治人员每床位净使用面积不宜小于6平方米，可根据情况进行灵活隔断组合。宜在病床床头和一侧设置高度不低于1.3米的隔断，围合形成相对私密的空间。

11. 收治区内集中设置公共盥洗间、厕所时，宜按每100张床位配置10~15个盥洗龙头及10~15厕位。可根据实际情况设置收治人员用淋浴间。

12. 结合功能分区可在院前区、收治区适当位置设置或预留医疗检查和治疗设备的空间和安装条件，便于快速运输、安装到位。设置移动式CT、检测实验室等设施时，应预留相应土建及机电建设条件，及其与建筑之间的通道。

13. 清洁工作区应设置医护人员办公室、会议室（具备远程会诊功能）、值班室、休息室、卫生间、淋浴间、物资库房、备餐间、设备机房等配套用房，并配置供公安民警、保洁、保安等人员使用的办公、休息、换班交接用房。可根据需要设置警务工作站、工作人员宿舍等用房。

14. 清洁工作区宜根据不同工作性质及风险等级合理分区设置办公区、宿舍区及配套区，合理规划人员、餐食、物资等流线。宿舍宜采用单人间，房间内宜设置卫生间，配置洗漱、厕位、淋浴等基本设施。

15. 厨房、备餐间的面积和平面布局应根据管理流程、收治人员和医护工作人员规模合理确定。应采取措施避免噪声、油烟、气味及食品储运对其他区域造成干扰。

16. 卫生通过区应靠近收治区，可通过连廊等与收治区相连。卫生通过区附近宜设置运送工作人员及物资车辆的停靠场地。应综合方舱医院规模、管理流程、医护工作人员通过卫生通过区消耗时间等因素，合理确定卫生通过区用房建设规模。污染区与清洁工作区之间的物资配送宜采用设置双门的缓冲间。

17. 医护工作人员进入污染区应经过更衣、穿戴防护装备、缓冲等房间；由污染区返回清洁区，应经过一脱、二脱、淋浴（可根据需要设置）、更衣等房间；卫生通过区的医疗废弃物外运通道应相对独立、便捷。

18. 方舱医院应根据平时及应急时需要，统筹设置给水排水、通风与空调、供暖、变配电、网络通信、消防控制及安全防范等设备用房。其位置应符合感染控制的要求，宜靠近负荷中心，噪声和振动不应对收治人员、医护工作人员的治疗、康复和工作造成干扰。设备用房应设置或预留安装和检修大型设备的通道。管道穿越不同房间处应采取密封措施。

19. 方舱医院宜选用标准化的轻质结构主体构件，及模数化、装配式围护材料。建筑材料选择和构造设计，应满足耐擦洗、防腐蚀、防渗漏、便于清洁和维护的要求。

（三）推进标准国际化

参与国际标准制定。 新申报国际标准立项 4 项，发布《城市治理与服务数字化管理框架与数据》等国际标准 3 项。2022 年 12 月 2 日正式发布《城市治理与服务数字化管理框架与数据》ISO 37170：2022。该标准是住房城乡建设领域首项围绕"城市管理与服务"方向的国际标准，是贯彻落实工程建设标准"走出去"的具体体现，是工程建设领域标准国际化的重大突破，助力数字经济健康发展具有里程碑的意义。该标准的发布为智慧城市的管理和可持续发展提供了中国经验，为国际城市管理标准化奠定了坚实基础，对提高各国城市管理水平具有重要意义。

积极申请设立国际标准化组织。国际标准化组织供热管网技术委员会 ISO/TC341 是我国住房和城乡建设领域在国际标准化组织（ISO）成立的首个技术委员会（TC），是中央企业践行标准国际化战略取得的重要突破。该委员会由中国建设科技集团股份有限公司所属中国城市建设研究院有限公司牵头申报，于 2022 年 6 月获得国际标准化组织技术管理局（ISO/TMB）批准，并由我国承担秘书国；于 2022 年 8 月获得国家标准化管理委员会批复，由中国城市建设研究院有限公司承担秘书处。ISO/TC341 的成功获批，是我国住房和城乡建设领域推动标准国际化战略进程中的里程碑事件，将为我国在供热技术国际标准化领域提出中国方案、发出中国声音、作出中国贡献搭建平台，促进全球范围供热产品、技术和标准的合作与国际贸易，助力全球供热产业高质量发展。

依托"走出去"工程项目，开展标准翻译工作。2022 年 3 月 28 日，《住房和城乡建设部关于发布〈印制电路板工厂设计规范〉等 5 项工程建设标准英文版的公告》（中华人民共和国住房和城乡建设部公告 2022 年第 43 号）发布，批准 5 项工程建设标准英文版，分别为：《印制电路板工厂设计规范（英文版）》GB 51127—2015E、《煤炭工业矿井设计规范（英文版）》GB 50215—2015E、《煤矿立井井筒及硐室设计规范（英文版）》GB 50384—2016E、《煤炭工业露天矿设计规范（英文版）》GB 50197—2015E、《塔式太阳能光热发电站设计标准（英文版）》GB/T 51307—2018E。该 5 项工程建设标准英文版由住房和城乡建设部组织中国计划出版社有限公司出版发行。

七、加强建筑规划设计管理

加强建筑工程全过程设计管理,广州确定建筑业"链长制"工作示范企业,促进产业链高质量发展,浙江省建设运行全省一体化的"浙里建"重大应用,从根本上改变了图纸使用和管理方式;坚持传承建筑历史文化,推进历史文化街区修复和历史建筑修缮工作,加强传统村落保护,开展传统村落集中连片保护利用示范,不断形成当地传统村落保护利用经验和模式,全面提升历史文化资源保护管理的信息化与智慧化水平,积极推进制定相关标准和制度;开展规划设计下乡服务活动助力乡村振兴,村落传统风貌得到保护,农村人居环境突出问题不断解决。

(一)加强建筑工程全过程设计管理

构建"链长制"推动建筑业和规划设计产业高质量发展。 广州市住房和城乡建设局与广州市规划和自然资源局制定《广州市构建"链长制"推动建筑业和规划设计产业高质量发展三年行动计划(2022—2024年)》。努力培育建筑业世界500强企业和千亿级建筑业龙头企业,促进产业链高质量发展。把握好"政府和企业协同、产业上下游协同"这两个协同,以建筑业及规划设计产业的重点任务,及重点企业、重点项目和重点平台为抓手,集中要素扶持协调解决关键技术和制约瓶颈,链主企业充分发挥主导作用,协会加强引导,多方发力,将点状的产业分布发展成链状的整体产业生态聚集,共同促进广州市建筑业和规划设计产业的工业化、数字化、智能化、绿色化、生态化升级,构建具有国际竞争力的高质量融通协同发展产业体系。已确定中国建筑第四工程局有限公司等98家企业为第一批建筑业"链长制"工作示范企业,包括工程总承包、招标代理、勘察设计、绿色与功能建筑材料、预拌混凝土生产、装配式构件生产、工程监理、咨询服务、工程检测九个细分领域。

扎实推进数字化设计管理。 浙江省以数字化改革为契机,推进工程建设全过程数字化管理,建设运行全省一体化的"浙里建"重大应用,建立工程项目参建单位有效制约、监管部门有效配合、专业机构有效服务、社会公众有效参与的协同治理体系。明确图纸变更、施工图审查、竣工图编制等图纸全过程业务在同一个系统在线管理，在设计、施工、审批等环节全面应用数字化图纸，作为工程建设项目审批、监管的图纸依据。建设、勘察、设计等各方参建单位和施工图审查机构在同一系统中完成施工图审查、设计变更、竣工图编制等涉及图纸的各种业务，实现从开工到竣工的闭合管理，完成传统纸图管理向在线"云图"管理的制度重塑，从根本上改变了图纸使用和管理方式。每张数字化图纸的在线签章均需单位和个人在线授权，并与勘察、设计企业和人员管理系统关联比对，验证企业及人员真实性、有效性，实现设计责任全程追溯，精准落实工程设计质量主体责任。

（二）坚持传承建筑历史文化

建筑设计风貌受到高度重视。建筑是凝固的历史和文化，是城市文脉的体现和延续。要树立高度的文化自觉和文化自信，强化创新理念，完善决策和评估机制，营造健康的社会氛围，处理好传统与现代、继承与发展的关系，让我们的城市建筑更好地体现地域特征、民族特色和时代风貌。习近平总书记指出，重要建筑特别是标志性建筑应当有中国风格、中国气派。建筑也是富有生命的东西，是凝固的诗、立体的画、贴地的音符，是一座城市的生动面孔，也是人们的共同记忆和身份凭据。我们应该注意吸收传统建筑的语言，让每个城市都有自己独特的建筑个性，让中国建筑长一张"中国脸"。

持续推进国家历史文化名城申报工作。2023年3月5日，国务院正式批复同意将剑川县列为国家历史文化名城。2023年9月30日，国务院正式批复同意将福建省莆田市列为国家历史文化名城，国家历史文化名城数量增至142座。

持续推进历史文化街区划定和历史建筑确定工作。截至2023年10月，全国共有国家历史文化名城142座，中国历史文化名镇名村799个，中国传统村落8155个，历史文化街区1200多片，历史建筑6.35万多处，在快速城镇化进程中抢救和保护了一大批珍贵的历史文化遗产。2023年8月15日，正式印发《住房城乡建设部 国家文物局关于组织申报第八批中国历史文化名镇名村的通知》（建科〔2023〕50号），组织地方开展第八批中国历史文化名镇名村申报工作。2023年10月25日，召开"历史文化街区和历史建筑保护利用现场会"总结工作成效，交流经验做法，部署推动下一阶段城乡历史文化保护传承工作。

开展历史文化名城保护工作调研评估和监督检查。 2023年累计完成了开封、惠州、临海、苏州、长春、张掖、伊宁、柳州、成都、呼和浩特、海口、广州、肇庆、蔚县、湖州15座国家历史文化名城重点评估，形成了评估报告、经验清单和问题清单。对长江经济带、黄河沿线等28座国家历史文化名城开展第三方评估工作，召开项目启动会和交流会，部署推动工作。2023年6月30日，召开"城乡历史文化保护传承规划工作推进会（视频会）"，通报2022年专项评估情况，指导督促各地做好2023年省级评估和名城自评估工作。

积极推进制定相关标准和制度。 住房和城乡建设部持续发布实施历史文化保护相关标准规范，提供技术指引。2018年印发《历史文化名城保护规划标准》GB/T 50357—2018，为新时代全国历史文化名城、历史文化街区保护规划编制提供技术指引。2021年印发《历史建筑数字化技术标准》JGJ/T 489—2021，建立全国统一的历史建筑测绘建档数据成果标准，推动了全国历史建筑数据库的建设和各地信息共联、共享。2023年印发《城乡历史文化保护利用项目规范》GB 55035—2023，为在城乡建设中加强历史文化保护传承与合理利用，建立分类科学、保护有力、管理有效的城乡历史文化保护传承体系提供技术指引。积极推动《历史文化街区与历史建筑防火标准（征求意见稿）》《历史文化街区工程管线综合规划标准（征求意见稿）》《历史建筑修缮技术标准（征求意见稿）》的研究制定。

（三）设计下乡助力乡村振兴

保护村落传统风貌。 近年来，住房和城乡建设部推动的"设计下乡"在乡村建设工作中成效突出，不仅总结并探索出一批符合地方实际、可复制可推广的组织模式和落地措施，也让"农村成为安居乐业的美丽家园"这一愿景渐行渐近。重庆市自2019年起，每年都将"三师一家"（规划师、建筑师、工程师和艺术家）下乡服务乡村建设写入重庆市委一号文件，按照市委要求，重庆市住房和城乡建设委员会积极行动，用设计下乡助推当地乡村振兴。重庆市渝北区洛碛镇大天池村杨家槽传统村落保护发展项目是住房和城乡建设部设计下乡开展村庄设计典型案例研究课题，也是全国首批美好环境与幸福生活共同缔造活动培训基地实践点，在农房修缮设计过程中，设计团队根据农民真实的生活需求，结合当地建筑特色，一方面，增设卫生间，通过对坡屋顶进行防水处理等措施，进一步完善房屋功能；另一方面，通过保护房屋院坝、沟渠泉井、古树古木等历史乡愁印记，保护了鸟语花香、鸡犬相闻的多元生态系统，保留了荷花稻田、旱地果林的野趣田园风光，传承了屋舍相连、院落相望的养心乡村生活。

解决农村人居环境突出问题。 福建省开展设计下乡三年行动方案，助力乡村振兴。以解决农村人居环境突出问题为突破口，优先服务于建设项目较多、人居环境整治任务较重和风貌保护要求较高的村庄。通过"五个一批"（即组织发动一批具备规划、建筑、景观、市政、艺术设计、文化策划等专业领域设计力量的高校、企业、院所、台湾社团和社会有识之士专家团队，扎根一批设计下乡服务基地，培育一批"懂乡村、爱乡村、土洋结合"的专业人才和农村建筑工匠队伍，总结一批设计下乡实践模式和经验做法，打造一批设计下乡示范镇村)，助力乡村振兴。2019年启动"十校十市抓示范"，2020年引导"百名精英驻百村"，2021年推进"千人团队助千镇"，逐步实现全省每个乡镇都有设计人员提供专业跟踪服务，设计下乡形成常态化工作机制和助推乡村振兴模式机制。坚持"留白、留绿、留旧、留文、留魂"，推行共谋共建共管共评共享的设计下乡理念，坚持"政府引导、村民主体、专家指导、企业助力"，保护和传承乡村历史特色，注重打造八闽乡村时代风貌。

开展规划设计下乡服务活动。 广西印发《广西规划设计下乡服务活动方案》，成立了16支规划设计下乡服务小分队，分别对口服务14个设区市。规划设计小分队由区内12家乙级以上设计单位和大专院校组建而成，每个小分队成员为7~8人，分赴全区选定的17个县（区）、21个乡镇、51个村屯开展服务活动。规划设计下乡服务活动是广西乡村风貌提升"三年行动"的重要内容,包括扎实开展学习教育、精心编制建房图集、协助构建长效机制和深入实施"指导完成一个县域乡村建设规划、指导完成一个镇控制性详细规划、完成一批村庄规划、举办一场农民培训、培训一批农村工匠'五个一'活动"。规划设计下乡服务活动是广西实施乡村振兴战略的具体举措,旨在转变乡村规划设计理念,规范农房建设,塑造特色风貌,推动乡村规划设计"为农、助农、惠农"。广西规划设计下乡服务小分队下乡期间共指导完成村庄规划45个,与村民开展"三同"活动(同吃、同住、同劳动)1.42天/每人次,设计农房改造建设图集176套,发放调查问卷2703份,培训农民265人,培训农村工匠282人。蹲点调研充分听取和吸纳村民的意见和建议,做出来的规划会比以前更接地气,可行性更高,也更受村民欢迎。

第五章　建筑业改革发展形势与展望

党的二十大对全面建成社会主义现代化强国"两步走"战略安排进行了宏观展望，部署了今后一段时期的战略任务和重大举措。建筑业作为住房和城乡建设事业乃至整个国民经济的重要支撑，在全面建设社会主义现代化国家的新征程上将大有可为。基于新战略、新阶段、新格局、新征程、新理念的发展态势，建筑业将以提供高品质建筑产品为初心、以优化建筑市场环境为基础、以贯彻新发展理念为主线、以构建国内统一大市场和开拓国际建筑市场为舞台，走出一条内涵集约式发展新路。

一、巩固建设工程建造新模式

促进智能建造与新型建筑工业化协同发展已于近几年取得明显成效，支持政策标准陆续出台，试点城市顺利推进落实方案，智能建造监管机制与评定体系将不断完善，相关标准也将重点编制和实施。装配式建造方式在"十四五"期间发展方向已明确，相关技术、材料、设备将得到创新推广，人才培养进一步加强，施工安全将得到进一步保障。

（一）不断完善智能建造政策和产业体系

加大政策支持力度和落实智能建造试点。 为贯彻落实党中央、国务院决策部署，大力发展智能建造，以科技创新推动建筑业转型发展。住房和城乡建设部会同国家发展改革委于2022年6月联合印发的《城乡建设领域碳达峰实施方案》明确提出推广智能建造，到2030年培育100个智能建造产业基地，打造一批建筑产业互联网平台，形成一系列建筑机器人标志性产品。北京市等24个城市于2022年10月被住房和城乡建设部列入为期3年的智能建造试点城市后，正加快落实试点实施方案，建立健全统筹协调机制，加大政策支持力度，有序推进各项试点任务，确保试点工作取得实效，随后将及时总结工作经验，形成可感知、可量化、可评价的试点成果。

建立和完善智能建造监管机制与评定体系。住房和城乡建设部组织开展智能建造标准体系课题研究，研究构建智能建造标准体系框架，明确关键共性标准编制需求，为行业发展和应用智能建造技术提供指导。下一步，住房和城乡建设部将推动各地加快研发适用于政府服务和决策的信息系统，探索人工智能审图和基于 BIM 的智能化审图，推广 BIM 报建审批，建立大数据辅助科学决策和市场监管的机制，完善数字化成果交付、审查和存档管理体系，加快构建智能建造评定体系，建立健全与智能建造相适应的工程质量、安全监管模式与机制。

积极推进智能建造相关标准编制。住房和城乡建设部编制发布了《建筑信息模型应用统一标准》GB/T 51212—2016、《建筑信息模型分类和编码标准》GB/T 51269—2017、《建筑信息模型施工应用标准》GB/T 51235—2017、《建筑信息模型设计交付标准》GB/T 51301—2018、《建筑工程设计信息模型制图标准》JGJ/T 448—2018 等一系列标准。以装配式建筑为切入点打造了"1+3"标准化设计和生产体系，即编制 1 项行业标准《装配式住宅设计选型标准》JGJ/T 494—2022，3 项主要构件和部品部件尺寸指南《钢结构住宅主要构件尺寸指南》《装配式混凝土结构住宅主要构件尺寸指南》《住宅装配化装修主要部品部件尺寸指南》。工业和信息化部批准发布了《装配式建筑 预制混凝土楼板》JC/T 2505—2019、《装配式建筑 预制混凝土夹心保温墙板》JC/T 2504—2019 等行业标准。同时，为构建统一、综合、开放的智能建造标准体系框架，住房和城乡建设部组织开展了智能建造标准体系课题研究。下一步，住房和城乡建设部将围绕数字设计、智能生产、智能施工，加快构建先进适用的智能建造标准体系，开展基础共性标准、关键技术标准、行业应用标准研究。工业和信息化部将结合落实《"十四五"机器人产业发展规划》，加快建筑机器人产品攻关，推进相关重点和急需标准的编制与实施。

（二）加快新型建筑工业化发展

明确"十四五"装配式建筑发展方向。2022 年，住房和城乡建设部先后印发《"十四五"建筑业发展规划》《"十四五"建筑节能与绿色建筑发展规划》《"十四五"住房和城乡建设科技发展规划》，提出"十四五"时期"推广新型绿色建造方式"重点任务，着力开展标准化设计和生产体系重点工程，为"十四五"时期装配式建筑发展指明方向。

实施装配式建筑优惠政策。围绕支持科技创新、促进成果转化，国家实施了一系列优惠政策。一是将装配式建筑纳入《绿色产业指导目录》，指导山东、浙江、河北等多地制定出台绿色金融支持装配式建筑发展有关政策。二是推动建筑节能技术纳入《国家重点支持的高新技术领域》，支持装配式建筑企业按规定申请高新技术企业资格并享受企业所得税减按15%缴纳的税收优惠政策。三是交通运输部不断优化提升大型预制部品部件运输许可服务，实现跨省大件运输限时并联审批，压缩许可办结时间。

加强人才培养培训。为推动装配式建筑相关人才的培养，教育部印发《职业教育专业目录（2021年）》，持续优化土建施工类专业目录，在中高职专科、高职本科和普通本科设置装配式建筑施工、装配式建筑工程技术、智能建造等专业。同时，教育部还发布了装配式建筑构件制作与安装、装配式混凝土预制构件质量检验、建筑信息模型（BIM）、智能建造设计与集成应用等职业技能等级证书，指导职业院校将证书培训内容有机融入专业人才培养方案，适应装配式建筑、绿色建造、建筑信息化等行业前沿技术发展要求，开展职业培训。下一步，住房和城乡建设部将继续支持装配式建筑的发展，不断完善装配式建筑管理机制和标准体系，加大政策落实力度，加强专业人才培养，强化能力建设，促进装配式建筑全产业链发展，助力城乡建设绿色低碳发展。

（三）推动技术、材料和设备改革创新

支持建筑业企业技术创新。通过政策引导、舆论宣传、资金扶持等，支持企业开展面向工程实际，面向市场需求的建筑业技术原始创新、集成创新、引进消化吸收再创新和综合课题的研究；鼓励企业加大科技投入，配置专业研发人员，设立实验室和中试基地，进行具有前瞻性的技术研究，作好技术储备。企业要加强知识管理，创建学习型组

织，努力营造有利于技术创新的信息平台。加快开发和推广应用能够促进我国建筑业结构升级和可持续发展的共性技术、关键技术、配套技术，加强系统集成研究。

推广信息技术和成套技术应用。大力发展信息技术，全面推广、普及信息技术在企业中的应用，建立并完善协同工作模式、流程和技术标准，尽快实现企业商务电子化、经营网络化、管理信息化的高效反应、决策、运转机制。重视既有建筑改建技术的研发和应用，尽快形成成套技术。政府投资工程项目应成为建筑业共性技术、关键技术研发和应用的重要平台。

完善标准管理和科技人才配置。进一步完善技术标准管理体制，加快创新成果向技术标准的转化进程。充分利用社会力量，加大资金投入，加强标准编制前期研究，广泛吸纳成熟适用的科技成果，加快工程建设标准的制订、修订，缩短编制周期，以先进的技术标准推动创新成果的应用。完善建筑业从业人员职业资格制度和职业技能岗位培训制度，建立起建筑科技人力资源交流、培训、考核鉴定的社会化平台，通过市场供求关系和建筑技术人员的合理流动，调整建筑业科技人才结构，促进人才资源的优化配置。

（四）切实保障建筑施工安全

开展安全技能培训。住房和城乡建设部要求各地住房和城乡建设主管部门及有关单位要结合本地实际，深入开展住房和城乡建设系统安全监管人员和从业人员安全技能培训，形成常态化培训机制，着力提高培训质量，提升全行业安全素质。开展安全生产治理行动专题培训活动，将治理行动相关要求、重大事故隐患判定标准、危大工程施工方案编制指南、危及安全生产施工工艺、设备和材料淘汰目录等作为培训的主要内容。

强化警示教育和安全防范。组织观看生产安全事故警示教育片、专题展，拓宽畅通投诉举报渠道，鼓励社会公众对安全生产重大风险、事故隐患和违法行为进行举报，发挥媒体监督作用，曝光一批典型事故案例和重大隐患案例。深入企业、深入项目、深入一线，加大对一线作业人员、新进场建筑工人的教育培训力度,特别是加强对特种作业人员的培训考核,认真组织开展应急救援演练和知识技能培训,切实提升一线作业人员安全防范意识和能力,实现安全培训"一线化""基层化"。

加强安全宣传力度。 创新开展群众喜闻乐见、形式多样、线上线下相结合的安全宣传活动。通过广播电视等传统媒体和微博、微信、短视频平台等新媒体,多层面、多渠道、多角度、全方位地加强宣传安全生产治理行动,对施工企业及在建工程项目宣讲治理行动相关要求,及时通报本行政区域内房屋市政工程在建项目全面排查及隐患整改情况,及时曝光在治理行动中发现的典型案例,加大以案释法、以案普法的宣传力度,形成舆论声势。充分发挥政府投资工程示范带头作用,宣传建筑施工安全生产工作先进典型,推广先进经验,努力营造全社会关心安全生产、参与安全发展的良好氛围。

二、把握建筑品质提升新阶段

贯彻落实"适用、经济、绿色、美观"的建筑方针,提高建筑设计水平,加强建筑风貌管理和消防安全管理。将制定完整的测试、检验和认证标准,确保产品质量与技术水平达到符合要求的标准,并建立严格的检测、监督和认证机制,对产品进行合格评估和监控,确保产品符合标准要求,提高消费者的信任度和满意度。提升农房质量安全,加强房屋市政工程安全生产,发挥完整社区示范带动作用,打造宜居生活环境,推进智能化服务。

(一)贯彻落实新时期建筑方针

提高建筑设计水平。 切实贯彻落实"适用、经济、绿色、美观"的建筑方针,住房和城乡建设部指导制定符合城市地域特征的建筑设计导则。建立建筑"前策划、后评估"制度,完善建筑设计方案审查论证机制,提高建筑设计方案决策水平。加强住区设计管理,科学设计单体住宅户型,增强安全性、实用性、宜居性,提升住区环境质量。严禁政府投资项目超标准建设。严格控制超高层建筑建设,严格执行超限高层建筑工程抗震设防审批制度,加强超限高层建筑抗震、消防、节能等管理。创建建筑品质示范工程,加大对优秀企业、项目和个人的表彰力度;在招标投标、金融等方面加大对优秀企业的政策支持力度,鼓励将企业质量情况纳入招标投标评审因素。要把市级体育场馆、展览馆、博物馆、大剧院等超大体量公共建筑作为城市重大建筑项目进行管理,严禁建筑抄袭、模仿、山寨行为。

加强建筑风貌管理。严格限制各地盲目规划建设超高层"摩天楼",一般不得新建500米以上建筑。要按照《建筑设计防火规范(2018年版)》GB 50016—2014,严格限制新建250米以上建筑,确需建设的,由省级住房和城乡建设部门会同有关部门结合消防等专题论证进行建筑方案审查,并报住房和城乡建设部备案。各地新建100米以上建筑应充分论证、集中布局,严格执行超限高层建筑工程抗震设防审批制度,与城市规模、空间尺度相适宜,与消防救援能力相匹配。中小城市要严格控制新建超高层建筑,县城住宅要以多层为主。应加强自然生态、历史人文、景观敏感等重点地段城市与建筑风貌管理,健全法规制度,加强历史文化遗存、景观风貌保护,严格管控新建建筑,不拆除历史建筑、不拆传统民居、不破坏地形地貌、不砍老树。

(二)完善建筑产品标准体系

制定完整的测试检验和认证标准。近年来,我国不断加强建筑工程质量管理,建筑品质总体水平稳步提升,但建筑工程量大面广,各种质量问题依然时有发生。为解决建筑工程质量管理面临的突出问题,进一步完善建筑产品质量,需要建立全面的标准体系,建筑产品标准应该包括安全、环保、可靠性、耐久性、适用性等方面的要求,制定完整的测试、检验和认证标准,确保产品质量与技术水平达到符合要求的标准。住房和城乡建设部拟在未来制定城乡水务信息系统安全技术要求、城镇燃气表安全技术要求、城镇燃气输送用薄壁不锈钢管及管件、民用建筑钢构件碳排放计量标准、相变蓄能装置、城市道路塌陷隐患检测探地雷达等产品标准。

建立严格的检测监督和认证机制。在建筑产品销售和生产过程中,建立严格的检测、监督和认证机制,对产品进行合格评估和监控,确保产品符合标准要求，提高消费者的信任度和满意度。促进建筑产品技术创新和设计创新，推动建筑产品标准体系的不断更新和完善。提供良好的技术支持，提供技术支持和专业培训，帮助企业和生产者更好地了解标准体系和相关技术要求，提高产品出厂合格率，提高建筑产品行业整体技术和质量水平。加强标准体系宣传和推广，扩大标准体系的宣传和推广力度，引导消费者选择符合标准要求的建筑产品，营造公正、透明、健康的市场环境。

（三）加强建筑质量安全保障

提升农房质量安全。 继续实施农村危房改造，建立部门间数据共享和更新机制，精准识别农村低收入群体等6类重点对象，建立农村低收入群体住房安全动态监测机制和住房安全保障长效机制，及时支持符合条件的对象实施改造。持续推进农村低收入群体等重点对象危房改造和7度及以上设防地区农房抗震改造，鼓励同步实施农房节能改造和品质提升。以用作经营的农村自建房为重点，深入推进农村房屋安全隐患整治，指导各地细化分类整治措施，按照"谁拥有谁负责、谁使用谁负责"的要求，引导产权人或使用人在有效管控安全风险基础上，通过维修加固、拆除重建等工程措施，彻底消除安全隐患。鼓励各地出台配套支持政策，结合旧村整治、新村建设、农村地质灾害隐患整治等工作，统筹实施整治。加强农村经营性自建房的信息共享工作。

加强房屋市政工程安全生产。 建立房屋市政工程重大事故隐患、非亡人事故和重大险情台账，按调查程序查明原因，依法依规处理责任企业和人员。督促企业严格落实企业、项目负责人施工现场带班制度，按规定配备专职安全生产管理人员，执行"安全日志"制度。加快与全国工程质量安全监管信息平台数据对接工作，及时上传治理行动各项工作信息，动态更新工程质量安全监督机构、施工安全信息员等内容，现场检查应使用平台小程序开展证照扫码验真、人脸识别等工作。建立施工安全信息员制度，压实事故报送责任，确保事故详细信息48小时内上报全国工程质量安全监管信息平台，对瞒报、谎报、迟报、漏报事故的企业和人员一律顶格处罚。针对长期没有完成事故调查或未完成处罚

的，要实施挂牌督办或申请提级调查。

（四）打造新型智慧宜居建筑

发挥完整社区示范带动作用。住房和城乡建设部聚焦群众关切的"一老一幼"设施建设，聚焦为民、便民、安民服务，切实发挥好试点先行、示范带动的作用，打造一批安全健康、设施完善、管理有序的完整社区样板，尽快补齐社区服务设施短板，全力改善人居环境，努力做到居民有需求、社区有服务。

打造宜居生活环境。结合城镇老旧小区改造、城市燃气管道老化更新改造等工作，加强供水、排水、供电、道路、供气、供热（集中供热地区）、安防、停车及充电、慢行系统、无障碍和环境卫生等基础设施改造建设，落实海绵城市建设理念，完善设施运行维护机制，确保设施完好、运行安全、供给稳定。鼓励具备条件的社区建设电动自行车集中停放和充电场所，并做好消防安全管理。顺应居民对美好环境的需要，建设公共活动场地和公共绿地，推进社区适老化、适儿化改造，营造全龄友好、安全健康的生活环境。鼓励在社区公园、闲置空地和楼群间布局简易的健身场地设施，开辟健身休闲运动场所。

推进智能化服务。引入物联网、云计算、大数据、区块链和人工智能等技术，建设智慧物业管理服务平台，促进线上线下服务融合发展。推进智慧物业管理服务平台与城市运行管理服务平台、智能家庭终端互联互通和融合应用，提供一体化管理和服务。整合家政保洁、养老托育等社区到家服务，链接社区周边生活性服务业资源，建设便民惠民智慧生活服务圈。推进社区智能感知设施建设，提高社区治理数字化、智能化水平。

三、开创建筑市场管理新局面

进一步规范建筑市场秩序，强化建筑市场动态监管，优化建筑市场环境，保障建筑工人合法权益。激发建筑市场主体创新活力，深化建筑市场化改革，加强政策引导和技术支持，提高建筑品质和标准。以数字化手段提升监管效能，建立新型数字化监管机制，积极探索开展跨部门联合信用监管。积极培育建筑产业工人队伍，推进建筑工人职业技能培训，多种方式提高一线操作人员的技能水平，建立建筑工人用工分类管理制度，进行安全生产教育培训。

(一) 进一步规范建筑市场秩序

强化建筑市场动态监管。加强对资质资格的动态监管，严肃查处企业资质和个人注册资格申报弄虚作假行为。充分利用全国建筑市场监管公共服务平台，依法清理不符合资质资格条件、发生违法违规行为和质量安全事故的企业和个人，强化清出管理。进一步整顿和规范建筑市场，严厉查处建设等五方责任主体及注册执业人员的违法违规行为，并在全国建筑市场监管公共服务平台上向社会公布。

优化建筑市场环境。规范建筑企业承揽业务监督管理工作，研究出台相关办法，建立约谈问责机制，消除市场壁垒，推进建筑市场实现更高水平的统一开放。加强房屋市政工程招标投标监管，推进房屋和市政基础设施招标投标制度改革。加快推进电子招标投标系统建设，研究制订招标代理机构资格审批制度改革后的监管措施。

保障建筑工人合法权益。严厉打击转包挂靠等违法违规行为，持续规范建筑市场秩序。联合人力资源和社会保障等部门用好工程建设领域工资专用账户、进城务工人员工资保证金、维权信息公示等政策措施，保证进城务工人员工资支付，维护建筑工人合法权益。加强劳动就业和社会保障法律法规政策宣传，帮助建筑工人了解自身权益，提高维权和安全意识，依法理性维权。

(二) 激发建筑市场主体创新活力

深化建筑市场化改革。建筑市场是经济发展的重要组成部分，它涵盖了建筑设计、施工、装饰、材料等多个领域，大量的投资和就业机会都与建筑市场密切相关。激发建筑市场活力可以带动相关产业的发展，促进就业，增加经济贡献。激发建筑市场活力，改革和完善建筑市场结构，建立竞争激烈、公平透明、互利共赢的市场环境。通过深化市场化改革，全面放开市场准入，降低市场准入门槛，推动市场的透明度和规范化。

加强政策引导和技术支持。 建立完善的政策和法律法规体系，加大对高新技术和新材料的研发和应用的支持力度，增加政府投入，扶持建筑业创新发展。要加强建筑市场信息化建设，打造现代化的建筑市场。通过引入新技术和新工具，提高市场信息化水平，建立全方位、多样化的信息渠道，方便买卖双方对信息的实时搜索、追溯和分析，提高市场透明度、快捷度和安全性。

提高建筑品质和标准。 通过加大质量监督和管理，加强对建筑产品标准体系的制定和实施，提高建筑产品质量和技术水平。推动建筑市场开放合作，通过国际合作、技术引进和交流，扩大市场空间，增加市场竞争和合作机会，提高企业和行业的国际化程度和竞争力，推动建筑市场的健康快速发展。

（三）以数字化手段提升监管效能

建立新型数字化监管机制。 加快与全国工程质量安全监管信息平台数据对接工作，及时上传治理行动各项工作信息，动态更新工程质量安全监督机构、施工安全信息员等内容，现场检查应使用平台小程序开展证照扫码验真、人脸识别等工作。推进建立基于信用的分级分类监管机制。贯彻落实中共中央、国务院印发的《质量强国建设纲要》要求，强化信用赋能建设工程质量安全监管，创新质量监管方式，完善市场准入制度。贯彻落实国务院关于提升监管效能的有关部署，积极探索符合住房和城乡建设监管需要的信用监管模式，规范开展建筑市场信用评价工作，促进信用评价结果应用。

积极探索开展跨部门联合信用监管。 贯彻落实国务院关于深入推进跨部门综合监管的有关部署，会同相关监管部门探索建立燃气、建筑工程质量等重点领域跨部门综合监管事项信用评价指标体系，明确分级分类标准及相应的协同监管措施。利用新技术成果提高智慧监管能力，加强信用数据共享，积极探索运用大数据、区块链、物联网、人工智能等手段精准预警信用风险隐患，推进智慧监管，提升监管综合效能，更好服务住房和城乡建设事业高质量发展。

（四）积极培育建筑产业工人队伍

积极推进建筑工人职业技能培训。 建筑业在吸纳农村转移劳动力就业、推进新型城镇化建设和促进农民增收等方面发挥了重要作用，应促进建筑工人稳定就业，保障建筑工人合法权益，加强职业培训，提升建筑工人技能水平。住房和城乡建设部要求各地住房和城乡建设主管部门积极推进建筑工人职业技能培训，引导龙头建筑企业积极探索与高职院校合作办学、建设建筑产业工人培育基地等模式，将技能培训、实操训练、考核评价与现场施工有机结合。

提高一线操作人员的技能水平。 鼓励建筑企业和建筑工人采用师傅带徒弟、个人自学与集中辅导相结合等多种方式，突出培训的针对性和实用性，提高一线操作人员的技能水平。引导建筑企业将技能水平与薪酬挂钩，实现技高者多得、多劳者多得。全面实施施工现场技能工人配备标准，将施工现场技能工人配备标准达标情况作为在建项目建筑市场及工程质量安全检查的重要内容，推动施工现场配足配齐技能工人，保障工程质量安全。

建立建筑工人用工分类管理制度。 针对建筑施工多为重体力劳动、对人员健康条件和身体状况要求较高等特点，强化岗位指引，引导建筑企业逐步建立建筑工人用工分类管理制度。对建筑电工、架子工等特种作业和高风险作业岗位的从业人员要严格落实相关规定，确保从业人员安全作业，减少安全事故隐患；对一般作业岗位，要尊重进城务工人员就业需求和建筑企业用工需要，根据企业、项目和岗位的具体情况合理安排工作，切实维护好进城务工人员就业权益。依托以工代赈专项投资项目，在确保工程质量安全和符合进度要求等前提下，结合本地建筑工人务工需求，充分挖掘用工潜力，通过以工代赈帮助建筑工人就近务工实现就业增收。

进行安全生产教育培训。 严格落实安全生产主体责任，对进入施工现场从事施工作业的建筑工人，按规定进行安全生产教育培训，不断提高建筑工人的安全生产意识和技能水平，减少违规指挥、违章作业和违反劳动纪律等行为，有效遏制生产安全事故，保障建筑工人生命安全。

四、贯彻绿色低碳发展新理念

提升绿色建筑发展质量,加强高品质绿色建筑建设,完善绿色建筑运行管理制度,加强绿色建筑标准和认证体系。全面提升建筑节能水平,提高既有居住建筑节能水平,推动既有公共建筑节能绿色化改造,提高新建建筑节能水平。推广新型绿色建造方式,增强公众认同和专业培训,建立相关认证标准和评估体系,分类推广不同类型结构和技术,扩大标准化构件和部品部件使用规模。提高绿色建材应用比例,健全配套政策制度,选定试点工程项目采用绿色建材,开发应用绿色建材信息化管理技术。

(一)提升绿色建筑发展质量

加强高品质绿色建筑建设。推进绿色建筑标准实施,加强规划、设计、施工和运行管理。倡导建筑绿色低碳设计理念,充分利用自然通风、天然采光等,降低住宅用能强度,提高住宅健康性能。推动有条件地区政府投资公益性建筑、大型公共建筑等新建建筑全部建成星级绿色建筑。引导地方制定支持政策,推动绿色建筑规模化发展,鼓励建设高星级绿色建筑。降低工程质量通病发生率,提高绿色建筑工程质量。

完善绿色建筑运行管理制度。加强绿色建筑运行管理,提高绿色建筑设施、设备运行效率,将绿色建筑日常运行要求纳入物业管理内容。建立绿色建筑用户评价和反馈机制,定期开展绿色建筑运营评估和用户满意度调查,不断优化提升绿色建筑运营水平。鼓励建设绿色建筑智能化运行管理平台,充分利用现代信息技术,实现建筑能耗和资源消耗、室内空气品质等指标的实时监测与统计分析。

加强绿色建筑标准和认证体系。建立统一的绿色建筑认证标准,推动绿色建筑评估和认证体系的建设,并加强对绿色建筑的监管和审查。加大对绿色建筑理念的宣传力度。提高公众对绿色建筑的认知和认同程度。开展有关绿色建筑技术和创新的培训,提升从业人员的专业水平。建立绿色建筑示范项目。重点打造一批具有示范性和引领作用的绿色建筑项目,通过实践验证和推广,引导行业和市场向绿色建筑倾斜。强化监督和交流合作。加强对绿色建筑施工过程和运营阶段的监督,确保绿色建筑的设计、建造和使用符合绿色建筑标准。加强与其他国家和地区的交流合作,学习借鉴其绿色建筑的经验和做法。

(二) 全面提升建筑节能水平

提高既有居住建筑节能水平。 除违法建筑和经鉴定为危房且无修缮保留价值的建筑外,不大规模、成片集中拆除现状建筑。在严寒及寒冷地区,结合北方地区冬季清洁取暖工作,持续推进建筑用户侧能效提升改造、供热管网保温及智能调控改造。在夏热冬冷地区,适应居民采暖、空调、通风等需求,积极开展既有居住建筑节能改造,提高建筑用能效率和室内舒适度。在城镇老旧小区改造中,鼓励加强建筑节能改造,形成与小区公共环境整治、适老设施改造、基础设施和建筑使用功能提升改造统筹推进的节能、低碳、宜居综合改造模式。引导居民在更换门窗、空调、壁挂炉等部品及设备时,采购高能效产品。

推动既有公共建筑节能绿色化改造。 强化公共建筑运行监管体系建设,统筹分析应用能耗统计、能源审计、能耗监测等数据信息,开展能耗信息公示及披露试点,普遍提升公共建筑节能运行水平。引导各地分类制定公共建筑用能(用电)限额指标,开展建筑能耗比对和能效评价,逐步实施公共建筑用能管理。持续推进公共建筑能效提升重点城市建设,加强用能系统和围护结构改造。推广应用建筑设施设备优化控制策略,提高采暖空调系统和电气系统效率,加快 LED 照明灯具普及,采用电梯智能群控等技术提升电梯能效。建立公共建筑运行调适制度,推动公共建筑定期开展用能设备运行调适,提高能效水平。

提高新建建筑节能水平。 以《建筑节能与可再生能源利用通用规范》GB 55015—2021 确定的节能指标要求为基线,启动实施我国新建民用建筑能效"小步快跑"提升计划,分阶段、分类型、分气候区提高城镇新建民用建筑节能强制性标准,重点提高建筑门窗等关键部品节能性能要求,推广地区适应性强、防火等级高、保温隔热性能好的建筑保温隔热系统。推动政府投资公益性建筑和大型公共建筑提高节能标准,严格管控高耗能公共建筑建设。引导京津冀、长三角等重点区域制定更高水平节能标准，开展超低能耗建筑规模化建设，推动零碳建筑、零碳社区建设试点。在其他地区开展超低能耗建筑、近零能耗建筑、零碳建筑建设示范。推动农房和农村公共建筑执行有关标准，推广适宜节能技术，建成一批超低能耗农房试点示范项目，提升农村建筑能源利用效率，改善室内热舒适环境。

（三）推广新型绿色建造方式

增强公众认同和专业培训。 选择一些典型的建筑项目作为示范，采用新型绿色建造方式进行施工，展示其在节能、环保、可持续等方面的优势，吸引更多的业主和开发商参与。通过举办研讨会、讲座、展览等活动，向公众普及新型绿色建造方式的知识，增强公众对绿色建筑的认同感和支持度。通过广告宣传、媒体报道、社交媒体等渠道，向公众介绍新型绿色建造方式的优点和特点，增加公众对此的认知和了解。组织专业的培训机构，提供与新型绿色建造方式相关的培训课程和资料，提高从业人员的技能水平和认知水平，促进新型绿色建造方式的应用。

建立相关认证标准和评估体系。 建立与新型绿色建造方式相关的认证标准和评估体系，对符合标准的建筑项目进行认证和评估，提高公众对新型绿色建造方式的信任和认可。建立专业的技术支持和咨询服务机构，为建筑项目提供技术指导、方案设计和施工监督等服务，帮助业主和开发商更好地采用新型绿色建造方式。

分类推广不同类型结构和技术。 大力发展钢结构建筑，鼓励医院、学校等公共建筑优先采用钢结构建筑，积极推进钢结构住宅和农房建设，完善钢结构建筑防火、防腐等性能与技术措施。在商品住宅和保障性住房中积极推广装配式混凝土建筑，完善适用于不同建筑类型的装配式混凝土建筑结构体系，加大高性能混凝土、高强钢筋和消能减震、预应力技术的集成应用。因地制宜发展木结构建筑。推广成熟可靠的新型绿色建造技术。

扩大标准化构件和部品部件使用规模。 完善装配式建筑标准化设计和生产体系，推行设计选型和一体化集成设计，推广少规格、多组合设计方法，推动构件和部品部件标准化，扩大标准化构件和部品部件使用规模，满足标准化设计选型要求。积极发展装配化装修，推广管线分离、一体化装修技术，提高装修品质。与国际组织和其他国家进行交流与合作，学习借鉴其推广新型绿色建造方式的经验和做法，促进绿色建筑在国际上的推广和应用。

（四）提高绿色建材应用比例

健全配套政策制度。 开展面向提升建筑使用功能的绿色建材产品集成选材技术研究，推广新型功能环保建材产品与配套应用技术。以政策引导，推动绿色建材目录产品及获认证建材产品规模化；积极引导科研院所与建材企业联动，以科技服务生产，以生产促进科技，推进绿色建材科技转化，促进建筑品质提升，助力绿色建材产业发展。加大绿色建材产品和关键技术研发投入，推广高强钢筋、高性能混凝土、高性能砌体材料、结构保温一体化墙板等，鼓励发展性能优良的预制构件和部品部件。

选定试点工程项目采用绿色建材。 在政府投资工程率先采用绿色建材，显著提高城镇新建建筑中绿色建材应用比例。在国有资金参与投资建设的医院、学校、办公楼、综合体、展览馆、会展中心、体育馆、保障性住房等新建工程项目（包括符合试点条件的已开工项目）范围内选定试点项目采用绿色建材。试点项目采购人需直接采购或要求承包单位使用符合规定的绿色建材产品。试点项目使用的绿色建材产品类别在绿色建材目录中有的，必须使用目录内产品。

开发应用绿色建材信息化管理技术。 探索推广绿色建材信息化管理技术，建立绿色建材采购平台，并将推广绿色建材应用信息化管理技术逐步从国有资金参与投资建设工程推广到社会投资项目中。健全资金流向管理，掌握绿色建材对建设工程造价的影响，强化采购全流程监管，通过大数据全方位了解绿色建材产业基础及发展情况。

五、启航建筑业"走出去"新征程

随着"一带一路"倡议的稳步推进，中国建筑企业"走出去"正处于重要的战略机遇期，对外推广使用中国工程技术标准已成为当务之急。在对外承包工程发展方面，企业自身的实力至关重要，缺乏资金、技术、人才和管理经验等核心要素，很难顺利地"走出去"，而且，要助推建筑业企业"走出去"发展，必须有一批企业作引领。为此，必须要将支持发展企业自身实力作为支持建筑业企业"走出去"发展的基础。

（一）加快推进标准"走出去"

鼓励参与国际标准化工作。充分发挥各行业、地方、企业、学协会和产业技术联盟作用，建立标准化合作工作组，深化关键项目的国际标准化务实合作；帮助企业实质性参与国际标准化活动；建立以企业为主体、相关方协同参与国际标准化活动的工作机制，培育、发展和推动我国特色技术标准成为国际标准。加大国际标准跟踪、评估力度，加快转化适合我国国情的国际标准。

探索建立多元化"一带一路"工程建设标准化组织。鼓励从国家到社会各层面的标准化的双多边合作，以及标准化组织机构的对接，具有地缘优势的地区或是地理气候特点相似地区成立区域性标准化组织，也鼓励某专业领域或行业成立相关标准化合作组织机构，开展交流合作和重点项目的标准化推进。推动建设社会组织的海外机构，鼓励行业协会设立境外分支机构。

深化与沿线重点国家的标准化互认合作。可以与部分友好国家实现双向承认标准和规范，同时加强部分友好国家标准规范的收集工作，在一些特殊的项目上，给对方国家的标准予以认可。对于该国不具备标准体系，或者该国标准体系不健全的友好国家，建立我国相关部门对接，植入型进行技术援助，帮助这些国家建立完善标准体系。

采取积极的财政支持政策。加强中国工程建设标准国际化的财政支持与保障，研究建立专项工作资金，对工程建设标准化提供资金支持，对重要的团体标准、重要的企业标准、重要的国际标准化活动、技术性贸易措施研究、标准联盟机制培育、国际标准化人才培养等重点环节提供经费资助。

将工程项目转化成"事实标准"。 在我国承建或融资的境外项目中，结合当地市场需要、用户需求、经济社会环境、地理条件、气候特点等，对中国工程建设标准进行适应性优化，使中国标准满足有关国家工程条件的差异性要求，让沿线国家用户逐渐习惯应用中国标准，使我国工程建设标准受到市场广泛认可而成为国际"事实标准"，而后争取上升成为正式的国际标准。鼓励有实力的企业参与国际技术标准的制定，并以自身的企业标准或企业联盟提出的标准形成事实上的国际标准，与现有的国际标准相抗衡。

积极推广我国的标准规范。 对外承包工程企业要加强在境外工程项目应用和推广中国工程技术标准，切实保证工程质量。鼓励企业向当地的监理部门以及业主部门积极推荐我国的建筑标准。研究出台规范和鼓励使用中国工程建设标准的政策和制度，督促和引导在境外项目中推广应用中国工程建设标准，加大面向重点区域和国家的工程建设标准交流与推介力度。

（二）不断提高企业综合实力

集中培育一批具有国际核心竞争力的"领头羊"企业集团。 让更多的企业在竞争发展中逐步具有国际经营管理模式、自主知识产权、知名品牌、行业领袖地位和国际竞争力。基于目前现状，应优先鼓励设计、咨询、施工、安装、监理以及建筑材料、装备制造等企业打造产业链联合体，发展国际工程承包与对外产业投资相结合的业务。重点发展一批在"走出去"方面具有比较优势的"单项"冠军，支持一批有基础和潜力的建筑业企业在"单项"方面做强做精，发挥"单项"的比较优势，通过"单项"优势加入其他企业的方式，带动更多的建筑业企业到境外市场，从而积累经验，拓展市场，为全面进军国际市场创造条件。

加快企业转型升级步伐。 建筑业企业大多数为中小型传统企业，整体上建筑产业结构不优、创新不足、企业核心竞争力不强等问题突出。要紧盯装配式建筑等发展趋势，通过科技创新，提升企业核心竞争力，将中低端企业转型升级到中高端企业，承揽中高端业务。提升建筑业企业现代管理的水平，以现代企业管理要求为标准，借鉴成功"走出去"的企业在管理方面的经验。行业主管部门应该牵头组织相关企业到部分先进企业参观学习，并通过讲座培训等方式加强交流，提升企业管理水平。

（三）加强国际交流与合作

适应分工深入的发展趋势。 加强企业合作是当今建筑企业的发展趋势，企业合作能够帮助企业实现资源互补、提高市场占有率，避免建筑行业常见的建设时间拖延、资金回收期长等风险。现在的国际建筑业发展快速，使建筑行业的独立技术创新也转变到全球资源共享。建筑企业要想保持领先地位就必须要在技术研发上走向多方位的合作道路，从而降低研发成本，规避风险，实现全球资源共享的新格局。全球资源共享，一方面能使合作研发成果为更多的企业带来效益；另一方面也为企业降低了风险和研发成本，使企业原先的研发机构从企业分离出来，从而也能为企业带来更多的投资和合作，该现象是国际建筑业的内部分工更加深入的必然结果。

开展建筑企业间合作。 建筑企业在开发项目时可以与同行、设计单位等国内和国外的公司或者政府以及个人开展联合合作，弥补自身的发展不足和分担风险等众多问题。国内的施工企业一般都缺乏较好的设计能力，但一般国际上的大型工程的开发模式都是设计、施工，所以施工企业与设计单位合作就能弥补设计能力缺乏的问题。施工企业也可以和合作过的业主建立合作，在进行目标市场投资时帮助业主进行海外投资，避免一些业主的风险。当遇到大型的单个企业无法独立完成的工程项目时，可以同国内外大型的实力强的公司开展联合承接开发的方式，实现资源共享、共同承担风险，达到共同盈利的最终目的。

促进工程建设国际合作互利共赢。 2023年是共建"一带一路"倡议10周年，2023年9月，东盟十国于南宁建立了中国—东盟建设部长圆桌会议长效机制，未来各方将共同落实好《南宁倡议》，建筑领域沟通协调和信息共享有望加强，有利于提高工程建设国际合作水平，促进科技创新与产业变革，加快绿色低碳转型，实现碳中和目标，推动人才交流，促进建筑领域专业人员培训，实现深度合作、互利共赢，为增进中国和东盟人民福祉、建设更为紧密的中国—东盟命运共同体作出新的务实贡献。

附录1 2020—2023年建筑业最新政策法规概览

2020年建筑业最新政策法规概览

1. 2020年2月19日,《住房和城乡建设部关于修改〈工程造价咨询企业管理办法〉〈注册造价工程师管理办法〉的决定》(中华人民共和国住房和城乡建设部令第50号)公布。为贯彻落实国务院深化"放管服"改革,优化营商环境的要求,降低了工程造价咨询企业资质标准,简化了企业申请资质和人员申请注册的申报材料,明确了一级、二级注册造价工程师注册、执业和监管的相关要求。主要修改的内容包括:删除企业出资人中注册造价师人数占比、出资额占比不低于60%的规定;压减注册造价师及相关人员人数要求,其中专业人员中一级造价工程师人数甲级由10人降为6人,乙级由6人降为3人;取消了对办公场所的要求;将乙级资质企业可承接的工程造价上限由5000万元提升为2亿元;明确了造价工程师分为一级造价工程师和二级造价工程师,简化了注册申请材料等。

2. 2020年2月26日,《住房和城乡建设部办公厅关于加强新冠肺炎疫情防控有序推动企业开复工工作的通知》(建办市〔2020〕5号)下发。通知要求,牢固树立大局意识,分区分级推动企业和项目开复工,切实落实防疫管控要求,加强施工现场质量安全管理,有序推动企业开复工;加大扶持力度,严格落实稳增长政策,加强合同履约变更管理,加大用工用料保障力度,切实减轻企业资金负担,解决企业实际困难;加快推进产业转型,全面落实建筑工人实名制管理,大力推进企业数字化转型,积极推动电子政务建设,推动资质审批告知承诺制改革,提升行业治理能力。2020年2月28日,《住房和城乡建设部办公厅关于推广疫情防控期间有序推动企业开复工经验做法的通知》(建办市函〔2020〕94号)下发。随通知印发了部分地区疫情防控期间有序推动企业开复工的经验做法，包括浙江、江西、江苏、广西、湖南、北京、四川、山西、河南、广东、安徽、陕西、重庆、贵州等地的经验。同时要求各地认真总结有序推进企业开复工工作的典型经验。

3. 2020年2月27日，《关于印发新冠肺炎应急救治设施负压病区建筑技术导则（试行）的通知》（国卫办规划函〔2020〕166号）下发。导则目的是为进一步做好新冠肺炎疫情防控工作，加强新冠肺炎应急救治设施建设。导则从建筑设计、结构设计、给水排水设计、供暖通风及空调设计、电气及智能化设计、医用气体设计、运行维护等方面进行了规定。

4. 2020年3月5日，《住房和城乡建设部办公厅关于加强新冠肺炎疫情防控期间房屋市政工程开复工质量安全工作的通知》（建办质函〔2020〕106号）下发。通知要求，精准做好疫情防控和质量安全监管工作，有序推动工程开复工，保障工程质量安全。从提高政治站位，严格落实责任、坚持科学防控，强化精准施策、优化管理举措，提高服务水平、严格值班值守，强化应急准备四个方面，提出十八条要求：强化政治意识、坚持分区分级精准复工和监管、落实质量安全生产责任、做好工程开复工准备、完善疫情防控体系、加强现场防疫管理、加强培训教育工作、坚决防止盲目抢工期、加强重大风险管控、加强施工质量管理、加强工作指导、推行安全生产承诺制、网上办理开复工审核、实行到期证件自动顺延、采取临时顶岗措施、利用信息化监管、强化协调指挥、加强应急准备和值班值守。

5. 2020年3月18日，《住房和城乡建设部办公厅 交通运输部办公厅 水利部办公厅关于印发造价工程师注册证书、执业印章编码规则及样式的通知》（建办标〔2020〕10号）下发。明确造价工程师执业印章样式和编码规则，统一造价工程师注册证书、执业印章管理。

6. 2020年3月24日，《住房和城乡建设部办公厅关于印发房屋市政工程复工复产指南的通知》（建办质〔2020〕8号）下发，通知要求统筹做好新冠肺炎疫情防控和工程质量安全工作，指导建筑业企业稳步有序推动工程项目复工复产。指南适用于新冠肺炎疫情防控期间房屋市政工程复工复产施工现场的运行和管理。从复工复产条件、现场疫情防控、质量安全管理、应急管理、保障措施、监督管理等方面推动工程项目复工复产。

7. 2020年4月1日，《建设工程消防设计审查验收管理暂行规定》（中华人民共和国住房和城乡建设部令第51号）公布。规定自2020年6月1日起施行。规定分43条，明确特殊建设工程的消防设计审查、消防验收，以及其他建设工程的消防验收备案（以下简称"备案"）、抽查，适用本规定。本规定所称特殊建设工程，是指本规定第十四条所列的建设工程。本规定所称其他建设工程，是指特殊建设工程以外的其他按照国家工程建设消防技术标准需要进行消防设计的建设工程。国务院住房和城乡建设主管部门负责指导监督全国建设工程消防设计审查验收工作。规定明确了有关单位的消防设计、施工质量责任与义务，特殊建设工程的消防设计审查、特殊建设工程的消防验收、其他建设工程的消防设计、备案与抽查等。

8. 2020年4月9日，《人力资源社会保障部办公厅 住房和城乡建设部办公厅关于落实新冠肺炎疫情防控期间暂缓缴存进城务工人员工资保证金政策等有关事项的通知》（人社厅发〔2020〕40号）下发。通知要求按照《国务院办公厅关于应对新冠肺炎疫情影响强化稳就业举措的实施意见》（国办发〔2020〕6号）要求，尽快制定本地区具体落实办法，确保自实施意见发布之日起至2020年6月底前，暂缓缴存进城务工人员工资保证金政策不折不扣落实落地，政策实施期内新缴存的进城务工人员工资保证金要尽快返还。严格落实进城务工人员工资保证金差异化存储办法，对一定时期内未发生拖欠工资的施工企业，依法依规实行减免措施，切实减轻工资支付记录良好企业的资金压力。加快推行金融机构保函，鼓励使用银行类金融机构出具的银行保函替代现金进城务工人员工资保证金，有条件的地区可以积极引入工程担保公司保函或工程保证保险。加快推行建筑工人实名制管理制度，确保开复工的房屋建筑和市政基础设施工程项目建筑工人实名制管理全覆盖。对严格落实建筑工人实名制管理制度、规范管理进城务工人员工资专户的建筑企业可按本地区规定享受进城务工人员工资保证金差异化缴存政策。

9. 2020年4月17日，《住房和城乡建设部 国家发展改革委关于废止收容教育相关文件的通知》（建标〔2020〕37号）下发。通知决定对《住房和城乡建设部 国家发展和改革委员会关于批准发布〈收容教育所建设标准〉的通知》（建标〔2010〕223号）及《收容教育所建设标准》建标147—2010予以废止。

10. 2020年4月21日，住房和城乡建设部印发《关于实行工程造价咨询甲级资质审批告知承诺制的通知》（建办标〔2020〕18号）。决定自2020年5月1日起，在全国范围对工程造价咨询乙级资质晋升甲级资质和甲级资质延续审批实行告知承诺制，简化审批流程。申请企业书面承诺已经符合告知的条件、标准、要求，愿意承担不实承诺的法律责任，不再要求企业提交相关证明材料，依据企业书面承诺直接办理审批手续。减轻企业负担，提高审批效率。加强事中事后监管，对故意隐瞒真实情况，提供虚假承诺申请资质许可的企业，将依法给予相应的行政处罚并记入企业信用档案。

11. 2020年5月8日，《住房和城乡建设部关于推进建筑垃圾减量化的指导意见》（建质〔2020〕46号）公布。意见指出推进建筑垃圾减量化是建筑垃圾治理体系的重要内容，是节约资源、保护环境的重要举措。为做好建筑垃圾减量化工作，促进绿色建造和建筑业转型升级，建立健全建筑垃圾减量化工作机制，加强建筑垃圾源头管控，推动工程建设生产组织模式转变，有效减少工程建设过程建筑垃圾产生和排放，不断推进工程建设可持续发展和城乡人居环境改善。工作目标是到2020年底，各地区建筑垃圾减量化工作机制初步建立。2025年底，各地区建筑垃圾减量化工作机制进一步完善，实现新建建筑施工现场建筑垃圾（不包括工程渣土、工程泥浆）排放量每万平方米不高于300吨，装配式建筑施工现场建筑垃圾（不包括工程渣土、工程泥浆）排放量每万平方米不高于200吨。意见从开展绿色策划、实施绿色设计、推广绿色施工三方面提出十二条措施。

12. 2020年5月8日，《住房和城乡建设部办公厅关于印发施工现场建筑垃圾减量化指导手册（试行）的通知》（建办质〔2020〕20号）下发。手册指出施工现场建筑垃圾减量化应遵循"源头减量、分类管理、就地处置、排放控制"的原则，明确了施工现场参建各方的责任。

从施工现场建筑垃圾减量化专项方案的编制、施工现场建筑垃圾的源头减量、施工现场建筑垃圾的分类收集与存放、施工现场建筑垃圾的就地处置、施工现场建筑垃圾的排放控制等方面指导施工现场建筑垃圾减量化工作，促进绿色建造发展和建筑业转型升级。

13. 2020年5月13日，《住房和城乡建设部办公厅关于西藏自治区房屋建筑和市政基础设施工程施工许可证办理限额意见的函》（建办市函〔2020〕232号）下发。根据《建筑工程施工许可管理办法》（住房和城乡建设部令第18号，根据住房和城乡建设部令第42号修改），同意西藏自治区住房和城乡建设厅将需要申请办理施工许可的房屋建筑和市政基础设施工程限额调整为"工程投资额在50万元以上或者建筑面积在500平方米以上的房屋建筑和市政基础设施工程"。随后，依次同意成都市、宁夏回族自治区、福建省、黑龙江省、江西省、湖北省、陕西省、四川省、甘肃省办理施工许可的房屋建筑和市政基础设施工程限额调整为"工程投资额在100万元以下（含100万元）或者建筑面积在500平方米以下（含500平方米）的房屋建筑和市政基础设施工程"，浙江省、沈阳市将办理施工许可的房屋建筑和市政基础设施工程限额调整为"工程投资额在200万元以下（不含200万元）或者建筑面积在1000平方米以下（不含1000平方米）的房屋建筑和市政基础设施工程，可以不申请办理施工许可证"。

14. 2020年5月26日，《住房和城乡建设部办公厅关于印发房屋建筑和市政基础设施工程勘察质量信息化监管平台数据标准（试行）的通知》（建办质函〔2020〕257号）下发。此标准是为推进房屋建筑和市政基础设施工程勘察质量信息化监管工作，统一勘察质量信息化监管平台数据格式，促进勘察质量监管部门和各方主体的数据共享和有效利用，提升勘察质量监管信息化水平。其主要内容含有十二个方面：适用范围、基本规定、项目信息、单位信息、人员信息、勘探设备信息、勘探信息、取样信息、原位测试信息、室内试验信息、标准指标解释、基础数据字典表。

15. 2020年6月3日，《住房和城乡建设部关于发布〈房屋建筑和市政基础设施工程勘察文件编制深度规定〉（2020年版）的通知》（建质

〔2020〕52号）下发。此规定对该深度规定（2010年版）相同、相近内容进行合并。对组成框架作了较大调整，由原来的9章调整为6章，将原"4房屋建筑工程、5市政工程、6城市轨道交通工程、8场地和地基的地震效应评价"内容合并为"4勘察报告-文字部分"。该深度规定（2010年版）中一些条款存在"宜""可""必要时"等模糊表述，在本次修订中予以明确。本规定根据法规规章要求、工程勘察标准进行相应调整，所述编制深度是详细勘察阶段工程勘察文件编制的基本要求，勘察单位可以根据各地具体条件和合同约定，增加相关勘察文件的编制深度要求。本规定自2020年10月1日起施行。《关于发布〈房屋建筑和市政基础设施工程勘察文件编制深度规定〉（2010年版）的通知》（建质〔2010〕215号）同时废止。

16. 2020年6月8日，《住房和城乡建设部办公厅关于同意北京市开展建筑师负责制试点的复函》（建办市函〔2020〕294号）下发。同意北京市开展建筑师负责制试点工作，拓宽建筑师服务范围，完善与建筑师负责制相配套的建设管理模式和管理制度，培养一批既有国际视野又有民族自信的建筑师队伍。通过建筑师负责制试点工作，充分发挥建筑师及其团队的技术优势和主导作用，提升工程建设品质和价值，优化营商环境，促进建筑行业转型升级和城市建设绿色高质量发展。

17. 2020年6月12日，《住房和城乡建设部办公厅关于一级造价工程师注册管理有关事项的通知》（建办标〔2020〕26号）下发。进一步规范土木建筑工程和安装工程专业一级造价工程师注册管理。简化审批材料、优化审批流程、清理不合理的限制条件。申请人在线填写相关信息后即可完成申请，不再需要提交书面申请材料；管理系统接到在线申请后即为受理，实现不见面审批服务；此外，取消了一级造价工程师申请变更注册需满足一年时间的限制。方便企业服务，降低企业办事成本。

18. 2020年6月12日，《住房和城乡建设部办公厅关于印发城市轨道交通工程建设安全生产标准化管理技术指南的通知》（建办质〔2020〕27号）下发。指南坚持问题导向，聚焦城市轨道交通工程建设安全生产标准化管理方面的突出问题，围绕管理行为标准化和现场安全生产标准化,涵盖城市轨道交通工程建设各阶段所涉及的主要施工内容,提出了通用性、针对性的标准化要求。一是安全管理行为。明确参建各方应承担的安全责任,突出建设单位对项目建设的安全质量负总责,施工单位承担建设工程安全生产主体责任以及勘察、设计、监理和第三方监测单位承担相应责任。二是安全风险管理。应贯穿工程建设全过程、涵盖参建各方,包括风险分级管控、隐患排查治理、应急管理、危大工程管理、关键节点条件核查、周边环境与不良地质管理、特殊气候安全管理、监控量测与预警管理等。三是现场安全生产。针对现场施工安全制定标准化控制要点,涵盖安全文明施工、通用工程施工、明挖/盖挖法施工、盾构/TBM法施工、矿山法施工、高架施工和机电、系统、设备与装修施工。四是智能建造。包括基于CPS(信息物理系统)的施工风险主动控制技术,基于BIM的施工风险管控技术、城市轨道交通安全风险管控技术、互联网+地铁工程施工质量安全大数据管理成套技术。

19. 2020年6月24日,《住房和城乡建设部办公厅关于同意深圳市开展建筑工程人工智能审图试点的复函》(建办质函〔2020〕329号)下发。同意深圳市开展建筑工程人工智能审图试点工作,要求按照《国务院办公厅关于全面开展工程建设项目审批制度改革的实施意见》(国办发〔2019〕11号)、《国务院办公厅转发住房城乡建设部关于完善质量保障体系提升建筑工程品质指导意见的通知》(国办函〔2019〕92号)要求,认真梳理相关法律法规和工程建设强制性标准,以住宅工程作为试点工作切入点,利用人工智能和大数据等技术,研发智能化施工图审查系统,形成可靠的智能审图能力,减少人工审查工作量,提升审查效率和质量,为施工图审查改革和工程建设项目审批制度改革工作提供可复制可推广经验。要求妥善安排资金筹集工作,保障试点顺利进行。2020年9月10日,同意北京市开展建筑工程人工智能审图试点工作。

20. 2020年7月3日,《住房和城乡建设部等部门关于推动智能建造与建筑工业化协同发展的指导意见》(建市〔2020〕60号)公布。意见指出,坚持新发展理念,坚持以供给侧结构性改革为主线,围绕建筑业高质量发展总体目标,以大力发展建筑工业化为载体,以数字化、智能化升级为动力,创新突破相关核心技术,加大智能建造在工程建设各环节应用,形成涵盖科研、设计、生产加工、施工装配、运营等全产业链融合一体的智能建造产业体系,提升工程质量安全、效益和品质,有效拉动内需,培育国民经济新的增长点,实现建筑业转型升级和持续健康发展。发展目标是到2025年我国智能建造与建筑工业化协同发展的政策体系和产业体系基本建立,建筑工业化、数字化、智能化水平显著提高,建筑产业互联网平台初步建立,产业基础、技术装备、科技创新能力以及建筑安全质量水平全面提升,劳动生产率明显提高,能源资源消耗及污染排放大幅下降,环境保护效应显著。推动形成一批智能建造龙头企业,引领并带动广大中小企业向智能建造转型升级,打造"中国建造"升级版。到2035年,我国智能建造与建筑工业化协同发展取得显著进展,企业创新能力大幅提升,产业整体优势明显增强,"中国建造"核心竞争力世界领先,建筑工业化全面实现,迈入智能建造世界强国行列。重点任务有加快建筑工业化升级、加强技术创新、提升信息化水平、培育产业体系、积极推行绿色建造、开放拓展应用场景、创新行业监管与服务模式。

21. 2020年7月15日,《住房和城乡建设部 国家发展改革委 教育部 工业和信息化部 人民银行 国管局 银保监会关于印发绿色建筑创建行动方案的通知》(建标〔2020〕65号)下发。决定开展绿色建筑创建行动。绿色建筑创建行动以城镇建筑作为创建对象。绿色建筑指在全生命周期内节约资源、保护环境、减少污染,为人们提供健康、适用、高效的使用空间,最大限度实现人与自然和谐共生的高质量建筑。创建目标是到2022年,当年城镇新建建筑中绿色建筑面积占比达到70%,星级绿色建筑持续增加,既有建筑能效水平不断提高,住宅健康性能不断完善,装配化建造方式占比稳步提升,绿色建材应用进一步扩大,绿色住宅使用者监督全面推广,人民群众积极参与绿色建筑创建活动,形成崇尚绿色生活的社会氛围。重点任务有推动新建建筑全面实施绿色设计、完善星级绿色建筑标识制度、提升建筑能效水效水平、提高住宅健康性能、推广装配化建造方式、推动绿色建材应用、加强技术研发推广、建立绿色住宅使用者监督机制八项。

22. 2020年7月16日，《住房和城乡建设部办公厅关于印发〈农村地区被动式太阳能暖房图集（试行）〉和〈户式空气源热泵供暖应用技术导则（试行）〉的通知》（建标〔2020〕66号）下发。目的是为指导北方地区农村建筑能效提升，推进北方地区冬季清洁取暖试点工作。本图集适用于我国严寒和寒冷地区农村及牧区新建、改建和扩建被动式太阳能暖房的设计、施工，适用于抗震设防烈度小于或等于8度的地区。导则的主要内容包括：总则、术语、基本规定、室外机布置、设计与选型、施工与验收、运行与维护、运行效果评价。本导则适用于严寒地区、寒冷地区和夏热冬冷地区采用户式空气源热泵进行供暖的设计、施工、验收和运行管理。

23. 2020年7月24日，《住房和城乡建设部办公厅关于印发工程造价改革工作方案的通知》（建办标〔2020〕38号）下发。为贯彻落实党的十九大和十九届二中、三中、四中全会精神，充分发挥市场在资源配置中的决定性作用，进一步推进工程造价市场化改革，决定在全国房地产开发项目，以及北京市、浙江省、湖北省、广东省、广西壮族自治区有条件的国有资金投资的房屋建筑、市政公用工程项目进行工程造价改革试点。通过改进工程计量和计价规则、完善工程计价依据发布机制、加强工程造价数据积累、强化建设单位造价管控责任、严格施工合同履约管理等措施，推行清单计量、市场询价、自主报价、竞争定价的工程计价方式，进一步完善工程造价市场形成机制。《方案》指出工程造价改革关系建设各方主体利益，涉及建筑业转型升级和建筑市场秩序治理。各地住房和城乡建设主管部门要提高政治站位、统一思想认识。加强与发展改革、财政、审计等部门间沟通协作，加强工程造价改革政策宣传解读和舆论引导，增进社会各方对工程造价改革的理解和支持，认真总结可复制、可推广的经验，不断完善工程造价改革思路和措施。

24. 2020年7月27日，《住房和城乡建设部办公厅关于同意开展钢结构装配式住宅建设试点的函》（建办市函〔2020〕397号）下发。同意将湛江市东盛路南侧钢结构公租房项目列为住房和城乡建设部钢结构装配式住宅建设试点项目。开展钢结构装配式住宅建设试点工作，以推进建筑业供给侧结构性改革为主线，以解决钢结构装配式住宅建设过程中的实际问题为首要任务，尽快探索出一套可复制可推广的钢结构装配式住宅建设推进模式。随后，同意将绍兴市越城区官渡3号地块钢结构装配式住宅工程项目列为我部钢结构装配式住宅建设试点项目。

25．2020年7月31日，《住房和城乡建设部关于发布〈钢结构住宅主要构件尺寸指南〉的公告》（中华人民共和国住房和城乡建设部公告2020年第178号）公布。指南适用于钢结构住宅热轧型钢构件、冷成型型钢构件及其组合构件的工厂化生产和设计选用，对构件的编码规则、常用截面形式和尺寸、连接节点等进行规定。同时，适用于钢结构住宅中的梁、柱、支撑及低层冷弯薄壁型钢结构中的构件。钢结构住宅的发展急需提高构件的标准化，急需加强型钢生产企业与设计单位、施工企业的信息沟通和协同作业，共同确定使用频率较高的型钢构件作为标准化构件，从源头上推进这些标准化构件在设计、生产、施工环节的应用，以标准化、社会化生产代替定制化、小规模加工方式。制定《钢结构住宅主要构件尺寸指南》，全面推进型钢构件标准化，有利于全面打通钢结构住宅设计、构件生产和工程施工环节，建立构件标准化体系，实现构件产品标准化，推进全产业链协同发展；有利于扩大生产企业的型钢构件市场份额，全面提升设计单位和施工企业的效率，在一定程度上降低钢结构住宅的建设成本；有利于推进供给侧结构性改革，推动钢结构住宅产业向标准化、规模化迈进，进一步提升钢结构住宅的品质和效能。

26．2020年8月28日，《住房和城乡建设部等部门关于加快新型建筑工业化发展的若干意见》（建标规〔2020〕8号）公布。为全面贯彻新发展理念，推动城乡建设绿色发展和高质量发展，以新型建筑工业化带动建筑业全面转型升级，打造具有国际竞争力的"中国建造"品牌，意见明确了加强系统化集成设计、优化构件和部品部件生产、推广精益化施工、加快信息技术融合发展、创新组织管理模式、强化科技支撑、加快专业人才培育、开展新型建筑工业化项目评价、加大政策扶持力度九个重点任务，并提出相应的三十七项具体工作，为持续推进新型建筑工业化工作指明了方向。

27．2020年9月1日，《住房和城乡建设部办公厅关于开展政府购买监理巡查服务试点的通知》(建办市函〔2020〕443号)下发。为贯彻落实《国务院办公厅转发住房城乡建设部关于完善质量保障体系 提升建筑工程品质指导意见的通知》(国办函〔2019〕92号),强化政府对工程建设全过程的质量监管,探索工程监理企业参与监管模式,通知决定开展政府购买监理巡查服务试点。通过开展政府购买监理巡查服务试点,探索工程监理服务转型方式,防范化解工程履约和质量安全风险,提升建设工程质量水平,提高工程监理行业服务能力。适时总结试点经验做法,形成一批可复制、可推广的政府购买监理巡查服务模式,促进建筑业持续健康发展。试点范围为江苏省苏州工业园区,浙江省台州市、衢州市,广东省广州市空港经济区,广州市重点公共建设项目管理中心代建项目。试点自2020年10月开始,为期两年。

28. 2020年9月11日,《住房和城乡建设部关于落实建设单位工程质量首要责任的通知》(建质规〔2020〕9号)下发。通知要求充分认识落实建设单位工程质量首要责任重要意义。建设单位作为工程建设活动的总牵头单位,承担着重要的工程质量管理职责,对保障工程质量具有主导作用。要准确把握落实建设单位工程质量首要责任内涵要求,建设单位是工程质量第一责任人,依法对工程质量承担全面责任。对因工程质量给工程所有权人、使用人或第三方造成的损失,建设单位依法承担赔偿责任,有其他责任人的,可以向其他责任人追偿。建设单位要严格落实项目法人责任制,依法开工建设,全面履行管理职责,确保工程质量符合国家法律法规、工程建设强制性标准和合同约定。要切实加强住宅工程质量管理,完善住宅工程质量与市场监管联动机制,督促建设单位加强工程质量管理,严格履行质量保修责任,推进质量信息公开,切实保障商品住房和保障性安居工程等住宅工程质量。要全面加强对建设单位的监督管理,各地要建立健全建设单位落实首要责任监管机制,加大政府监管力度,强化信用管理和责任追究,切实激发建设单位主动关心质量、追求质量、创造质量的内生动力,确保建设单位首要责任落到实处。

29. 2020年9月21日,《住房和城乡建设部办公厅关于印发房屋建筑和市政基础设施工程施工现场新冠肺炎疫情常态化防控工作指南的通知》(建办质函〔2020〕489号)下发。通知要求全面落实"外防输入、内防反弹"的总体防控策略,科学有序做好房屋建筑和市政基础设施工程施工现场疫情常态化防控工作。指南从总则、防控体系建设、人员管理、施工现场管理、应急管理、监督管理、附则七方面对房屋建筑和市政基础设施工程施工现场疫情常态化防控工作做了明确。

30. 2020年9月30日,《住房和城乡建设部办公厅关于推广应用施工现场建筑垃圾减量化指导图册的通知》(建办质函〔2020〕505号)下发。图册包括总体要求、施工现场建筑垃圾减量化策划、施工现场建筑垃圾的分类、施工现场建筑垃圾的源头减量、施工现场建筑垃圾的分类收集与存放、施工现场建筑垃圾的就地处置、施工现场建筑垃圾的排放控制七部分内容,适用于新建、改建、扩建房屋建筑和市政基础设施工程,对施工现场建筑垃圾减量化相关要求进行了图文并茂的展示。图册可与《施工现场建筑垃圾减量化指导手册(试行)》配套使用,用于指导施工现场的管理人员及作业人员,将建筑垃圾减量化各项措施落实到位,促进绿色建造发展和建筑业转型升级。同时,图册应当与相关标准规范和工程所在地相关政策配套使用,各地主管部门及相关企业要积极推广使用图册,并鼓励根据本地区、本企业具体情况作进一步细化、补充和延伸。

31. 2020年9月30日,《住房和城乡建设部办公厅关于印发城市轨道交通工程地质风险控制技术指南的通知》(建办质〔2020〕47号)下发。《指南》聚焦城市轨道交通工程建设地质风险控制面临的突出问题,结合近年来典型事故和工程风险,提出复杂地层结构的概念,督促各地高度重视复杂地层结构导致的工程风险。同时,提出了地质风险评估方法,探索构建城市轨道交通工程地质风险控制长效机制,为确保工程质量安全奠定牢固基础。《指南》将地质风险控制贯穿于城市轨道交通工程规划、建设、管理全过程,分为总则与基本规定、地质风险管理基本要求、不良地质作用、特殊性岩土、复杂地层结构、地下水六章内容,分析了城市轨道交通工程建设各阶段所涉及主要施工工法的地质风险,提出了有针对性的控制措施。

32. 2020年10月15日,《住房和城乡建设部关于印发岩土工程勘察文件技术审查要点（2020版）的通知》（建质函〔2020〕149号）下发。该审查要点由《岩土工程勘察文件技术审查要点（2013版）》修编而成，包括现行工程建设标准中的全部强制性条文和部分非强制性条文。其中，强制性条文是进行施工图设计文件审查的基本依据，均应严格执行；非强制性条文是强制性条文的补充和延伸，除有充分依据外，原则上均应执行。审查要点修编的主要内容包括：将审查内容集中于地基基础安全性；增加城市轨道交通工程勘察文件审查内容；根据工程建设技术标准更新情况对原审查要点进行调整和补充。各地可以结合当地具体情况，在审查要点中增加地方性法规、技术标准的有关内容。岩土工程勘察文件审查重点包括：岩土层分布、地下水条件、岩土的工程特征是否基本查明；对特殊性岩土、不良地质作用、地基承载力和变形特性、水和土的腐蚀性、场地地震效应等重要的岩土工程问题是否正确评价。

33. 2020年10月23日，《住房和城乡建设部 市场监管总局关于印发园林绿化工程施工合同示范文本（试行）的通知》（建城〔2020〕85号）下发，自2021年1月1日起试行。目的是为规范园林绿化工程建设市场签约履约行为，促进园林绿化行业高质量发展。《合同示范文本》由合同协议书、通用合同条款和专用合同条款三部分组成。其中，合同协议书共16条，主要包括工程概况、合同工期、质量标准、签约合同价与合同价格形式、承包人项目负责人、预付款、绿化种植及养护要求、其他要求、合同文件构成、承诺以及合同生效条件等重要内容，集中约定了合同当事人基本的合同权利义务；通用合同条款共20条，采用《建设工程施工合同（示范文本）》中的"通用合同条款"；专用合同条款共20条，这是对通用合同条款原则性约定的细化、完善、补充、修改或另行约定的条款。合同当事人可以根据不同建设工程的特点及具体情况，通过双方的谈判、协商对相应的专用合同条款进行修改补充。《合同示范文本》为非强制性使用文本，适用于园林绿化工程的施工承发包活动，合同当事人可结合园林绿化工程具体情况，参照本合同示范文本订立合同，并按照法律法规规定和合同约定承担相应的法律责任及合同权利义务。

34. 2020年11月25日,《住房和城乡建设部 市场监管总局关于印发建设项目工程总承包合同（示范文本）的通知》（建市〔2020〕96号）下发,自2021年1月1日起执行。目的是促进建设项目工程总承包健康发展,维护工程总承包合同当事人的合法权益。《建设项目工程总承包合同（示范文本）》GF-2020-0216是在《建设项目工程总承包合同示范文本（试行）》GF-2011-0216基础上修订而成。《示范文本》由合同协议书、通用合同条件和专用合同条件三部分组成。合同协议书共计11条,主要包括工程概况、合同工期、质量标准、签约合同价与合同价格形式、工程总承包项目经理、合同文件构成、承诺、订立时间、订立地点、合同生效和合同份数,集中约定了合同当事人基本的合同权利义务。通用合同条件就工程总承包项目的实施及相关事项,对合同当事人的权利义务作出的原则性约定,共计20条。专用合同条件是合同当事人根据不同建设项目的特点及具体情况,通过双方的谈判、协商对通用合同条件原则性约定细化、完善、补充、修改或另行约定的合同条件。《示范文本》为推荐使用的非强制性使用文本。

35. 2020年12月3日,《住房和城乡建设部办公厅关于印发城市轨道交通工程质量安全监管信息平台共享交换数据标准（试行）的通知》（建办质〔2020〕56号）下发。制定本标准目的是促进各级住房和城乡建设主管部门及有关部门信息共享和业务协同,提升全国城市轨道交通工程质量安全管理的信息化管理质量。本标准的主要内容为：适用范围、基本规定、线路信息、工点信息、标段信息、监督检查信息、企业信息、设备信息、事故与风险信息、政策法规、标准指标解释、基础数据字典表。

36. 2020年12月18日,《住房和城乡建设部等部门关于加快培育新时代建筑产业工人队伍的指导意见》（建市〔2020〕105号）公布。意见指出,以推进建筑业供给侧结构性改革为主线,以夯实建筑产业基础能力为根本,以构建社会化专业化分工协作的建筑工人队伍为目标,深化"放管服"改革,建立健全符合新时代建筑工人队伍建设要求的体制机制,为建筑业持续健康发展和推进新型城镇化提供更有力的人才支撑。到2025年,符合建筑行业特点的用工方式基本建立,建筑工人实现公司化、专业化管理，建筑工人权益保障机制基本完善；建筑工人终身职业技能培训、考核评价体系基本健全，中级工以上建筑工人达1000万人以上。到2035年，建筑工人就业高效、流动有序，职业技能培训、考核评价体系完善，建筑工人权益得到有效保障，获得感、幸福感、安全感充分增强，形成一支秉承劳模精神、劳动精神、工匠精神的知识型、技能型、创新型建筑工人大军。主要任务有十一个方面：引导现有劳务企业转型发展、大力发展专业作业企业、鼓励建设建筑工人培育基地、加快自有建筑工人队伍建设、建立技能导向的激励机制、完善职业技能培训体系、加快推动信息化管理、健全保障薪酬支付的长效机制、规范建筑行业劳动用工制度、完善社会保险缴费机制、持续改善建筑工人生产生活环境。

37. 2020年12月23日，《住房和城乡建设部办公厅关于进一步做好建设工程企业资质告知承诺制审批有关工作的通知》（建办市〔2020〕59号）下发。通知要求自2021年1月1日起，在全国范围内对房屋建筑工程、市政公用工程监理甲级资质实行告知承诺制审批，建筑工程、市政公用工程施工总承包一级资质继续实行告知承诺制审批，涉及上述资质的重新核定事项不实行告知承诺制审批。实施建设工程企业资质审批权限下放试点的地区，上述企业资质审批方式由相关省级住房和城乡建设主管部门自行确定。通过告知承诺方式取得上述资质的企业，发生重组、合并、分立等情况涉及资质办理的，不适用《住房城乡建设部关于建设工程企业发生重组、合并、分立等情况资质核定有关问题的通知》（建市〔2014〕79号）第一款有关规定，应按照相关资质管理规定中资质重新核定事项办理。企业通过告知承诺方式申请上述资质填报的业绩项目应为全国建筑市场监管公共服务平台中数据等级标记为A级（由省级住房和城乡建设主管部门审核确认）的工程项目。

38. 2020年12月31日，《住房和城乡建设部办公厅关于开展绿色建造试点工作的函》（建办质函〔2020〕677号）公布。为推进绿色建造工作，促进形成绿色生产生活方式，推动建筑业转型升级和城乡建设绿色发展，决定在湖南省、广东省深圳市、江苏省常州市开展绿色建造试点工作。工作目标是试点地区选取房屋建筑和市政基础设施工程项目，在策划、建设等过程中开展绿色建造试点，通过积极探索，到 2023 年底形成可复制推广的绿色建造技术体系、管理体系、实施体系和评价体系，为全国其他地区推行绿色建造奠定基础。

2021 年建筑业最新政策法规概览

1. 2021 年 1 月 8 日，《住房和城乡建设部关于印发绿色建筑标识管理办法的通知》（建标规〔2021〕1 号）下发。办法分 4 章 28 条，从总则、申报和审查程序、标识管理、附则四方面进行了规定。办法所称绿色建筑标识，是指表示绿色建筑星级并载有性能指标的信息标志，包括标牌和证书。绿色建筑标识由住房和城乡建设部统一式样，证书由授予部门制作，标牌由申请单位根据不同应用场景按照制作指南自行制作。绿色建筑标识授予范围为符合绿色建筑星级标准的工业与民用建筑。绿色建筑标识星级由低至高分为一星级、二星级和三星级 3 个级别。绿色建筑三星级标识认定统一采用国家标准，二星级、一星级标识认定可采用国家标准或与国家标准相对应的地方标准。

2. 2021 年 1 月 9 日，《住房和城乡建设部关于发布〈通信局（站）防雷与接地工程设计规范〉等 17 项工程建设标准英文版的公告》（中华人民共和国住房和城乡建设部公告 2020 年第 4 号）公布。17 项工程建设标准英文版分别是《通信局（站）防雷与接地工程设计规范》GB 50689—2011、《通信局（站）防雷与接地工程验收规范》GB 51120—2015、《通信局（站）节能设计规范》YD 5184—2009、《电信机房铁架安装设计标准》YD/T 5026—2005、《波分复用（WDM）光纤传输系统工程设计规范》GB/T 51152—2015、《波分复用（WDM）光纤传输系统工程验收规范》GB/T 51126—2015、《数字蜂窝移动通信网 WCDMA 工程设计规范》YD/T 5111—2015、《数字蜂窝移动通信网 WCDMA 工程验收规范》YD 5173—2015、《海底光缆工程设计规范》GB/T 51154—2015、《海底光缆工程验收规范》GB/T 51167—2016、《架空光（电）缆通信杆路工程设计规范》YD 5148—2007、《通信线路工程设计规范》GB 51158—2015、《通信线路工程验收规范》GB 51171—2016、《通信电源设备安装工程设计规范》GB 51194—2016、《通信电源设备安装工程验收规范》GB 51199—2016、《移动通信工程钢塔桅结构设计规范》YD/T 5131—2005、《移动通信工程钢塔桅结构验收规范》YD/T 5132—2005。公告明确工程建设标准英文版与中文版出现异议时，以中文版为准。

3. 2021年1月22日，《住房和城乡建设部办公厅关于开展建筑企业跨地区承揽业务要求设立分（子）公司问题治理工作的通知》（建办市函〔2021〕36号）下发。决定开展建筑企业跨地区承揽业务要求设立分（子）公司问题治理工作，进一步深化建筑业"放管服"改革，建立健全统一开放的建筑市场体系，扎实做好"六稳""六保"工作。通知要求各级住房和城乡建设主管部门要严格执行《住房城乡建设部关于印发推动建筑市场统一开放若干规定的通知》（建市〔2015〕140号）第八条规定，不得要求或变相要求建筑企业跨地区承揽业务在当地设立分（子）公司；对于存在相关问题的，要立即整改。各级房屋建筑与市政基础设施工程招标投标监管部门要全面梳理本行政区域内房屋建筑和市政基础设施工程招标文件，清理招标文件中将投标企业中标后承诺设立分（子）公司作为评审因素等做法。还要求各级住房和城乡建设主管部门要进一步健全投诉举报处理制度，建立公平、高效的投诉举报处理机制，及时受理并依法处理建筑企业在跨地区承揽业务活动中的投诉举报事项，保障建筑企业合法权益。各省级住房和城乡建设主管部门要统一思想，提高认识，加强组织领导，扎实推进本地区治理工作，严肃查处违规设置建筑市场壁垒、限制和排斥建筑企业跨省承揽业务的行为，清理废除妨碍构建统一开放建筑市场体系的规定和做法，营造公平竞争的建筑市场环境。

4. 2021年1月27日，《住房和城乡建设部关于印发工程保函示范文本的通知》（建市〔2021〕11号）下发。目的是为进一步推进工程建设领域担保制度建设，促进建筑市场健康发展，《工程保函示范文本》自2021年3月1日起执行。原《工程担保合同示范文本（试行）》（建市〔2005〕74号）同时废止。示范文本分为八种：投标保函示范文本（独立保函）、投标保函示范文本（非独立保函）、预付款保函示范文本（独立保函）、预付款保函示范文本（非独立保函）、支付保函示范文本

（独立保函）、支付保函示范文本（非独立保函）、履约保函示范文本（独立保函）、履约保函示范文本（非独立保函）。

5. 2021年2月2日，《住房和城乡建设部办公厅关于同意开展智能建造试点的函》（建办市函〔2021〕55号）下发。同意将上海嘉定新城菊园社区JDC1-0402单元05-02地块项目、佛山顺德凤桐花园项目、佛山顺德北滘镇南坪路以西地块之一项目、深圳市长圳公共住房及其附属工程总承包（EPC）项目和重庆美好天赋项目、绿地新里秋月台项目、万科四季花城三期项目列为我部智能建造试点项目。要求深入贯彻落实《住房和城乡建设部等部门关于推动智能建造与建筑工业化协同发展的指导意见》（建市〔2020〕60号），围绕建筑业高质量发展，以数字化、智能化升级为动力，创新突破相关核心技术，加大智能建造在工程建设各环节应用，提升工程质量安全、效益和品质，尽快探索出一套可复制可推广的智能建造发展模式和实施经验。

6. 2021年2月4日，《住房和城乡建设部办公厅关于开展建筑市场部分评比表彰奖项信息归集共享试点工作的通知》（建办市函〔2021〕63号）下发。试点目的是通过开展试点，完善建筑市场评比表彰奖项信息共享和公开机制，减轻建筑企业重复提交证明材料的负担，提高建筑业政务服务质量。奖项归集范围是由各省（自治区）住房和城乡建设厅、直辖市住房和城乡建设（管）委员会以及北京市规划和自然资源委员会、新疆生产建设兵团住房和城乡建设局主办或主管的优质房屋建筑和市政基础设施工程评比表彰奖项。试点工作要求依法依规确定试点奖项清单、完善平台信息归集功能、集中展示和共享试点奖项信息、总结推广经验做法。

7. 2021年2月19日，《住房和城乡建设部办公厅关于同意辽宁省建设工程企业资质和从业人员资格证书电子化的函》（建办市函〔2021〕85号）下发。同意辽宁省住房和城乡建设厅负责核发的工程勘察资质证书、工程设计资质证书、建筑业企业资质证书、工程监理企业资质证书、工程造价咨询企业资质证书、安全生产许可证、建设工程质量检测机构资质证书、房地产估价机构备案证书、二级注册建筑师注册证书、二级注册结构工程师注册执业证书、二级建造师注册证书实行电子证照。要求做好有关资质资格数据与住房和城乡建设部相关管理系统数据对接工作，并确保相关电子证照符合全国一体化在线政务服务平台相关电子证照标准及住房和城乡建设部有关要求。

8. 2021年2月26日，《住房和城乡建设部建筑市场监管司关于修改全国监理工程师职业资格考试基础科目和土木建筑工程专业科目大纲的通知》（建司局函市〔2021〕47号）下发。决定将《全国监理工程师职业资格考试大纲》（基础科目和土木建筑工程专业科目）中的"《中华人民共和国合同法》"统一修改为"《中华人民共和国民法典》第三编合同"。

9. 2021年3月16日，《住房和城乡建设部办公厅关于印发绿色建造技术导则（试行）的通知》（建办质〔2021〕9号）下发。《导则》为进一步规范和指导绿色建造试点工作，提出绿色建造全过程关键技术要点，引导绿色建造技术方向。《导则》分为总则、术语、基本规定、绿色策划、绿色设计、绿色施工和绿色交付共7章。

10. 2021年3月19日，《住房和城乡建设部办公厅关于2020年度建筑工程施工转包违法分包等违法违规行为查处情况的通报》（建办市〔2021〕10号）公布。通报显示，各地住房和城乡建设主管部门共排查项目333573个，涉及建设单位242541家、施工单位267926家。共排查出9725个项目存在各类建筑市场违法违规行为。其中，存在违法发包行为的项目461个，占违法项目总数的4.8%；存在转包行为的项目298个，占违法项目总数的3.0%；存在违法分包行为的项目455个，占违法项目总数的4.7%；存在挂靠行为的项目104个，占违法项目总数的1.0%；存在"未领施工许可证先行开工"等其他市场违法行为的项目8407个，占违法项目总数的86.5%。各地住房和城乡建设主管部门共查处有违法违规行为的建设单位3562家；有违法违规行为的施工企业7332家，其中，有转包行为的企业302家，有违法分包行为的企业453家，有挂靠行为的企业69家，有出借资质行为的企业51家，有其他违法行为的企业6457家。对存在违法违规行为的企业和人员，分别采取停业整顿、吊销资质、限制投标资格、责令停止执业、吊销执业资格、终身不予注册、没收违法所得、罚款、通报批评、诚信扣分等一系列行政处罚或行政管理措施。并提出严格按照有关要求，继续严厉打击建筑工程施工转包违法分包等违法违规行为，加大对各类违法违规行为的查处力度；加强对市、县级住房和城乡建设主管部门工作的监督指导，进一步明确工作责任人，加强数据核实把关，于每季度结束后10日内及时将本行政区域内统计数据报住房和城乡建设部建筑市场监管司。

11. 2021年3月30日，《住房和城乡建设部关于修改〈建筑工程施工许可管理办法〉等三部规章的决定》（中华人民共和国住房和城乡建设部令第52号）公布。决定将《建筑工程施工许可管理办法》（住房和城乡建设部令第18号，根据住房和城乡建设部令第42号修改）第四条第一款第二项修改为："依法应当办理建设工程规划许可证的，已经取得建设工程规划许可证。"将第四条第一款第五项修改为："有满足施工需要的资金安排、施工图纸及技术资料，建设单位应当提供建设资金已经落实承诺书，施工图设计文件已按规定审查合格。"删去第四条第一款第七项、第八项。删去《实施工程建设强制性标准监督规定》（建设部令第81号，根据住房和城乡建设部令第23号修改）第五条第二款。

12. 2021年4月1日，《住房和城乡建设部关于修改〈建设工程勘察质量管理办法〉的决定》（中华人民共和国住房和城乡建设部令第53号）公布。决定将第五条第二款中的"严格执行国家收费标准"修改为"加强履约管理，及时足额支付勘察费用"。增加两款作为第三款和第四款，明确建设单位及其项目负责人对勘察设计质量管理的职责。修改了第七、九、十二、十四、十六、十七等条款，明确工程勘察企业及其法定代表人和项目负责人的质量责任，对工程勘察工作的原始记录和观测员、试验员、记录员、机长等现场作业人员以及工程勘察档案管理等作了规定，并对罚则作了修改。

13. 2021年4月6日，《住房和城乡建设部等部门关于加快发展数字家庭 提高居住品质的指导意见》（建标〔2021〕28号）公布。指导意见是顺应深化住房供给侧结构性改革、促进房地产开发企业等市场主体转型升级和家庭生活数字化趋势的一大举措，也是响应国家数字经济战略、实现经济转型升级和数字经济目标的重要政策。《指导意见》共包括 5 部分、18 条内容。总体要求部分明确了指导思想、工作原则和发展目标；明确数字家庭服务功能、强化数字家庭工程设施建设、完善数字家庭系统、加强组织实施 4 部分，并指出主要任务和工作方法。推动《指导意见》落地重点做好开展试点建设、完善标准体系、加强宣传引导。

14. 2021 年 4 月 7 日，《住房和城乡建设部关于公布 2020 年度全国绿色建筑创新奖获奖名单的通知》（建标〔2021〕29 号）下发。确定"北京大兴国际机场旅客航站楼及停车楼工程"等 61 个项目获得 2020 年度全国绿色建筑创新奖。

15. 2021 年 4 月 9 日，《住房和城乡建设部办公厅关于启用全国工程质量安全监管信息平台的通知》（建办质函〔2021〕159 号）下发。自 2021 年 5 月 15 日起，正式启用平台。目标是构建一体化的全国房屋建筑和市政基础设施工程质量安全监管信息平台，覆盖建筑施工安全监管、工程勘察设计质量监管、工程质量监管、城市轨道交通工程质量安全监管等业务，支撑部、省、市、县各级住房和城乡建设部门及有关部门履行房屋建筑和市政基础设施工程质量安全监管职能，实现跨层级、跨地区、跨部门间信息共享和业务协同，提升监管工作效能和政务服务能力，有力维护人民群众生命财产安全。平台集成工程质量安全监管业务信息系统、全国工程质量安全监管数据中心、工作门户以及公共服务门户，供各地免费使用。平台用户包含各级住房和城乡建设部门及有关部门房屋建筑和市政基础设施工程质量安全监管人员，工程项目建设各方主体以及相关机构、单位从业人员，社会公众等。主管部门监管人员账号采用逐级分配方式创建。

16. 2021 年 4 月 20 日，《住房和城乡建设部 国家发展改革委关于批准发布综合医院建设标准的通知》（建标〔2021〕36 号）下发。《综合医院建设标准》建标 110—2021，自 2021 年 7 月 1 日起施行。原《综合医院建设标准》建标 110—2008 同时废止。在综合医院工程项目的审批、核准、设计和建设过程中，要严格遵守国家相关规定，认真执行本建设标准，坚决控制工程造价。本建设标准的管理由住房和城乡建设部、国家发展改革委负责，具体解释工作由国家卫生健康委负责。

17. 2021年5月8日,《住房和城乡建设部办公厅关于开展施工现场技能工人配备标准制定工作的通知》(建办市〔2021〕29号)下发。通知要求新建、改建、扩建房屋建筑与市政基础设施工程建设项目,均应制定相应的施工现场技能工人配备标准。技能工人包括一般技术工人和建筑施工特种作业人员。一般技术工人等级分为初级工、中级工、高级工、技师、高级技师;工种类别包括砌筑工、钢筋工、模板工、混凝土工等。建筑施工特种作业人员包括建筑电工、建筑架子工、建筑起重信号司索工、建筑起重机械司机、建筑起重机械安装拆卸工、高处作业吊篮安装拆卸工和经省级以上人民政府住房和城乡建设主管部门认定的其他特种作业人员等。工作目标是到2025年,力争实现在建项目施工现场中级工占技能工人比例达到20%、高级工及以上等级技能工人占技能工人比例达到5%,初步建立施工现场技能工人配备体系。2035年,力争实现在建项目施工现场中级工占技能工人比例达到30%、高级工及以上等级技能工人占技能工人比例达到10%,建立施工现场所有工种技能工人配备体系。主要任务有科学合理制定标准、认真开展技能培训、加强监督检查、强化信息化应用。

18. 2021年5月20日,《住房和城乡建设部办公厅关于开展2021年住房和城乡建设系统"安全生产月"活动的通知》(建办质函〔2021〕217号)下发。通知要求按照全国"安全生产月"活动要求,结合疫情防控常态化形势和本地区安全生产工作实际,制定切实可行的工作方案,精心安排部署,科学组织实施,确保各项活动有序开展、取得实效,为庆祝建党100周年营造良好的安全生产环境。通知还要求结合住房和城乡建设部2021年安全生产工作要点,继续深入开展住房和城乡建设领域安全生产专项整治三年行动。认真组织开展6月16日"全国安全宣传咨询日"活动。

19. 2021年5月27日,《住房和城乡建设部办公厅关于集中式租赁住房建设适用标准的通知》(建办标〔2021〕19号)下发。通知明确集中式租赁住房是指具备一定规模、实行整体运营并集中管理、用于出租的居住性用房。按照使用对象和使用功能,集中式租赁住房可分为宿舍型和住宅型两类。新建宿舍型租赁住房应执行《宿舍建筑设计规范》

JGJ 36—2016 及相关标准；改建宿舍型租赁住房应执行《宿舍建筑设计规范》JGJ 36—2016 或《旅馆建筑设计规范》JGJ 62—2014 及相关标准。新建或改建住宅型租赁住房应执行《住宅建筑规范》GB 50368—2005 及相关标准。集中式租赁住房可根据市场需求和建筑周边商业服务网点配置等实际情况，增加相应服务功能。严格把握非居住类建筑改建为集中式租赁住房的条件。非居住类建筑改建前应对房屋安全性能进行鉴定，保证满足安全使用的要求；土地性质为三类工业用地和三类物流仓储用地的非居住建筑，不得改建为集中式租赁住房。加强运营安全管理。

20. 2021 年 6 月 11 日，住房和城乡建设部办公厅印发《第一次全国自然灾害综合风险普查房屋建筑和市政设施调查实施方案》（建办质函〔2021〕248 号）。通知从工作依据、工作目的、标准时点、调查对象、调查内容、组织实施、方法流程、数据处理、全过程质量控制、审核与汇交、时间要求和调查纪律十二个方面对全国房屋建筑和市政设施调查工作作出了详细规定，要求各地结合实际认真贯彻落实。

21. 2021 年 6 月 24 日，《住房和城乡建设部办公厅关于在部分地区启用一级建造师电子注册证书的通知》（建办市〔2021〕25 号）下发。通知决定在前期北京、上海、浙江、海南 4 个省（市）开展一级建造师电子注册证书试点的基础上，再选取部分地区启用电子证书，并开展延续注册工作。实施范围包括河北、黑龙江、江苏、安徽、福建、江西、山东、河南、广东、重庆、四川、云南、陕西、青海、新疆 15 个省（市、区）。

22. 2021 年 6 月 28 日，《住房和城乡建设部办公厅关于取消工程造价咨询企业资质审批加强事中事后监管的通知》（建办标〔2021〕26 号）下发。通知明确取消工程造价咨询企业资质审批。按照《国务院关于深化"证照分离"改革 进一步激发市场主体发展活力的通知》（国发〔2021〕7 号）文件要求，自 2021 年 7 月 1 日起，住房和城乡建设主管部门停止工程造价咨询企业资质审批，工程造价咨询企业按照其营业执照经营范围开展业务，行政机关、企事业单位、行业组织不得要求企业提供工程造价咨询企业资质证明。2021 年 6 月 3 日起，住房和城乡建设主管部门不再办理工程造价咨询企业资质延续手续，到期需延续的企业，有效期自动延续至 2021 年 6 月 30 日。通知还要求健全企业信息管理制度、推进信用体系建设、构建协同监管新格局、提升工程造价咨询服务能力、加强事中事后监管。

23. 2021 年 6 月 29 日，《住房和城乡建设部办公厅关于做好建筑业"证照分离"改革衔接有关工作的通知》（建办市〔2021〕30 号）下发。通知要求，自 2021 年 7 月 1 日起，各级住房和城乡建设主管部门停止受理所列建设工程企业资质的首次、延续、增项和重新核定的申请，重新核定事项含《住房城乡建设部关于建设工程企业发生重组、合并、分立等情况资质核定有关问题的通知》（建市〔2014〕79 号）规定的核定事项。2021 年 7 月 1 日前已受理的，按照原资质标准进行审批。自 2021 年 7 月 1 日起，建筑业企业施工劳务资质由审批制改为备案制，由企业注册地设区市住房和城乡建设主管部门负责办理备案手续。企业提交企业名称、统一社会信用代码、办公地址、法定代表人姓名及联系方式、企业净资产、技术负责人、技术工人等信息材料后，备案部门应当场办理备案手续，并核发建筑业企业施工劳务资质证书。企业完成备案手续并取得资质证书后，即可承接施工劳务作业。对于按照优化审批服务方式改革的许可事项，各级住房和城乡建设主管部门要进一步优化审批流程，推动线上办理，实行全程电子化申报和审批。要精简企业申报材料，不得要求企业提供人员身份证明和社保证明、企业资质证书、注册执业人员资格证书等证明材料，切实减轻企业负担。

24. 2021 年 7 月 16 日，《住房和城乡建设部办公厅关于发布绿色建筑标识式样的通知》（建办标〔2021〕36 号）下发。通知明确，按照《绿色建筑标识管理办法》（建标规〔2021〕1 号）要求，住房和城乡建设部进一步完善了绿色建筑标识证书式样，增加了标牌式样。绿色建筑标识由牡丹花叶、长城、星级和中国绿色建筑中英文构成，体现中国绿色建筑最大限度实现人与自然和谐共生。绿色建筑标识证书和标牌应严格按照绿色建筑标识制作指南、标识证书矢量文件和标识标牌矢量文件规定的式样与要求制作。扫描证书和标牌中的二维码可查询项目证书信息。自 2021 年 6 月起，住房和城乡建设部门按照《绿色建筑标识管理办法》(建标规〔2021〕1号)认定绿色建筑项目,授予绿色建筑标识证书。绿色建筑项目申请单位可根据不同应用场景自行制作绿色建筑标识标牌。绿色建筑标识式样除用于绿色建筑标识制作外,不得用做其他用途。

25. 2021年7月19日,《建设工程抗震管理条例》(中华人民共和国国务院令第744号)颁布,自2021年9月1日起施行。条例分8章51条,规定在中华人民共和国境内从事建设工程抗震的勘察、设计、施工、鉴定、加固、维护等活动及其监督管理,适用本条例;建设工程抗震应当坚持以人为本、全面设防、突出重点的原则;国务院住房和城乡建设主管部门对全国的建设工程抗震实施统一监督管理,国务院交通运输、水利、工业和信息化、能源等有关部门按照职责分工,负责对全国有关专业建设工程抗震的监督管理;国家鼓励和支持建设工程抗震技术的研究、开发和应用;国家建立建设工程抗震调查制度;国家实行建设工程抗震性能鉴定制度。条例对新建、改建、扩建建设工程的勘察、设计和施工,已经建成的建设工程的鉴定、加固和维护,建设工程抗震新技术强制应用,农村建设工程抗震设防以及保障措施、监督管理、各方主体法律责任等作了全面规定。作为中华人民共和国成立以来建设工程抗震管理领域的首部专门行政法规,条例的颁布施行对于提升建设工程抗震领域治理现代化水平意义重大。

26. 2021年7月28日,《住房和城乡建设部办公厅关于印发智能建造与新型建筑工业化协同发展可复制经验做法清单(第一批)的通知》(建办市函〔2021〕316号)下发。通知明确各地围绕发展数字设计、推广智能生产、推动智能施工、建设建筑产业互联网平台、研发应用建筑机器人等智能建造设备、加强统筹协作和政策支持等方面积极探索,推动智能建造与新型建筑工业化协同发展取得较大进展。住房和城乡建设部总结各地经验做法形成《智能建造与新型建筑工业化协同发展可复制经验做法清单(第一批)》,推广全国学习借鉴。

27. 2021年7月30日,《住房和城乡建设部办公厅关于同意云南省实行建设工程勘察设计企业资质和从业人员执业资格电子证书的函》(建办市函〔2021〕329号)下发。同意云南省住房和城乡建设厅负责核发的工程勘察企业资质证书、工程设计企业资质证书、二级注册建筑师注册证书、二级注册结构工程师注册执业证书实行电子证书,并要求做好有关资质资格数据与住房和城乡建设部相关管理系统数据对接工作,并确保相关电子证书符合全国一体化在线政务服务平台相关电子证照标准及住房和城乡建设部有关要求。

28. 2021年8月4日,《住房和城乡建设部办公厅关于全面加强房屋市政工程施工工地新冠肺炎疫情防控工作的通知》(建办质电〔2021〕45号)下发。针对全国一些地区相继出现新冠肺炎确诊病例,新冠肺炎疫情防控形势严峻,给房屋市政工程施工工地(以下简称"施工工地")疫情防控敲响了警钟,通知要求加强组织领导,完善疫情防控体系,加强施工工地人员排查,从严做好风险管控,加强现场防疫,严格工地内部管理,加强培训教育,做好疫情防控宣传,抓好工程质量安全管理,坚决防止盲目抢工期,严格值班值守,强化应急准备。

29. 2021年8月31日,《住房和城乡建设部办公厅关于开展工程建设领域整治工作的通知》(建办市〔2021〕38号)下发。通知要求认真贯彻落实党中央关于常态化开展扫黑除恶斗争的决策部署,聚焦工程建设领域存在的恶意竞标、强揽工程等突出问题,严格依法查处违法违规行为,及时发现和堵塞监管漏洞,建立健全源头治理的防范整治长效机制,持续规范建筑市场秩序。工作目标是通过整治工作,到2022年6月底,工程建设领域恶意竞标、强揽工程等违法违规行为得到有效遏制,招标投标乱象和突出问题得到有效整治,招标投标监管制度进一步完善。整治重点分两方面,一是投标人串通投标、以行贿的手段谋取中标、挂靠或借用资质投标等恶意竞标行为;二是投标人胁迫其他潜在投标人放弃投标,或胁迫中标人放弃中标、转让中标项目等强揽工程行为。

30. 2021年8月31日,《住房和城乡建设部办公厅关于印发第一次全国自然灾害综合风险普查房屋建筑和市政设施调查数据成果质量在线巡检办法(试行)的通知》(建办质函〔2021〕353号)下发。通知明确根据《第一次全国自然灾害综合风险普查实施方案(修订版)》(国灾险普办发〔2021〕6号)、《第一次全国自然灾害综合风险普查房屋建筑和市政设施调查实施方案》（建办质函〔2021〕248号），住房和城乡建设部组织编制了《第一次全国自然灾害综合风险普查房屋建筑和市政设施调查数据成果质量在线巡检办法（试行）》。实施数据成果质量在线巡检的目的，是在既有的调查阶段数据质量管理和县级自检、逐级质检核查等程序的基础上，利用信息化手段进一步加强对数据质量的全过程管控。巡检不代替上述各类既有的数据质量管控措施，也不代替各地根据实际情况建立的本地数据质量管控制度。住房和城乡建设部建立第一次全国自然灾害综合风险普查房屋建筑和市政设施调查数据质量在线巡检组成员名单和专家名单，列入巡检组成员名单的人员称为巡检组成员，列入巡检组专家名单的人员称为巡检组专家。巡检组成员和巡检组专家有权对各地各阶段的调查数据进行在线巡检。

31. 2021年9月10日，住房和城乡建设部发布了《装配式混凝土结构住宅主要构件尺寸指南》《住宅装配化装修主要部品部件尺寸指南》。《装配式混凝土结构住宅主要构件尺寸指南》的编制旨在为各地区进行标准化预制构件体系的编制工作提供借鉴，为企业编制预制构件产品标准和产品应用手册提供技术支撑，各方共同以预制构件功能和性能指标要求为核心，不断改进和研发适宜的标准化部品部件及接口标准等。《住宅装配化装修主要部品部件尺寸指南》中的构件适用于装配式混凝土结构住宅。指南适用于新建和既有住宅建筑的装配化装修，主要内容包括装配式隔墙及墙面系统、装配式地面系统、装配式顶面系统、门窗、集成式厨房、装配式卫生间、整体收纳等部品部件及其接口的优先尺寸。

32. 2021年9月27日，住房和城乡建设部印发《住房和城乡建设部办公厅关于印发城市轨道交通工程基坑、隧道施工坍塌防范导则的通知》（建办质〔2021〕42号）（以下简称《导则》），《导则》分为总则与术语、基本规定、管理行为、基坑工程施工坍塌防范、矿山法隧道施工坍塌防范、盾构法隧道施工坍塌防范、应急响应共七章内容。《导则》将基坑、隧道施工坍塌防范贯穿于城市轨道交通工程建设全过程及各参建单位。《导则》的主要措施有四方面：一是构建基坑、隧道防范坍塌体系。二是规范参建各方管理行为。三是细化基坑、隧道坍塌防范措施。四是加强突发事件应急响应。

33. 2021年10月21日，中共中央办公厅、国务院办公厅印发了《关于推动城乡建设绿色发展的意见》，意见明确总体目标是：到2025年，城乡建设绿色发展体制机制和政策体系基本建立，建设方式绿色转型成效显著，碳减排扎实推进，城市整体性、系统性、生长性增强，"城市病"问题缓解，城乡生态环境质量整体改善，城乡发展质量和资源环境承载能力明显提升，综合治理能力显著提高，绿色生活方式普遍推广。到2035年，城乡建设全面实现绿色发展，碳减排水平快速提升，城市和乡村品质全面提升，人居环境更加美好，城乡建设领域治理体系和治理能力基本实现现代化，美丽中国建设目标基本实现。其中转变城乡建设发展方式的五个主要任务中，要求建设高品质绿色建筑和实现工程建设全过程绿色建造。建设高品质绿色建筑包含：实施建筑领域碳达峰、碳中和行动。规范绿色建筑设计、施工、运行、管理，鼓励建设绿色农房。推进既有建筑绿色化改造，鼓励与城镇老旧小区改造、农村危房改造、抗震加固等同步实施。开展绿色建筑、节约型机关、绿色学校、绿色医院创建行动。加强财政、金融、规划、建设等政策支持，推动高质量绿色建筑规模化发展，大力推广超低能耗、近零能耗建筑，发展零碳建筑。实施绿色建筑统一标识制度。建立城市建筑用水、用电、用气、用热等数据共享机制，提升建筑能耗监测能力。推动区域建筑能效提升，推广合同能源管理、合同节水管理服务模式，降低建筑运行能耗、水耗，大力推动可再生能源应用，鼓励智能光伏与绿色建筑融合创新发展。实现工程建设全过程绿色建造包括：开展绿色建造示范工程创建行动，推广绿色化、工业化、信息化、集约化、产业化建造方式，加强技术创新和集成，利用新技术实现精细化设计和施工。大力发展装配式建筑，重点推动钢结构装配式住宅建设，不断提升构件标准化水平，推动形成完整产业链，推动智能建造和建筑工业化协同发展。完善绿色建材产品认证制度，开展绿色建材应用示范工程建设，鼓励使用综合利用产品。加强建筑材料循环利用，促进建筑垃圾减量化，严格施工扬尘管控，采取综合降噪措施管控施工噪声。推动传统建筑业转型升级，完善工程建设组织模式，加快推行工程总承包，推广全过程工程咨询，推进民用建筑工程建筑师负责制。加快推进工程造价改革。改革建筑劳动用工制度，大力发展专业作业企业，培育职业化、专业化、技能化建筑产业工人队伍。

34. 2021年10月22日，住房和城乡建设部联合应急管理部下发《住房和城乡建设部 应急管理部关于加强超高层建筑规划建设管理的通知》（建科〔2021〕76号），要求强化既有超高层建筑安全管理。全面排查安全隐患，各地要结合安全生产专项整治三年行动，加强对超高层建筑隐患排查的指导监督，摸清超高层建筑基本情况，建立隐患排查信息系统。

35. 2021年12月8日，《住房和城乡建设部办公厅关于印发危险性较大的分部分项工程专项施工方案编制指南的通知》（建办质〔2021〕48号）下发，内容包括基坑工程、模板支撑体系工程、起重吊装及安装拆卸工程、脚手架工程、拆除工程、暗挖工程、建筑幕墙安装工程、人工挖孔桩工程和钢结构安装工程共9类危险性较大的分部分项工程。对《住房城乡建设部办公厅关于实施〈危险性较大的分部分项工程安全管理规定〉有关问题的通知》中的"专项施工方案内容"作进一步明确、细化。一是明确细化危大工程专项施工方案的主要内容。二是专项施工方案中可采取风险辨识与分级。三是明确危大工程的验收内容。四是细化应急处置措施。

36. 2021年12月14日，《住房和城乡建设部关于发布〈房屋建筑和市政基础设施工程危及生产安全施工工艺、设备和材料淘汰目录（第一批）〉的公告》（中华人民共和国住房和城乡建设部公告2021年第214号）下发，通知要求本公告发布之日起9个月后，全面停止在新开工项目中使用本《目录》所列禁止类施工工艺、设备和材料；本公告发布之日起6个月后，新开工项目不得在限制条件和范围内使用本《目录》所列限制类施工工艺、设备和材料。负有安全生产监督管理职责的各级住房和城乡建设主管部门依据《建设工程安全生产管理条例》有关规定，开展对本《目录》执行情况的监督检查工作。

2022年建筑业最新政策法规概览

1. 2022年1月5日，住房和城乡建设部办公厅下发《住房和城乡建设部办公厅关于开展 2021 年工程造价咨询统计调查的通知》（建办标函〔2022〕2 号），通知要求按照《国家统计局关于批准执行工程造价咨询统计调查制度的函》（国统制〔2019〕129 号）规定，开展 2021 年工程造价咨询统计调查工作，要求各省级住房和城乡建设部门、国务院有关部门建设工程造价管理机构应及时审核工程造价咨询统计调查系统中本地区、本行业企业填报的数据，确保数据的完整性和准确性；审核完成后，通过工程造价咨询统计调查系统打印数据汇总表并加盖公章，连同 2021 年工程造价咨询企业统计工作总结一并于 2022 年 3 月 26 日前报住房和城乡建设部标准定额司。

2. 2022 年 1 月 17 日，住房和城乡建设部下发《住房和城乡建设部关于印发国家城乡建设科技创新平台管理暂行办法的通知》（建标〔2022〕9 号）。科技创新平台是住房和城乡建设领域科技创新体系的重要组成部分，是支撑引领城乡建设绿色发展，落实碳达峰、碳中和目标任务，推进以人为核心的新型城镇化，推动住房和城乡建设高质量发展的重要创新载体。科技创新平台分为重点实验室和工程技术创新中心两类。重点实验室以支撑性、引领性科学研究和提升行业技术成熟度为重点，主要开展应用基础研究和前沿技术研究。工程技术创新中心以技术集成创新和成果转化应用为重点，主要开展行业重大共性关键技术研究、重大技术装备研发、科技成果工程化研究、系统集成和应用。科技创新平台为非法人实体单位，依托相关领域研究实力强、科技创新优势突出的科研院所、骨干企业、高等院校组建。鼓励建立产学研用创新联合体。住房和城乡建设部围绕国家重大战略，结合住房和城乡建设领域发展需求和相关规划，按照"少而精"的原则，统筹部署建设科技创新平台。科技创新平台统一命名为"国家城乡建设×××重点实验室""国家城乡建设×××工程技术创新中心"。住房和城乡建设部对通过验收、正式运行的科技创新平台统一颁发标牌。住房和城乡建设部每 3 年集中对科技创新平台实施绩效评价。

3. 2022 年 1 月 19 日，住房和城乡建设部下发《住房和城乡建设部关于印发"十四五"建筑业发展规划的通知》（建市〔2022〕11 号），明确"十四五"时期建筑业发展目标和主要任务，指导和促进"十四五"时期建筑业高质量发展。2035年远景目标为：以建设世界建造强国为目标，着力构建市场机制有效、质量安全可控、标准支撑有力、市场主体有活力的现代化建筑业发展体系。到2035年，建筑业发展质量和效益大幅提升，建筑工业化全面实现，建筑品质显著提升，企业创新能力大幅提高，高素质人才队伍全面建立，产业整体优势明显增强，"中国建造"核心竞争力世界领先，迈入智能建造世界强国行列，全面服务社会主义现代化强国建设。"十四五"时期发展目标为：对标2035年远景目标，初步形成建筑业高质量发展体系框架，建筑市场运行机制更加完善，营商环境和产业结构不断优化，建筑市场秩序明显改善，工程质量安全保障体系基本健全，建筑工业化、数字化、智能化水平大幅提升，建造方式绿色转型成效显著，加速建筑业由大向强转变，为形成强大国内市场、构建新发展格局提供有力支撑。七大主要任务是：加快智能建造与新型建筑工业化协同发展、健全建筑市场运行机制、完善工程建设组织模式、培育建筑产业工人队伍、完善工程质量安全保障体系、稳步提升工程抗震防灾能力、加快建筑业"走出去"步伐。

4. 2022年3月25日，住房和城乡建设部下发《住房和城乡建设部关于开展房屋市政工程安全生产治理行动的通知》（建质电〔2022〕19号），决定开展房屋市政工程安全生产治理行动（以下简称"治理行动"），全面排查整治各类隐患，防范各类生产安全事故，切实保障人民生命财产安全，坚决稳控安全生产形势。工作目标是：以习近平新时代中国特色社会主义思想为指导，坚持人民至上、生命至上，坚持统筹发展和安全，坚持"安全第一、预防为主、综合治理"，集中用两年左右时间，聚焦重点排查整治隐患，严厉打击违法违规行为，夯实基础提升安全治理能力，坚决遏制房屋市政工程生产安全重特大事故，有效控制事故总量，为党的二十大胜利召开营造安全稳定的社会环境。重点任务有五方面：一是严格管控危险性较大的分部分项工程，为健全管控体系、排查安全隐患、狠抓隐患整改。二是全面落实工程质量安全手册制度，严格落实手册要求、夯实安全生产基础、落实关键人员责任。三是提升施工现场人防物防技防水平，加强安全生产培训教育、强化现场安全防护措施、提升安全技术防范水平、增强风险应急处置能力。四是严厉打击各类违法违规行为,大力整顿违反建设程序行为、大力整治发承包违法违规行为、加大违法违规行为查处力度、深入推进"两违"专项清查工作。五是充分发挥政府投资工程示范带头作用,带头遵守相关法律法规、严格安全生产责任追究、打造安全生产示范工程。工作安排分为动员部署阶段(2022年4月1日～4月15日)、排查整治阶段(2022年4月16日～2022年12月)、巩固提升阶段(2023年1月～2023年12月)。

5. 2022年4月8日,住房和城乡建设部下发《住房和城乡建设部办公厅关于同意新疆维吾尔自治区实行消防设计审查验收文书和施工图设计文件审查合格书电子证照的函》(建办厅函〔2022〕142号),同意新疆维吾尔自治区住房和城乡建设主管部门制发的特殊建设工程消防设计审查申请受理/不受理凭证、特殊建设工程消防设计审查意见书、特殊建设工程消防验收申请受理/不受理凭证、特殊建设工程消防验收意见书、建设工程消防验收备案/不备案凭证、建设工程消防验收备案抽查/复查结果通知书以及施工图综合审查机构制发的施工图设计文件审查合格书实行电子证照。

6. 2022年4月19日,《住房和城乡建设部关于印发〈房屋市政工程生产安全重大事故隐患判定标准(2022版)〉的通知》(建质规〔2022〕2号)(以下简称《标准》)下发。《标准》适用于判定新建、扩建、改建、拆除房屋市政工程的生产安全重大事故隐患。县级及以上人民政府住房和城乡建设主管部门和施工安全监督机构,在监督检查过程中可依照《标准》判定房屋市政工程生产安全重大事故隐患。住房和城乡建设部要求,各级住房和城乡建设主管部门要把重大风险隐患当成事故来对待,将《标准》作为监管执法的重要依据,督促工程建设各方依法落实重大事故隐患排查治理主体责任,准确判定、及时消除各类重大事故隐患。要严格落实重大事故隐患排查治理挂牌督办等制度,着力从根本上消除事故隐患,牢牢守住安全生产底线。

7. 2022年4月26日,住房和城乡建设部办公厅下发《住房和城乡建设部办公厅关于开展2021年度全国民用建筑能源资源消耗统计调查的通知》(建办标〔2022〕20号),推进民用建筑节能工作,做好2021

年度全国民用建筑能源资源消耗统计工作。统计调查范围依据调查内容分为全国城镇、全国 106 个城市和 17 个省（自治区、直辖市）三类。统计数据通过信息平台报送，通知要求各地住房和城乡建设主管部门要高度重视，精心组织，按照要求遴选样本建筑，强化审核管理，提高统计数据质量，确保上报数据真实、准确、完整、及时。

8. 2022 年 5 月 9 日，住房和城乡建设部印发《住房和城乡建设部关于印发"十四五"工程勘察设计行业发展规划的通知》（建质〔2022〕38 号），明确"十四五"时期，工程勘察设计行业的发展目标为：稳步发展，规模持续扩大，效益显著提高，勘察设计在工程建设中的引领作用进一步凸显。勘察设计相关法规制度不断完善，市场环境进一步优化，诚信体系初步建立，勘察设计质量得到充分保障。工程勘察设计行业绿色化、工业化、数字化转型全面提速，技术管理创新和综合服务能力不断增强，标准化、集成化水平进一步提升，持续助力建筑业高质量发展。并提出健全市场运行机制、保障勘察设计质量、贯彻绿色低碳理念、提升科技创新能力、推动行业数字转型、推进多元服务模式、优化人才培养体系等发展方向与任务。

9. 2022 年 5 月 18 日，住房和城乡建设部办公厅下发《住房和城乡建设部办公厅关于组织申报第三批装配式建筑生产基地的通知》（建办标函〔2022〕187 号），组织申报第三批装配式建筑生产基地。

10. 2022 年 5 月 24 日，《住房和城乡建设部办公厅关于征集遴选智能建造试点城市的通知》（建办市函〔2022〕189 号）下发，为加快推动建筑业与先进制造技术、新一代信息技术的深度融合，拓展数字化应用场景，培育具有关键核心技术和系统解决方案能力的骨干建筑企业，发展智能建造新产业，形成可复制可推广的政策体系、发展路径和监管模式，为全面推进建筑业转型升级、推动高质量发展发挥示范引领作用。通知明确试点城市征集范围是地级以上城市（含直辖市及下辖区县），试点时间为期三年。试点城市重点开展八项任务，分别为完善政策体系、培育智能建造产业、建设试点示范工程、创新管理机制、打造部品部件智能工厂、推动技术研发和成果转化、完善标准体系、培育专业人才。其中前四项为必选任务，后四项可结合地方实际自主选择。

11. 2022年5月27日，住房和城乡建设部安全生产管理委员会办公室下发《住房和城乡建设部安全生产管理委员会办公室关于开展2022年住房和城乡建设系统"安全生产月"活动的通知》（建安办函〔2022〕8号），要求各地住房和城乡建设主管部门及有关单位开展主题为"遵守安全生产法当好第一责任人"的"安全生产月"活动。

12. 2022年6月9日，住房和城乡建设部办公厅发布了《住房和城乡建设部办公厅关于印发装配式钢结构模块建筑技术指南的通知》（建办标函〔2022〕209号）。指南适用于工业与民用模块建筑的设计、制作、安装、质量验收与维护管理。模块建筑包括按国家现行规划、建设审批流程和设计建造标准实施的模块建筑和应对公共安全事件等紧急调用的应急类模块建筑。按设计工作年限的不同，应急类模块建筑又可分为应急类普通模块建筑与应急类临时模块建筑。

13. 2022年6月30日，《住房和城乡建设部 国家发展改革委关于印发城乡建设领域碳达峰实施方案的通知》（建标〔2022〕53号）下发，主要目标是：2030年前，城乡建设领域碳排放达到峰值。城乡建设绿色低碳发展政策体系和体制机制基本建立；建筑节能、垃圾资源化利用等水平大幅提高，能源资源利用效率达到国际先进水平；用能结构和方式更加优化，可再生能源应用更加充分；城乡建设方式绿色低碳转型取得积极进展，"大量建设、大量消耗、大量排放"基本扭转；城市整体性、系统性、生长性增强，"城市病"问题初步解决；建筑品质和工程质量进一步提高，人居环境质量大幅改善；绿色生活方式普遍形成，绿色低碳运行初步实现。力争到2060年前，城乡建设方式全面实现绿色低碳转型，系统性变革全面实现，美好人居环境全面建成，城乡建设领域碳排放治理现代化全面实现，人民生活更加幸福。

14. 2022年8月2日，《住房和城乡建设部 人力资源社会保障部关于修改〈建筑工人实名制管理办法（试行）〉的通知》下发，通知明确将第八条修改为："全面实行建筑工人实名制管理制度。建筑企业应与招用的建筑工人依法签订劳动合同，对不符合建立劳动关系情形的，应依法订立用工书面协议。建筑企业应对建筑工人进行基本安全培训，并在相关建筑工人实名制管理平台上登记，方可允许其进入施工现场从事与建筑作业相关的活动。"将第十条、第十一条、第十二条和第十四条中的"劳动合同"统一修改为"劳动合同或用工书面协议"。

15. 2022年8月8日，《住房和城乡建设部办公厅关于开展建筑施工企业安全生产许可证和建筑施工特种作业操作资格证书电子证照试运行的通知》（建办质〔2022〕34号）下发，进一步贯彻落实国务院关于加快推进电子证照扩大应用领域和全国互通互认的要求，深化"放管服"改革，提升建筑施工安全监管数字化水平。自2022年10月1日起，在天津、山西、黑龙江、江西、广西、海南、四川、重庆、西藏9个省（市、区）和新疆生产建设兵团开展建筑施工企业安全生产许可证电子证照试运行，在河北、吉林、黑龙江、浙江、江西、湖南、广东、重庆8个省（市）和新疆生产建设兵团开展建筑施工特种作业操作资格证书电子证照试运行。其余省份应根据有关标准，尽快做好电子证照发放准备工作，力争在2022年年底前全面实现相关证照电子化。

16. 2022年8月29日，住房和城乡建设部办公厅印发《住房和城乡建设部办公厅关于进一步做好建筑工人就业服务和权益保障工作的通知》（建办市〔2022〕40号），要求进一步做好建筑工人就业服务和权益保障工作。通知明确，加强职业培训，提升建筑工人技能水平。各地住房和城乡建设主管部门要积极推进建筑工人职业技能培训，引导龙头建筑企业积极探索与高职院校合作办学、建设建筑产业工人培育基地等模式，将技能培训、实操训练、考核评价与现场施工有机结合。鼓励建筑企业和建筑工人采用师傅带徒弟、个人自学与集中辅导相结合等多种方式，突出培训的针对性和实用性，提高一线操作人员的技能水平。引导建筑企业将技能水平与薪酬挂钩，实现技高者多得、多劳者多得。同时，要全面实施施工现场技能工人配备标准，将施工现场技能工人配备标准达标情况作为在建项目建筑市场及工程质量安全检查的重要内容，推动施工现场配足配齐技能工人，保障工程质量安全。通知强调，各地住房和城乡建设主管部门要明确目标任务，利用多种形式宣传相关政策，积极回应社会关切和建筑工人诉求，合理引导预期，切实做好建筑工人就业服务和权益保障工作。

17. 2022年8月31日，住房和城乡建设部下发《住房和城乡建设部关于设立建设工程消防标准化技术委员会的通知》（建标〔2022〕64号），通知明确决定设立住房和城乡建设部建设工程消防标准化技术委员会。住房和城乡建设部建设工程消防标准化技术委员会主要职责为：承担建设工程消防标准体系研究，协助开展相关工程建设标准和相关产品标准编制与咨询解释，以及标准国际交流与合作等。根据工程建设标准化改革工作进展，当天《住房和城乡建设部关于撤销部强制性条文协调委员会的通知》（建标〔2022〕63号）明确决定撤销住房和城乡建设部强制性条文协调委员会。

18. 2022年10月25日，住房和城乡建设部印发《住房和城乡建设部关于公布智能建造试点城市的通知》（建市函〔2022〕82号），决定将北京市等24个城市列为智能建造试点城市。通知指出，试点城市要严格落实试点实施方案，建立健全统筹协调机制，加大政策支持力度，有序推进各项试点任务，确保试点工作取得实效。要及时总结工作经验，形成可感知、可量化、可评价的试点成果，每季度末报送试点工作进展情况，每年年底前报送试点年度报告。有关省级住房和城乡建设主管部门要加大对试点城市的指导支持力度，宣传推广可复制经验做法，推动解决问题困难。将定期组织对各试点城市的工作实施进度、科技创新成果、经济社会效益等开展评估，对真抓实干、成效显著的试点城市予以通报表扬，对工作进度滞后的试点城市加强调度督导。

19. 2022年10月28日，住房和城乡建设部印发《住房和城乡建设部办公厅关于建设工程企业资质有关事宜的通知》（建办市函〔2022〕361号），进一步优化建筑市场营商环境，减轻企业负担，激发市场主体活力。通知指出，住房和城乡建设部核发的工程勘察、工程设计、建筑业企业、工程监理企业资质，资质证书有效期于2023年12月30日前期满的，统一延期至2023年12月31日。上述资质有效期将在全国建筑市场监管公共服务平台自动延期，企业无需换领资质证书，原资质证书仍可用于工程招标投标等活动。具有法人资格的企业可直接申请施工总承包、专业承包二级资质。企业按照新申请或增项提交相关材料，企业资产、技术负责人需满足《建筑业企业资质标准》（建市〔2014〕159号）规定的相应类别二级资质标准要求，其他指标需满足相应类别三级资质标准要求。持有施工总承包、专业承包三级资质的企业，可按照现行二级资质标准要求申请升级，也可按照上述要求直接申请二级资质。

20. 2022年12月29日，《建设工程质量检测管理办法》（中华人民共和国住房和城乡建设部令第57号）（以下简称《管理办法》）公布，自2023年3月1日起施行，2005年9月28日原建设部公布的《建设工程质量检测管理办法》（建设部令第141号）同时废止。新修订出台的《管理办法》，从调整建设工程质量检测范围、强化资质动态管理、规范建设工程质量检测活动、完善建设工程质量检测责任体系、提高数字化应用水平、加强政府监督管理、加大违法违规行为处罚力度等多个方面进一步强化建设工程质量检测管理，维护建设工程质量检测市场秩序，规范建设工程质量检测行为，促进建设工程质量检测行业健康发展，保障建设工程质量。

2023年建筑业最新政策法规概览

1. 2023年1月10日，《住房和城乡建设部关于2023年第一批注册监理工程师初始注册人员名单的公告》（中华人民共和国住房和城乡建设部公告2023年第8号）发布，何传良等1042人符合注册监理工程师初始注册条件，准予注册。随后，分批发布一级建造师注册的人员、注册土木工程师（岩土）初始注册人员、一级注册结构工程师初始注册人员、注册公用设备工程师初始注册人员、电气工程师初始注册人员、注册化工工程师初始注册人员、注册监理工程师初始注册人员、一级造价工程师初始注册人员准予注册名单。

2. 2023年1月10日，《住房和城乡建设部办公厅关于开展2022年工程造价咨询统计调查的通知》（建办标函〔2023〕12号）下发，通知要求各省级住房和城乡建设部门、国务院有关部门建设工程造价管理机构按照《工程造价咨询统计调查制度》要求，认真组织本地区、本行业工程造价咨询企业（军队系统企业除外）登录工程造价咨询统计调查系统（www.ccea.pro），填报并提交2022年度统计调查数据后，打印统计调查表（须加盖企业公章），于2023年3月17日前报所属省级住房和城乡建设部门、国务院有关部门建设工程造价管理机构。要求各省级住房和城乡建设部门、国务院有关部门建设工程造价管理机构做好数据整理工作，登录工程造价咨询统计调查系统，及时完成本地区、本行业企业填报数据的审查，确保数据完整性和准确性，审查完成后，通过工程造价咨询统计调查系统打印本地区、本行业数据汇总表并加盖公章，于2023年3月31日前报住房和城乡建设部标准定额司。

3. 2023年1月17日，《住房和城乡建设部关于2022年度三星级绿色建筑标识项目的公告》（中华人民共和国住房和城乡建设部公告2023年第11号）公布，确定深圳天安云谷产业园二期11栋，深圳市航天科技广场A、B座，北京市定福家园北里3号院1-3号楼（朝阳区平房乡新村定福家园项目），天津朗泓园（临海新城08-05-24地块住宅项目）1-17号楼及地下车库，长春净月经济开发区德国大陆汽车电子产业园区研发中心、食堂及更衣室、实验楼、辅助用房5个项目获得三星级绿色建筑标识，其中深圳两个项目为公共建筑，北京、天津的项目为住宅建筑，长春的项目为工业建筑。

4. 2023年1月29日，《住房和城乡建设部办公厅关于国家标准〈煤炭工业半地下储仓建筑结构设计规范（局部修订征求意见稿）〉公开征求意见的通知》公布，向社会公开征求意见。随后，国家标准《人民防空工程设计防火规范（局部修订征求意见稿）》、国家标准《石油化工安全仪表系统设计规范（局部修订征求意见稿）》、国家标准《光伏发电站施工规范（局部修订征求意见稿）》《存量填埋设施治理工程项目建设标准（征求意见稿）》、国家标准《油气长输管道工程施工标准（征求意见稿）》、国家标准《钢铁企业给水排水设计规范（局部修订征求意见稿）》、国家标准《石油化工大型设备吊装工程规范（局部修订征求意见稿）》、国家标准《兵器工业工程术语标准（征求意见稿）》、国家标准《石油化工建（构）筑物抗震设防分类标准（局部修订征求意见稿）》、国家标准《在役聚乙烯燃气管道检验与评价（征求意见稿）》、国家标准《无障碍设计规范（局部修订征求意见稿）》、国家标准《空调通风系统运行管理标准（局部修订征求意见稿）》、国家标准《城市地下综合管廊抗震设计标准（征求意见稿）》、国家标准《城镇燃气输配管道完整性管理规范（征求意见稿）》、国家标准《绿色建筑评价标准（局部修订征求意见稿）》等向社会公开征求意见。

5. 2023年2月17日，国务院安委会办公室、住房和城乡建设部、交通运输部、水利部、国务院国资委、国家铁路局、中国民用航空局、中国国家铁路集团有限公司联合下发《关于进一步加强隧道工程安全管理的指导意见》（安委办〔2023〕2号）。意见指出，当前我国隧道（洞）建设规模巨大，但工程本质安全水平不高，坍塌、火灾等事故时有发生，安全生产形势严峻。为深入贯彻落实习近平总书记关于安全生产的重要论述精神，深刻吸取近年来隧道施工安全事故教训，全面加强隧道工程安全管理，有效防控重大安全风险，意见要求压实安全生产责任，严格落实建设单位首要责任，严格落实参建企业主体责任，强化属地和部门监管责任，健全制度体系，完善法规标准，建立合理工期和造价保障机制，完善现场安全管理制度，优化分包安全管理手段，提升重大风险防范化解能力，加强勘察设计源头风险防范，严格施工现场重大风险管控，深化事故隐患排查治理，提高应急处置水平，夯实安全生产基础，加快培养隧道施工安全管理人才，推进核心技术工人队伍建设，加大先进工艺技术推广应用，强化支撑保障，注重示范引导，充分发挥市场机制作用。

6. 2023年3月23日，《住房和城乡建设部办公厅关于做好房屋市政工程安全生产治理行动巩固提升工作的通知》（建办质函〔2023〕81号）下发，通知要求紧紧围绕房屋市政工程安全生产治理行动五大任务，总结好的经验做法，巩固提升治理行动工作成效，坚决稳控安全生产形势。通知要求精准消除事故隐患，推动治理模式向事前预防转型，研判事故预防工作重点，落实"隐患就是事故"理念，健全安全责任体系，夯实安全生产工作基础，健全工程质量安全手册体系，压实企业主要负责人安全生产责任，狠抓关键岗位人员到岗履职，全面提升监管效能，推动施工安全监管数字化转型，构建新型数字化监管机制，全域推广应用电子证照，严厉打击违法违规行为，服务建筑业高质量发展，严肃查处违法违规行为，完善事故报送调查处罚闭环机制，坚持分类施策与惩教结合。

7. 2023年3月31日，《住房和城乡建设部关于印发〈建设工程质量检测机构资质标准〉的通知》（建质规〔2023〕1号）下发。此资质标准是《建设工程质量检测管理办法》的配套文件，从调整检测资质分类、强化检测参数评审、提高技术人员要求、加强设备场所考核、提高检测数字化应用等多个方面进一步强化建设工程质量检测资质管理，提高检测机构专业技术能力，促进建设工程质量检测行业健康发展，保障建设工程质量。在2005年颁布的原资质标准基础上，调整检测资质分类、强化检测参数考核，突出信誉资历考评，提高主要人员要求，强调信息化管理要求，保障检测真实有效。

8. 2023年4月4日，为掌握全国民用建筑能耗情况，推进民用建筑节能工作，《住房和城乡建设部办公厅关于做好2022年度全国民用建筑能源资源消耗统计调查的通知》（建办标函〔2023〕90号）下发，统计调查范围依据调查内容分为全国城镇、全国106个城市和17个省（自治区、直辖市）等三类。统计数据通过信息平台（http：//jznh.mohurd.gov.cn）报送，统计工作年度报告发送至电子邮箱（nhtj@mohurd.gov.cn）。

9. 2023年4月13日，《住房和城乡建设部办公厅关于做好2023年全国防灾减灾日有关工作的通知》（建办质函〔2023〕98号）下发。通知明确，2023年5月12日是第15个全国防灾减灾日，主题是"防范灾害风险 护航高质量发展"，2023年5月6日至12日为防灾减灾宣传周。通知要求按照《国家减灾委员会办公室关于做好2023年全国防灾减灾日有关工作的通知》（国减办发〔2023〕5号）要求，就做好住房和城乡建设系统2023年全国防灾减灾日有关工作，防范灾害风险，组织做好防灾减灾宣传工作，抓好专项治理，推进风险隐患排查整治，采取积极措施，推动有效应对灾害风险，完善应急机制，提高防灾减灾救灾应急能力。

10. 2023年4月18日，《住房和城乡建设部办公厅关于做好建设工程质量检测机构新旧资质标准过渡工作的通知》（建办质函〔2023〕100号）下发，明确自新标准发布之日起至2024年7月31日为过渡期，按照原标准要求进行办理的，颁发的资质证书有效期至2024年7月31

日，按照新标准要求进行办理的，资质证书有效期5年，要求各地结合实际情况，制定本地区新旧资质过渡工作方案，确保工程质量检测行业发展平稳有序，切实保障工程质量。

11. 2023年4月28日，《住房和城乡建设部办公厅关于推行勘察设计工程师和监理工程师注册申请"掌上办"的通知》（建办市函〔2023〕114号）下发，通知明确自2023年5月8日起，新增勘察设计注册工程师（二级注册结构工程师除外）、注册监理工程师注册申请"掌上办"功能。申请人可通过微信、支付宝搜索"住房和城乡建设部政务服务门户"小程序，办理勘察设计注册工程师（二级注册结构工程师除外）、注册监理工程师注册申请、注册进度查询、个人信息修改等业务。省级住房和城乡建设主管部门通过勘察设计注册工程师和注册监理工程师注册管理信息系统收到注册申请数据后，应及时完成上报。各级住房和城乡建设主管部门要充分运用数字化等手段，按照"双随机、一公开"原则，加强对勘察设计注册工程师、注册监理工程师注册工作和执业活动的事中事后监督检查。社会公众可通过全国建筑市场监管公共服务平台，查询勘察设计注册工程师、注册监理工程师的注册信息、执业单位变更记录信息。

12. 2023年4月28日，《住房和城乡建设部办公厅关于同意在长春市开展第一次全国自然灾害综合风险普查房屋建筑和市政设施调查数据成果应用更新工作试点的函》（建办质函〔2023〕111号）下发。函复同意在长春市开展第一次全国自然灾害综合风险普查房屋建筑和市政设施调查数据成果应用更新工作试点，试点期至2024年底。要求吉林省住房和城乡建设厅认真贯彻落实全国住房和城乡建设工作会议部署，以房屋建筑和市政设施调查数据为底层核心数据和基础底图，加快推进省、市两级住房和城乡建设行业基础数据库（以下简称"基础数据库"）及数据枢纽建设，实现与部级基础数据库和数据枢纽互联互通。指导长春市住房保障和房屋管理局结合工作实际，积极探索房屋全生命周期安全管理的数字化应用场景，不断推进基础数据库应用和更新工作。要求试点过程中加强数据安全管理和质量控制。按照《中华人民共和国网络安全法》《中华人民共和国数据安全法》《中华人民共和国个人信息保护法》等法律法规和住房和城乡建设部关于全国房屋建筑和市政设施调查数据安全管理有关规定，强化省、市两级调查数据和信息系统安全保障，做好配套的硬件资源保障和运行维护工作。要求建立省、市两级数据质量审核机制，保证汇聚并更新至基础数据库的数据质量，避免不合格数据进入基础数据库。要求加强试点经验总结，每半年将试点工作进展情况报送住房和城乡建设部。

13. 2023年5月18日，《住房和城乡建设部关于推进建设工程消防设计审查验收纳入工程建设项目审批管理系统有关工作的通知》（建科〔2023〕25号）下发，通知明确建设工程消防设计审查验收（以下简称"消防审验"）是工程建设项目审批制度改革的重要组成部分。为落实2023年全国住房和城乡建设工作会议工作部署，确保到年底实现所有县城和县级以上城市的消防审验纳入工程建设项目审批管理系统（以下简称"工程审批系统"），通知要求2023年7月底前，房屋建筑和市政基础设施工程的消防审验要全部纳入工程审批系统，实现统一入口、全流程网上办理。2023年12月底前，将包括房屋建筑和市政基础设施工程在内的各类建设工程消防审验全部纳入工程审批系统，实现全流程网上办理，确保工程类型全覆盖、审批项目全覆盖，消防审验情况在工程审批系统实时可查，信息全面、准确、可靠。各地要结合实际制定工作方案，抓紧组织实施，确保按时间要求完成工作任务。

14. 2023年5月31日，《住房和城乡建设部办公厅关于开展工程设计人员能力提升培训的通知》（建办市函〔2023〕140号）下发，通知决定组织开展面向社会的工程设计人员能力提升公益性培训，所有工程设计人员均可通过住房和城乡建设部门户网站免费在线学习培训。培训目的是围绕让人民群众住上更好房子的目标，聚焦提升工程设计品质，统筹工程设计行业发展需要和工程设计人员实际需求，着力提升工程设计人员理念创新、实践应用、技术更新、精细化设计、全过程管理等方面能力，培养善思考、有能力、懂技术、负责任、能统筹的复合型工程设计人才队伍，为行业高质量发展提供有力支撑。培训内容是围绕建筑业工业化、数字化、绿色化转型发展的总体要求，重点开展设计创作、设计技术、新兴领域、组织管理、标准规范、政策解读六方面的培训。

根据行业发展趋势和工程设计工作实际，不断丰富和完善培训课程内容，更好满足工程设计人员需求。培训采用线上视频培训为主，线上线下相结合的方式。自通知发布之日起，工程设计人员即可通过住房和城乡建设部门户网站"热点专题"栏目免费进行在线学习（网站地址 https：//www.mohurd.gov.cn/ztbd/gcsjdjt/index.html）。根据工作需要，各有关单位可按规定组织开展线下培训。

15. 2023年6月6日，《住房和城乡建设部办公厅关于2022年度建筑工程施工转包违法分包等违法违规行为及举报投诉案件查处情况的通报》（建办市〔2023〕22号）公布。通报指出，按照住房和城乡建设部工作部署，全国31个省、自治区、直辖市和新疆生产建设兵团均向住房和城乡建设部报送了2022年度建筑工程施工转包违法分包等违法违规行为查处情况。据统计，各地住房和城乡建设主管部门共排查项目323775个，涉及建设单位249443家、施工企业272941家。各地住房和城乡建设主管部门共排查出8518个项目存在建筑市场违法违规行为。各地住房和城乡建设主管部门共查处存在违法违规行为的建设单位3162家、施工企业6386家。各地住房和城乡建设主管部门对存在违法违规行为的企业和人员，分别采取停业整顿、降低资质等级、吊销资质、责令停止执业、通报批评、没收违法所得、罚款、信用惩戒等行政处罚或行政管理措施。

16. 2023年6月15日，《住房和城乡建设部办公厅关于开展智能建造新技术新产品创新服务典型案例应用情况总结评估工作的通知》（建办市函〔2023〕146号）下发，通知决定对《住房和城乡建设部办公厅关于发布智能建造新技术新产品创新服务典型案例（第一批）的通知》（建办市函〔2021〕482号）确定的124个案例应用情况开展总结评估。要求案例推荐单位组织案例申报单位开展自评，并填写案例调查表，详细说明相关技术的工程应用情况、实施效益、技术水平等，提出存在的问题困难和政策建议，于2023年8月31日前报送住房和城乡建设部建筑市场监管司，住房和城乡建设部将组织专家对报送材料进行评审，必要时开展实地核验，对于在提品质、降成本等方面确有实效的智能建造技术，列入智能建造先进适用技术清单，并择优纳入住房和城乡建设领域推广应用技术公告，在全国范围推广应用。

17. 2023年6月16日，《住房和城乡建设部办公厅关于二级建造师跨地区执业问题的复函》（建办市函〔2023〕149号）下发，函复《关于二级建造师跨地区执业适用依据的请示》（冀建建市函〔2023〕103号）明确，按《关于印发〈建造师执业资格制度暂行规定〉的通知》（人发〔2002〕111号）第十五条规定，"二级建造师执业资格考试合格者，由省、自治区、直辖市人事部门颁发由人事部、建设部统一格式的《中华人民共和国二级建造师执业资格证书》。该证书在所在行政区域内有效"。《注册建造师管理规定》（建设部令第153号）第九条规定，"取得二级建造师资格证书的人员申请注册，由省、自治区、直辖市人民政府建设主管部门负责受理和审批，对批准注册的，核发由国务院建设主管部门统一样式的《中华人民共和国二级建造师注册证书》。"因此，二级建造师应在考试取得执业资格的省、自治区、直辖市申请注册。按《关于印发〈注册建造师执业管理办法〉（试行）的通知》（建市〔2008〕48号）第六条规定，通过考核认定或参加考试取得二级建造师资格证书并经注册人员，可在全国范围内以二级注册建造师名义执业。因此，二级注册建造师可随注册企业在全国范围内执业。

18. 2023年6月27日，《住房和城乡建设部办公厅关于开展2022年工程勘察设计、建设工程监理统计调查的通知》（建办市函〔2023〕163号）下发，通知明确为全面掌握工程勘察设计、建设工程监理行业情况，住房和城乡建设部修订了工程勘察设计、建设工程监理统计调查制度，做好2022年全国工程勘察设计、建设工程监理统计调查工作，通知要求各省级住房和城乡建设主管部门按照统计调查制度要求，组织开展本地区2022年度统计调查工作，并组织每月填报建设工程勘察设计、监理领域就业人员情况。报送流程要求，各级住房和城乡建设主管部门组织有关企业于2023年7月31日前，通过全国建筑市场监管公共服务平台（http://jzsc.mohurd.gov.cn）登录全国工程勘察设计、建设工程监理统计调查信息管理系统填报各项统计调查数据。省级住房和城乡建设主管部门组织本地区年度工程勘察设计收入（不含子公司，下同）6亿元人民币以上（含）的企业，于2023年8月20日前通过统计调查系统,将经本企业法定代表人签字并加盖企业公章的财务指标申报表,以及其他反映企业工程勘察设计收入的合法财务报表扫描件上传,并将纸质版报送住房和城乡建设部建筑市场监管司。月报自 2023 年 7 月起填报。

19. 2023 年 7 月 18 日,《住房城乡建设部关于 2023 年度第一批三星级绿色建筑标识项目的公告》(中华人民共和国住房和城乡建设部公告 2023 年第 96 号)公布。按照《住房和城乡建设部关于印发绿色建筑标识管理办法的通知》(建标规〔2021〕1 号)和《住房和城乡建设部办公厅关于做好三星级绿色建筑标识申报工作的通知》(建办标〔2021〕23 号)要求,住房和城乡建设部组织开展了 2023 年度第一批三星级绿色建筑标识项目申报工作。经项目单位申报、省级住房和城乡建设部门推荐、住房和城乡建设部组织专家评审并向社会公示,确定北京大兴国际机场工程、北京中建·大兴之星办公楼、南京扬子江国际会议中心、青岛胶东国际机场 T1 航站楼、青岛海天中心 T2 塔楼、保定市世园国际、拜耳医药保健有限公司北京工厂综合扩建项目、湖北中烟工业有限责任公司武汉卷烟厂易地技术改造项目(联合工房)8 个项目获得三星级绿色建筑标识,予以公布。

20. 2023 年 8 月 14 日,《住房城乡建设部办公厅关于开展建筑起重机械使用登记证书电子证照试运行工作的通知》(建办质〔2023〕33 号)下发。通知明确,决定自 2023 年 12 月 1 日起,在北京、天津、黑龙江、浙江、安徽、福建、山东、湖北、海南、重庆、贵州、云南、新疆 13 个省(自治区、直辖市)开展电子证照试运行工作。总结电子证照试运行工作经验,自 2024 年 7 月 1 日起,在全国实行建筑起重机械使用登记证书电子证照制度。各试点地区建筑起重机械使用登记证书发证机关(以下简称"发证机关")要按照《全国一体化政务服务平台电子证照建筑起重机械使用登记证书》(C0330—2023)和《全国工程质量安全监管信息平台电子证照归集共享业务规程(试运行)》要求,规范开展电子证照制作、签发和信息归集工作,通过全国工程质量安全监管信息平台进行电子证照赋码,形成全国统一的电子证照版式,切实做到照面规范、内容全面、数据真实。各试点地区住房城乡建设主管部门要结合本地区实际，建设统分结合的建筑起重机械管理信息平台（以下简称"信息平台"），实现建筑起重机械备案、检测、验收、使用登记、安装拆卸告知全流程数字化监管，政务服务事项"一网通办"。各试点地区省级住房城乡建设主管部门要全量、实时归集辖区内建筑起重机械使用登记证书电子证照数据，将新制发的电子证照数据实时上传至全国工程质量安全监管信息平台，并动态维护证书变更信息。住房城乡建设部将通过全国工程质量安全监管信息平台及关联的微信小程序，向全社会提供建筑起重机械使用登记证书电子证照信息公开查询及二维码扫描验证服务，同时向各试点地区省级住房城乡建设主管部门共享电子证照信息，实现建筑起重机械使用登记证书电子证照跨省互通互认、数据互联共享。通知要求，参与电子证照试运行工作的省（自治区、直辖市）要于2023年11月1日前完成信息平台建设、系统升级和联调测试工作，出台辖区内纸质证照转换电子证照实施细则，主动向服务对象和社会公开办事指南。未参与试运行工作的地区要积极学习试点地区的先进经验，于2024年6月1日前完成建筑起重机械使用登记证书电子证照发放准备工作。

21. 2023年8月21日，《住房和城乡建设部关于修改〈建设工程消防设计审查验收管理暂行规定〉的决定》（住房和城乡建设部令第58号，以下简称《暂行规定》）公布。新修订出台的《暂行规定》进一步完善特殊消防设计专家评审制度，压实评审专家责任，夯实各省级主管部门评审组织管理责任，严格特殊消防设计文件要求；完善特殊消防设计既有的适用情形，对于适用情形中国家工程建设消防技术标准没有规定的特殊建设工程，不再提出必须采用国际标准或者境外工程建设消防技术标准的要求；增加特殊消防设计的适用情形，将因保护利用历史建筑、历史文化街区需要，确实无法满足国家工程建设消防技术标准要求的特殊建设工程，纳入特殊消防设计管理；新设消防验收备案分类管理目录清单制度，要求省级住房和城乡建设主管部门制定其他建设工程分类管理目录清单，将其他建设工程分为一般项目、重点项目等类，明确对一般项目可以采用告知承诺制的方式申请备案，并加强对重点项目的抽查。

22. 2023年9月6日,《住房城乡建设部关于进一步加强建设工程企业资质审批管理工作的通知》(建市规〔2023〕3号)下发。通知明确,决定自2023年9月15日起,企业资质审批权限下放试点地区不再受理试点资质申请事项,统一由住房和城乡建设部实施。企业因发生重组分立申请资质核定的,需对原企业和资质承继企业按资质标准进行考核。通知明确,申请由住房和城乡建设部负责审批的企业资质,其企业业绩应当是在全国建筑市场监管公共服务平台(以下简称"全国建筑市场平台")上满足资质标准要求的A级工程项目,专业技术人员个人业绩应当是在全国建筑市场平台上满足资质标准要求的A级或B级工程项目。业绩未录入全国建筑市场平台的,申请企业需在提交资质申请前由业绩项目所在地省级住房城乡建设主管部门确认业绩指标真实性。通知提出,自2024年1月1日起,申请资质企业的业绩应当录入全国建筑市场平台。住房和城乡建设部要求,住房城乡建设主管部门要完善信息化手段,对企业注册人员等开展动态核查,及时公开核查信息。申请施工总承包一级资质、专业承包一级资质的企业,应满足《建筑业企业资质标准》(建市〔2014〕159号)要求的注册建造师人数等指标要求。对存在资质申请弄虚作假行为、发生工程质量安全责任事故、拖欠进城务工人员工资等违反法律法规和工程建设强制性标准的企业和从业人员,要加大惩戒力度,依法依规限制或禁止从业,并列入信用记录。

23. 2023年9月13日,《最高人民检察院 住房城乡建设部关于印发〈关于在检察公益诉讼中加强协作配合依法做好城乡历史文化保护传承工作的意见〉的通知》(高检发办字〔2023〕138号)下发,通知明确,深入学习贯彻党的二十大精神,认真贯彻落实习近平总书记关于加强城乡历史文化保护传承、坚定文化自信的重要指示批示精神,落实中共中央办公厅、国务院办公厅《关于在城乡建设中加强历史文化保护传承的意见》,最高人民检察院和住房和城乡建设部就在检察公益诉讼中加强协作配合,更好地做好城乡历史文化保护传承工作。通知明确城乡历史文化保护传承与检察公益诉讼协作的重点领域是:历史城区整体管控、历史文化街区和历史地段保护、历史文化名镇名村保护、历史建筑保护。通知要求从线索移送、会商研判、信息共享、联合专项、调查取证、专业支持、案例发布七方面建立健全城乡历史文化保护传承与检察公益诉讼协作机制，从坚持制度定位、履职尽责标准、诉前检察建议回复、行政公益诉讼起诉应诉四个方面规范城乡历史文化保护传承行政公益诉讼办案工作。

附录2　2020—2023年批准发布的国家标准和行业标准

2020年批准发布的国家标准　　　　　附表2-1

序号	标准名称	标准号	批准日期	实施日期
1	通信局(站)防雷与接地工程设计规范(英文版)	GB 50689—2011E	2020-01-09	2012-05-01
2	通信局(站)防雷与接地工程验收规范(英文版)	GB 51120—2015E	2020-01-09	2016-05-01
3	波分复用(WDM)光纤传输系统工程设计规范(英文版)	GB/T 51152—2015E	2020-01-09	2016-08-01
4	波分复用(WDM)光纤传输系统工程验收规范(英文版)	GB/T 51126—2015E	2020-01-09	2016-05-01
5	海底光缆工程设计规范(英文版)	GB/T 51154—2015E	2020-01-09	2016-08-01
6	海底光缆工程验收规范(英文版)	GB/T 51167—2016E	2020-01-09	2016-08-01
7	通信线路工程设计规范(英文版)	GB 51158—2015E	2020-01-09	2016-06-01
8	通信线路工程验收规范(英文版)	GB 51171—2016E	2020-01-09	2016-12-01
9	通信电源设备安装工程设计规范(英文版)	GB 51194—2016E	2020-01-09	2017-04-01
10	通信电源设备安装工程验收规范(英文版)	GB 51199—2016E	2020-01-09	2017-07-01
11	煤炭工业建筑结构设计标准	GB 50583—2020	2020-01-16	2020-07-01
12	矿井通风安全装备配置标准	GB/T 50518—2020	2020-01-16	2020-07-01
13	建筑防火封堵应用技术标准	GB/T 51410—2020	2020-01-16	2020-07-01
14	锅炉房设计标准	GB 50041—2020	2020-01-16	2020-07-01
15	古建筑木结构维护与加固技术标准	GB/T 50165—2020	2020-01-16	2020-07-01
16	架空光(电)缆通信杆路工程技术标准	GB/T 51421—2020	2020-01-16	2020-10-01

续表

序号	标准名称	标准号	批准日期	实施日期
17	精细化工企业工程设计防火标准	GB 51283—2020	2020-01-16	2020-10-01
18	混凝土坝安全监测技术标准	GB/T 51416—2020	2020-01-16	2020-10-01
19	电信钢塔架共建共享技术标准	GB/T 51417—2020	2020-01-16	2020-10-01
20	无线局域网工程设计标准	GB/T 51419—2020	2020-01-16	2020-10-01
21	通用雷达站设计标准	GB 51418—2020	2020-01-16	2020-10-01
22	智能变电站工程调试及验收标准	GB/T 51420—2020	2020-01-16	2020-10-01
23	金属矿山土地复垦工程设计标准	GB 51411—2020	2020-01-16	2020-08-01
24	镍冶炼厂工艺设计标准	GB 51388—2020	2020-01-16	2020-08-01
25	有色金属企业节水设计标准	GB 51414—2020	2020-01-16	2020-08-01
26	有色金属工业余热利用设计标准	GB/T 51413—2020	2020-01-16	2020-08-01
27	有色金属冶炼废气治理技术标准	GB 51415—2020	2020-01-16	2020-08-01
28	锡冶炼厂工艺设计标准	GB 51412—2020	2020-01-16	2020-08-01
29	架空索道工程技术标准	GB 50127—2020	2020-01-16	2020-08-01
30	民用建筑工程室内环境污染控制标准	GB 50325—2020	2020-01-16	2020-08-01
31	数据中心综合监控系统工程技术标准	GB/T 51409—2020	2020-01-16	2020-07-01
32	钢结构工程施工质量验收标准	GB 50205—2020	2020-01-16	2020-08-01
33	地下水封石洞油库设计标准	GB/T 50455—2020	2020-02-27	2020-10-01
34	特种气体系统工程技术标准	GB 50646—2020	2020-02-27	2020-10-01
35	煤炭工业矿井监测监控系统装备配置标准	GB 50581—2020	2020-02-27	2020-10-01
36	矿山电力设计标准	GB 50070—2020	2020-02-27	2020-10-01
37	水工建筑物荷载标准	GB/T 51394—2020	2020-02-27	2020-10-01
38	弹药工厂总平面设计标准	GB 51423—2020	2020-02-27	2020-10-01
39	城镇燃气设计规范(2020版)	GB 50028—2006	2020-04-09	2020-06-01
40	绿色建筑评价标准(英文版)	GB/T 50378—2019E	2020-05-07	2019-08-01
41	带式输送机工程技术标准	GB 50431—2020	2020-06-09	2021-03-01
42	电厂标识系统编码标准	GB/T 50549—2020	2020-06-09	2021-03-01
43	灌区改造技术标准	GB/T 50599—2020	2020-06-09	2021-03-01

续表

序号	标准名称	标准号	批准日期	实施日期
44	微灌工程技术标准	GB/T 50485—2020	2020-06-09	2021-03-01
45	航空发动机试车台设计标准	GB 50454—2020	2020-06-09	2021-03-01
46	渠道防渗衬砌工程技术标准	GB/T 50600—2020	2020-06-09	2021-03-01
47	移动通信基站工程技术标准	GB/T 51431—2020	2020-06-09	2021-03-01
48	非织造布工厂技术标准	GB 50514—2020	2020-06-09	2021-03-01
49	薄膜晶体管显示器件玻璃基板生产工厂设计标准	GB 51432—2020	2020-06-09	2021-03-01
50	动力机器基础设计标准	GB 50040—2020	2020-06-09	2021-03-01
51	公共建筑光纤宽带接入工程技术标准	GB 51433—2020	2020-06-09	2021-03-01
52	工业建筑振动控制设计标准	GB 50190—2020	2020-06-09	2021-03-01
53	森林火情瞭望监测系统设计标准	GB/T 51425—2020	2020-06-09	2021-03-01
54	工程测量标准	GB 50026—2020	2020-11-10	2021-06-01
55	埋地钢质管道防腐保温层技术标准	GB/T 50538—2020	2020-11-10	2021-06-01
56	粘胶纤维工厂技术标准	GB 50620—2020	2020-11-10	2021-06-01

2020年批准发布的行业标准　　　　附表2-2

序号	标准名称	标准号	批准日期	实施日期
1	混凝土和砂浆用再生微粉	JG/T 573—2020	2020-01-13	2020-08-01
2	预应力混凝土用金属波纹管	JG/T 225—2020	2020-01-13	2020-08-01
3	塑料垃圾桶通用技术条件	CJ/T 280—2020	2020-01-13	2020-08-01
4	工程渣土免烧再生制品	JG/T 575—2020	2020-01-13	2020-08-01
5	内置遮阳中空玻璃制品	JG/T 255—2020	2020-01-13	2020-08-01
6	模块化雨水储水设施技术标准	CJJ/T 311—2020	2020-03-30	2020-10-01
7	模块化雨水储水设施	CJ/T 542—2020	2020-03-30	2020-10-01
8	城市轨道交通高架结构设计荷载标准	CJJ/T 301—2020	2020-04-09	2020-10-01
9	跨座式单轨交通限界标准	CJJ/T 305—2020	2020-04-09	2020-10-01
10	城市轨道交通车辆基地工程技术标准	CJJ/T 306—2020	2020-04-09	2020-10-01

续表

序号	标准名称	标准号	批准日期	实施日期
11	地铁杂散电流腐蚀防护技术标准	CJJ/T 49—2020	2020-04-09	2020-10-01
12	高强钢结构设计标准	JGJ/T 483—2020	2020-04-09	2020-10-01
13	建筑给水金属管道工程技术标准	CJJ/T 154—2020	2020-04-09	2020-10-01
14	玻璃幕墙工程质量检验标准	JGJ/T 139—2020	2020-04-16	2020-10-01
15	城镇地道桥顶进施工及验收标准	CJJ/T 74—2020	2020-04-16	2020-10-01
16	中低速磁浮交通工程施工及验收标准	CJJ/T 303—2020	2020-04-16	2020-10-01
17	轻板结构技术标准	JGJ/T 486—2020	2020-04-16	2020-10-01
18	直线电机轨道交通限界标准	CJJ/T 309—2020	2020-04-16	2020-10-01
19	乡镇集贸市场规划设计标准	CJJ/T 87—2020	2020-04-16	2020-10-01
20	蒸压加气混凝土制品应用技术标准	JGJ/T 17—2020	2020-04-16	2020-10-01
21	建筑结构风振控制技术标准	JGJ/T 487—2020	2020-06-29	2020-11-01
22	城市遥感信息应用技术标准	CJJ/T 151—2020	2020-06-29	2020-11-01
23	木结构现场检测技术标准	JGJ/T 488—2020	2020-06-29	2020-11-01

2021 年批准发布的国家标准　　附表 2-3

序号	标准名称	标准号	批准日期	实施日期
1	纤维增强塑料设备和管道工程技术规范(英文版)	GB 51160—2016E	2021-01-25	2016-08-01
2	工业企业电气设备抗震鉴定标准(英文版)	GB 50994—2014E	2021-01-25	2015-03-01
3	石油库设计文件编制标准(英文版)	GB/T 51026—2014E	2021-01-25	2015-05-01
4	石油化工工程地震破坏鉴定标准(英文版)	GB 50992—2014E	2021-01-25	2015-02-01
5	钢铁工业环境保护设计规范(英文版)	GB 50406—2017E	2021-01-25	2018-01-01
6	钢铁工业资源综合利用设计规范(英文版)	GB 50405—2017E	2021-01-25	2018-01-01
7	尾矿设施设计规范(英文版)	GB 50863—2013E	2021-01-25	2013-12-01
8	加氢站技术规范(2021 年版)	GB 50516—2010	2021-03-26	2021-05-01

续表

序号	标准名称	标准号	批准日期	实施日期
9	建筑金属板围护系统检测鉴定及加固技术标准	GB/T 51422—2021	2021-04-09	2021-10-01
10	生活垃圾卫生填埋场防渗系统工程技术标准	GB/T 51403—2021	2021-04-09	2021-10-01
11	城市客运交通枢纽设计标准	GB/T 51402—2021	2021-04-09	2021-10-01
12	泡沫灭火系统技术标准	GB 50151—2021	2021-04-09	2021-10-01
13	城市步行和自行车交通系统规划标准	GB/T 51439—2021	2021-04-09	2021-10-01
14	自动跟踪定位射流灭火系统技术标准	GB 51427—2021	2021-04-09	2021-10-01
15	煤化工工程设计防火标准	GB 51428—2021	2021-04-09	2021-10-01
16	室外排水设计标准	GB 50014—2021	2021-04-09	2021-10-01
17	公共广播系统工程技术标准	GB/T 50526—2021	2021-04-09	2021-10-01
18	建筑与市政工程抗震通用规范	GB 55002—2021	2021-04-09	2022-01-01
19	建筑与市政地基基础通用规范	GB 55003—2021	2021-04-09	2022-01-01
20	组合结构通用规范	GB 55004—2021	2021-04-09	2022-01-01
21	木结构通用规范	GB 55005—2021	2021-04-12	2022-01-01
22	砌体结构通用规范	GB 55007—2021	2021-04-09	2022-01-01
23	燃气工程项目规范	GB 55009—2021	2021-04-09	2022-01-01
24	供热工程项目规范	GB 55010—2021	2021-04-09	2022-01-01
25	城市道路交通工程项目规范	GB 55011—2021	2021-04-09	2022-01-01
26	钢结构通用规范	GB 55006—2021	2021-04-09	2022-01-01
27	工程结构通用规范	GB 55001—2021	2021-04-09	2022-01-01
28	园林绿化工程项目规范	GB 55014—2021	2021-04-09	2022-01-01
29	生活垃圾处理处置工程项目规范	GB 55012—2021	2021-04-09	2022-01-01
30	市容环卫工程项目规范	GB 55013—2021	2021-04-09	2022-01-01
31	建筑隔震设计标准	GB/T 51408—2021	2021-04-27	2021-09-01
32	数字集群通信工程技术标准	GB/T 50760—2021	2021-06-28	2021-12-01
33	冷库设计标准	GB 50072—2021	2021-06-28	2021-12-01
34	汽车加油加气加氢站技术标准	GB 50156—2021	2021-06-28	2021-10-01
35	铟冶炼回收工艺设计标准	GB/T 51443—2021	2021-06-28	2021-12-01

续表

序号	标准名称	标准号	批准日期	实施日期
36	煤炭工业矿区机电设备修理设施设计标准	GB/T 50532—2021	2021-06-28	2021-12-01
37	锑冶炼厂工艺设计标准	GB 51445—2021	2021-06-28	2021-12-01
38	冷库施工及验收标准	GB 51440—2021	2021-06-28	2021-12-01
39	风光储联合发电站设计标准	GB/T 51437—2021	2021-06-28	2021-12-01
40	冷轧电工钢工程设计规范（英文版）	GB/T 50997—2014E	2021-08-30	2015-02-01
41	型钢轧钢工程设计规范（英文版）	GB 50410—2014E	2021-08-30	2015-08-01
42	钢铁企业喷雾焙烧法盐酸废液再生工程技术规范（英文版）	GB 51093—2015E	2021-08-30	2015-11-01
43	转炉煤气净化及回收工程技术规范（英文版）	GB 51135—2015E	2021-08-30	2016-06-01
44	煤炭工业露天矿疏干排水设计规范（英文版）	GB 51173—2016E	2021-08-30	2016-12-01
45	煤炭工业智能化矿井设计标准（英文版）	GB/T 51272—2018E	2021-08-30	2018-09-01
46	煤炭工业矿井抗震设计规范（英文版）	GB 51185—2016E	2021-08-30	2017-04-01
47	煤炭洗选工程设计规范（英文版）	GB 50359—2016E	2021-08-30	2017-04-01
48	电子工业防微振工程技术规范（英文版）	GB 51076—2015E	2021-08-30	2015-09-01
49	建筑信息模型存储标准	GB/T 51447—2021	2021-09-08	2022-02-01
50	跨座式单轨交通工程测量标准	GB/T 51361—2021	2021-09-08	2022-02-01
51	盾构隧道工程设计标准	GB/T 51438—2021	2021-09-08	2022-02-01
52	钢管混凝土混合结构技术标准	GB/T 51446—2021	2021-09-08	2021-12-01
53	石油化工钢制设备抗震设计标准（英文版）	GB/T 50761—2018E	2021-09-18	2018-09-01
54	石油化工钢制设备抗震鉴定标准（英文版）	GB/T 51273—2018E	2021-09-18	2018-09-01
55	石油化工工程数字化交付标准（英文版）	GB/T 51296—2018E	2021-09-18	2019-03-01
56	建筑设计防火规范（2018年版）（英文版）	GB 50016—2014E	2021-09-18	2015-05-01
57	既有建筑鉴定与加固通用规范	GB 55021—2021	2021-09-08	2022-04-01

续表

序号	标准名称	标准号	批准日期	实施日期
58	混凝土结构通用规范	GB 55008—2021	2021-09-08	2022-04-01
59	工程勘察通用规范	GB 55017—2021	2021-09-08	2022-04-01
60	工程测量通用规范	GB 55018—2021	2021-09-08	2022-04-01
61	既有建筑维护与改造通用规范	GB 55022—2021	2021-09-08	2022-04-01
62	建筑给水排水与节水通用规范	GB 55020—2021	2021-09-08	2022-04-01
63	建筑环境通用规范	GB 55016—2021	2021-09-08	2022-04-01
64	建筑节能与可再生能源利用通用规范	GB 55015—2021	2021-09-08	2022-04-01
65	建筑与市政工程无障碍通用规范	GB 55019—2021	2021-09-08	2022-04-01
66	防灾避难场所设计规范（2021年版）	GB 51143—2015	2021-12-13	2022-03-01

2021年批准发布的行业标准　　　　附表 2-4

序号	标准名称	标准号	批准日期	实施日期
1	历史建筑数字化技术标准	JGJ/T 489—2021	2021-06-30	2021-10-01
2	装配式内装修技术标准	JGJ/T 491—2021	2021-06-30	2021-10-01
3	钢框架内填墙板结构技术标准	JGJ/T 490—2021	2021-06-30	2021-10-01
4	高速磁浮交通设计标准	CJJ/T 310—2021	2021-06-30	2021-10-01
5	早期推定混凝土强度试验方法标准	JGJ/T 15—2021	2021-06-30	2021-10-01
6	建筑施工承插型盘扣式钢管脚手架安全技术标准	JGJ/T 231—2021	2021-06-30	2021-10-01
7	城市户外广告和招牌设施技术标准	CJJ/T 149—2021	2021-12-13	2022-03-01
8	环境卫生图形符号标准	CJJ/T 125—2021	2021-12-13	2022-03-01
9	湿地公园设计标准	CJJ/T 308—2021	2021-05-13	2022-03-01
10	建筑装配式集成墙面	JG/T 579—2021	2021-12-23	2022-03-01
11	装配式建筑用墙板技术要求	JG/T 578—2021	2021-12-23	2022-03-01
12	防水卷材屋面用机械固定件	JG/T 576—2021	2021-12-23	2022-03-01
13	建筑屋面排水用雨水斗通用技术条件	CJ/T 245—2021	2021-12-23	2022-03-01
14	聚合物透水混凝土	CJ/T 544—2021	2021-12-23	2022-03-01

2022 年批准发布的国家标准 附表 2-5

序号	标准名称	标准号	批准日期	实施日期
1	钼冶炼厂工艺设计标准	GB 51442—2022	2022-01-05	2022-05-01
2	炼铁工艺炉壳体结构技术标准	GB/T 50567—2022	2022-01-05	2022-05-01
3	农业温室结构设计标准	GB/T 51424—2022	2022-01-05	2022-05-01
4	锅炉安装工程施工及验收标准	GB 50273—2022	2022-01-05	2022-05-01
5	印制电路板工厂设计规范（英文版）	GB 51127—2015E	2022-03-28	2016-05-01
6	煤炭工业矿井设计规范（英文版）	GB 50215—2015E	2022-03-28	2016-03-01
7	煤矿立井井筒及硐室设计规范（英文版）	GB 50384—2016E	2022-03-28	2017-04-01
8	煤炭工业露天矿设计规范（英文版）	GB 50197—2015E	2022-03-28	2015-11-01
9	塔式太阳能光热发电站设计标准（英文版）	GB/T 51307—2018E	2022-03-28	2018-12-01
10	特殊设施工程项目规范	GB 55028—2022	2022-03-10	2022-10-01
11	城乡排水工程项目规范	GB 55027—2022	2022-03-10	2022-10-01
12	城市给水工程项目规范	GB 55026—2022	2022-03-10	2022-10-01
13	宿舍、旅馆建筑项目规范	GB 55025—2022	2022-03-10	2022-10-01
14	安全防范工程通用规范	GB 55029—2022	2022-03-10	2022-10-01
15	施工脚手架通用规范	GB 55023—2022	2022-03-10	2022-10-01
16	建筑电气与智能化通用规范	GB 55024—2022	2022-03-10	2022-10-01
17	泵站设计标准	GB 50265—2022	2022-07-15	2022-12-01
18	小型水电站技术改造标准	GB/T 50700—2022	2022-07-15	2022-12-01
19	有色金属工业总图规划及运输设计标准	GB 50544—2022	2022-07-15	2022-12-01
20	跨座式单轨交通设计标准	GB/T 50458—2022	2022-07-15	2022-12-01
21	城市轨道交通工程项目规范	GB 55033—2022	2022-07-15	2023-03-01
22	煤矿井巷工程质量验收规范（2022版）	GB 50213—2010	2022-07-27	2022-12-01
23	石油化工装置防雷设计规范（2022版）	GB 50650—2011	2022-07-27	2022-12-01
24	±800kV 直流换流站设计规范（2022版）	GB/T 50789—2012	2022-07-27	2022-12-01

续表

序号	标准名称	标准号	批准日期	实施日期
25	消防设施通用规范	GB 55036—2022	2022-07-15	2023-03-01
26	建筑与市政工程施工质量控制通用规范	GB 55032—2022	2022-07-15	2023-03-01
27	民用建筑通用规范	GB 55031—2022	2022-07-15	2023-03-01
28	烟花爆竹工程设计安全标准	GB 50161—2022	2022-09-08	2022-12-01
29	金属非金属矿山充填工程技术标准	GB/T 51450—2022	2022-09-08	2022-12-01
30	农业建设项目验收技术标准	GB/T 51429—2022	2022-09-08	2022-12-01
31	石油化工建筑物抗爆设计标准	GB/T 50779—2022	2022-09-08	2022-12-01
32	尾矿堆积坝岩土工程技术标准	GB/T 50547—2022	2022-09-08	2022-12-01
33	油气回收处理设施技术标准	GB/T 50759—2022	2022-09-08	2022-12-01
34	建筑与市政工程防水通用规范	GB 55030—2022	2022-09-27	2023-04-01
35	建筑与市政施工现场安全卫生与职业健康通用规范	GB 55034—2022	2022-10-31	2023-06-01
36	氧化铝厂工艺设计标准	GB/T 50530—2022	2022-10-31	2023-02-01
37	有机肥工程技术标准	GB/T 51448—2022	2022-10-31	2023-02-01
38	电子工业废水处理工程设计标准	GB 51441—2022	2022-10-31	2023-02-01
39	秸秆热解炭化多联产工程技术标准	GB/T 51449—2022	2022-10-31	2023-02-01
40	住宅性能评定标准	GB/T 50362—2022	2022-10-31	2023-02-01
41	煤矿井巷工程施工标准	GB/T 50511—2022	2022-10-31	2023-02-01
42	建筑防火通用规范	GB 55037—2022	2022-12-27	2023-06-01

2022年批准发布的行业标准　　　　　　　　附表2-6

序号	标准名称	标准号	批准日期	实施日期
1	城市信息模型基础平台技术标准	CJJ/T 315—2022	2022-01-19	2022-06-01
2	低地板有轨电车车辆通用技术条件	CJ/T 417—2022	2022-02-11	2022-05-01
3	城市轨道交通计轴设备技术条件	CJ/T 543—2022	2022-02-11	2022-05-01
4	城市轨道交通站台屏蔽门	CJ/T 236—2022	2022-02-11	2022-05-01
5	外墙外保温用防火分隔条	JG/T 577—2022	2022-02-11	2022-05-01

续表

序号	标准名称	标准号	批准日期	实施日期
6	城市道路清扫保洁与质量评价标准	CJJ/T 126—2022	2022-02-11	2022-05-01
7	装配式住宅设计选型标准	JGJ/T 494—2022	2022-03-14	2022-04-01
8	建筑用电供暖散热器	JG/T 236—2022	2022-04-06	2022-08-01
9	间接蒸发冷水机组	JG/T 580—2022	2022-04-06	2022-08-01
10	卷帘门窗	JG/T 302—2022	2022-04-06	2022-08-01
11	房屋建筑统一编码与基本属性数据标准	JGJ/T 496—2022	2022-04-20	2022-07-01
12	城镇排水行业职业技能标准	CJJ/T 313—2022	2022-04-29	2022-08-01
13	市域快速轨道交通设计标准	CJJ/T 314—2022	2022-04-29	2022-08-01
14	智能楼宇管理员职业技能标准	JGJ/T 493—2022	2022-04-29	2022-08-01
15	城镇供热管网设计标准	CJJ/T 34—2022	2022-04-29	2022-08-01

2023年批准发布的国家标准　　　　　　　　　　　　附表2-7

序号	标准名称	标准号	批准日期	实施日期
1	石油化工金属管道工程施工质量验收规范(2023年版)	GB 50517—2010	2023-01-05	2023-05-01
2	涤纶、锦纶、丙纶设备工程安装与质量验收规范(2023年版)	GB 50695—2011	2023-01-05	2023-05-01
3	水利水电工程地质勘察规范(2023年版)	GB 50487—2008	2023-01-05	2023-05-01
4	薄膜晶体管液晶显示器工厂设计规范(英文版)	GB 51136—2015E	2023-01-05	2023-05-01
5	建筑防腐蚀工程施工规范(英文版)	GB 50212—2014E	2023-04-03	2015-01-01
6	建筑防腐蚀工程施工质量验收标准(英文版)	GB/T 50224—2018E	2023-04-03	2019-04-01
7	城市轨道交通自动售检票系统工程质量验收标准(英文版)	GB/T 50381—2018E	2023-04-05	2018-12-01
8	建筑物移动通信基础设施工程技术标准	GB 51456—2023	2023-05-23	2023-09-01
9	工业设备及管道防腐蚀工程技术标准	GB/T 50726—2023	2023-05-23	2023-09-01

续表

序号	标准名称	标准号	批准日期	实施日期
10	城镇燃气输配工程施工及验收标准	GB/T 51455—2023	2023-05-23	2023-09-01
11	城乡历史文化保护利用项目规范	GB 55035—2023	2023-05-23	2023-12-01
12	服装工厂设计规范(2023年版)	GB 50705—2012	2023-07-30	2023-11-01

2023年批准发布的行业标准　　附表 2-8

序号	标准名称	标准号	批准日期	实施日期
1	节段预制混凝土桥梁技术标准	CJJ/T 111—2023	2023-01-05	2023-05-01
2	超长混凝土结构无缝施工标准	JGJ/T 492—2023	2023-01-05	2023-05-01
3	中低速磁浮交通车辆通用技术条件(英文版)	CJ/T 375—2011E	2023-04-05	2012-02-01
4	中低速磁浮交通车辆电气系统技术条件(英文版)	CJ/T 411—2012E	2023-04-05	2013-04-01
5	中低速磁浮交通道岔系统设备技术条件(英文版)	CJ/T 412—2012E	2023-04-05	2013-04-01
6	中低速磁浮交通轨排通用技术条件(英文版)	CJ/T 413—2012E	2023-04-05	2013-04-01
7	中低速磁浮交通车辆悬浮控制系统技术条件(英文版)	CJ/T 458—2014E	2023-04-05	2014-12-01
8	透水水泥混凝土路面技术规程(2023年版)	CJJ/T 135—2009	2023-07-30	2023-11-01
9	钢筋套筒灌浆连接应用技术规程(2023年版)	JGJ 355—2015	2023-07-30	2023-11-01

附录3 部分国家建筑业相关统计数据

2012—2021年法国、德国、英国和日本建筑业增加值及其在GDP中的比重　　附表3-1

年份	法国		德国		英国		日本	
	建筑业增加值（十亿欧元）	占GDP比重（%）	建筑业增加值（十亿欧元）	占GDP比重（%）	建筑业增加值（十亿英镑）	占GDP比重（%）	建筑业增加值（十亿日元）	占GDP比重（%）
2012	115.00	5.50	111.00	4.04	83.22	5.03	26700	5.64
2013	114.00	5.39	115.00	4.09	85.88	5.01	27914	5.86
2014	108.32	5.67	120.74	4.60	100.60	6.22	27733	5.86
2015	106.16	5.44	124.76	4.57	101.94	6.12	31185	5.92
2016	109.59	5.50	134.94	5.60	108.12	6.19	29371	5.51
2017	112.06	5.49	144.30	4.88	111.89	6.14	29334	5.41
2018	117.42	5.62	152.83	5.07	115.98	6.08	30425	5.58
2019	124.50	5.77	166.80	5.36	129.71	6.56	31065	5.64
2020	106.69	4.63	177.79	5.28	112.62	5.22	28876	5.35
2021	125.45	5.02	179.80	4.99	120.93	5.31	30258	5.58

数据来源：National Accounts Official Country Data，United Nations Statistics Division。

2017—2022年法国和德国营建产出及其增长率（2015年=100）　　附表3-2

时间	法国		德国	
	营建产出	同比增长率	营建产出	同比增长率
2017-01	99.54	−4.53	100.50	−4.40
2017-02	104.03	7.48	108.80	2.10
2017-03	101.64	6.82	109.80	3.20
2017-04	102.75	6.22	110.80	6.20
2017-05	102.87	4.35	109.60	5.20

续表

时间	法国		德国	
	营建产出	同比增长率	营建产出	同比增长率
2017-06	102.29	3.70	109.50	4.20
2017-07	102.82	1.78	109.20	2.80
2017-08	102.42	0.48	108.80	3.00
2017-09	102.78	1.54	109.70	3.90
2017-10	102.75	0.46	108.80	3.20
2017-11	102.33	−0.32	109.70	3.70
2017-12	107.63	7.20	109.30	2.90
2018-01	100.45	−0.08	109.70	16.90
2018-02	102.05	−1.40	104.80	−1.20
2018-03	98.03	−2.99	106.40	−1.70
2018-04	103.68	0.24	107.90	−2.70
2018-05	99.44	−4.35	110.80	1.30
2018-06	103.61	1.98	108.80	−1.00
2018-07	102.56	−0.73	109.00	−0.60
2018-08	102.65	−0.36	108.50	−1.40
2018-09	106.22	4.38	111.30	0.60
2018-10	101.56	−1.47	109.90	−0.30
2018-11	102.68	0.16	110.10	−1.10
2018-12	106.36	−0.26	111.00	1.10
2019-01	101.52	0.64	107.80	−0.10
2019-02	105.39	4.53	114.30	12.20
2019-03	106.48	8.18	114.80	8.70
2019-04	101.52	−1.96	113.80	6.00
2019-05	103.51	4.39	111.80	0.50
2019-06	105.28	1.75	112.90	3.30
2019-07	102.15	−0.73	112.80	3.00
2019-08	100.91	−2.31	112.10	2.70
2019-09	103.45	−1.69	113.70	2.10
2019-10	100.93	−1.45	112.20	1.20
2019-11	104.14	2.00	114.50	3.60

续表

时间	法国		德国	
	营建产出	同比增长率	营建产出	同比增长率
2019-12	99.68	−6.67	112.30	0.50
2020-01	101.81	0.22	119.10	12.50
2020-02	101.92	−3.68	117.50	3.20
2020-03	61.97	−41.53	118.50	3.90
2020-04	36.24	−64.62	113.60	−0.20
2020-05	81.49	−21.14	113.80	1.70
2020-06	92.19	−12.02	116.20	3.70
2020-07	95.94	−6.23	111.80	−1.60
2020-08	103.28	3.18	112.60	−0.10
2020-09	94.88	−8.32	113.90	0.30
2020-10	95.03	−5.65	114.80	2.40
2020-11	99.86	−4.33	117.10	3.10
2020-12	91.75	−8.07	124.40	9.40
2021-01	101.90	1.33	110.00	−11.10
2021-02	97.05	−3.69	108.90	−8.00
2021-03	96.33	56.97	120.40	2.70
2021-04	97.73	166.80	116.50	3.10
2021-05	98.66	23.36	117.30	3.50
2021-06	98.45	7.35	115.70	−0.70
2021-07	97.18	−0.21	115.00	3.20
2021-08	96.43	−6.29	112.40	−0.90
2021-09	97.46	2.01	114.10	0
2021-10	98.52	4.18	114.30	−0.60
2021-11	96.52	−3.61	114.30	−2.30
2021-12	94.85	−0.99	112.30	−10.30
2022-01	105.19	−0.75	116.40	8.60
2022-02	104.52	4.17	115.90	9.40
2022-03	104.27	3.98	116.80	−2.30
2022-04	104.00	3.86	112.50	−3.40

续表

时间	法国		德国	
	营建产出	同比增长率	营建产出	同比增长率
2022-05	103.60	2.32	113.50	−2.70
2022-06	103.57	3.04	113.20	−1.90
2022-07	103.25	1.34	112.50	−2.10
2022-08	101.09	3.25	111.00	−2.00
2022-09	103.66	1.49	111.00	−3.00
2022-10	104.48	0.06	112.60	−1.50
2022-11	104.80	2.26	111.80	−2.70
2022-12	103.21	4.50	103.30	−7.80

数据来源：欧盟统计局，Wind 数据库。

2003—2022 年美国建筑业增加值及占 GDP 比重

（单位：十亿美元，%） 附表 3-3

年份	建筑业增加值	建筑业增加值占 GDP 比重
2003	527	4.6
2004	588	4.8
2005	654	5.0
2006	698	5.0
2007	715	4.9
2008	653	4.4
2009	577	4.0
2010	542	3.6
2011	547	3.5
2012	584	3.6
2013	621	3.7
2014	674	3.9
2015	740	4.1
2016	793	4.3
2017	826	4.3
2018	840	4.1
2019	887	4.1
2020	898	4.3
2021	959	4.2
2022	1007	4.0

数据来源：美国经济分析局，Wind 数据库。

日本以投资者分类的新开工建筑面积（单位：千平方米） 附表3-4

年份	总计	中央政府	都道府县	市町村	企业	非企业团体	个人
1985	199560	4525	4703	11234	66998	11193	100907
1990	283421	4591	5542	12878	128226	12870	119315
1995	228145	4505	5754	11045	80475	13438	112927
2000	200259	3815	3791	8115	79295	14200	91043
2005	186058	1695	1975	5591	93126	11379	72293
2009	115486	1472	1641	4920	47428	7720	52306
2010	121455	1178	1751	5343	48751	10278	54154
2011	126509	1207	1963	5299	51874	12379	53786
2012	132609	1168	1867	5567	57752	10933	55321
2013	147673	1299	2030	6257	63439	12287	62360
2014	134021	1122	2308	6286	59960	12218	52127
2015	129624	876	1667	4803	61894	9107	51277
2016	132962	1306	1671	4422	64458	9076	52028
2017	134679	830	1809	4399	69235	8380	50025
2018	131149	626	1410	4217	69608	7153	48135
2019	127555	565	1298	4075	65685	8823	47109
2020	113744	820	1067	3493	60726	6383	41254
2021	122239	1016	1101	3255	66316	6543	44007

数据来源：日本统计年鉴2022。

日本以投资者分类的新开工建筑成本估计值（单位：十亿日元） 附表3-5

年份	总计	中央政府	都道府县	市町村	企业	非企业团体	个人
1985	23223	647	661	1626	7764	1473	11053
1990	49291	890	1088	2553	24302	2618	17840
1995	37892	985	1335	2752	11737	2691	18391
2000	31561	849	836	1836	10569	2790	14682
2005	28027	305	397	1073	12694	2058	11500
2009	20407	314	341	1069	8192	1622	8869
2010	20691	236	382	1164	7735	1999	9175
2011	21303	230	408	1151	7932	2427	9154
2012	22026	228	389	1186	8550	2177	9496
2013	25436	302	460	1436	9773	2599	10866

续表

年份	总计	中央政府	都道府县	市町村	企业	非企业团体	个人
2014	24606	264	534	1607	9934	2892	9375
2015	25139	247	409	1271	11450	2321	9441
2016	26315	464	445	1258	12007	2468	9673
2017	27698	281	650	1306	13760	2282	9419
2018	26718	194	424	1298	13659	1960	9182
2019	27281	193	396	1388	13245	2925	9134
2020	24307	297	316	1159	12454	1992	8090
2021	26261	325	324	1113	13720	2063	8716

数据来源：日本统计年鉴2022。

日本以构造类型分类的新开工建筑面积（单位：千平方米） 附表 3-6

年份	木质建筑	钢结构或者混凝土建筑	混凝土建筑	钢结构建筑	混凝土砌块建筑	其他
1985	70493	17748	42571	67926	528	293
1990	85397	32288	58061	106841	460	374
1995	84167	17775	43847	81575	351	431
2000	72023	17245	37565	72804	156	465
2005	63270	5440	46640	70067	101	540
2009	48225	2753	24280	39693	79	456
2010	52255	2818	25190	40609	88	494
2011	52799	2982	28994	41115	87	532
2012	54804	2404	29891	44753	103	653
2013	61969	3424	29846	51529	123	783
2014	53498	3201	27224	49225	93	780
2015	53615	2781	23233	49077	90	828
2016	56579	2289	23817	49113	109	1054
2017	56157	2484	24264	50787	87	900
2018	55456	2601	21855	50693	84	875
2019	55718	1354	22916	46554	85	928
2020	49756	1954	21757	39534	60	682
2021	53100	1842	21111	45309	56	820

数据来源：日本统计年鉴2022。

日本以构造类型分类的新开工建筑成本估计值（单位：十亿日元）　　附表 3-7

年份	木质建筑	钢结构或者混凝土建筑	混凝土建筑	钢结构建筑	混凝土砌块建筑	其他
1985	7352	3057	6155	6586	51	22
1990	11248	9260	12947	15753	51	32
1995	13328	4067	8726	11682	44	45
2000	11454	3523	6861	9636	27	60
2005	9616	1010	8000	9305	12	84
2009	7554	730	5318	6731	13	60
2010	8182	638	5187	6622	13	49
2011	8280	711	5712	6537	13	50
2012	8642	537	5798	6967	19	62
2013	9911	877	6083	8467	19	79
2014	8722	884	6209	8688	16	86
2015	8868	682	5583	9683	15	82
2016	9391	706	6055	10024	20	120
2017	9366	871	6444	10903	19	95
2018	9349	665	5751	10855	17	81
2019	9479	492	6545	10654	17	94
2020	8560	546	6027	9102	12	60
2021	9148	624	6086	10302	12	89

数据来源：日本统计年鉴 2022。